U0139797

ORIENT

欲 晓

东方欲晓

翻开万物

茶业

中国与印度的一段资本主义史

战争

[美] 刘仁威 著

黄华青 华腾达 译

TEA
WAR

A
HISTORY of CAPITALISM
IN
CHINA AND INDIA

中国出版集团
东方出版中心

图书在版编目（CIP）数据

茶业战争：中国与印度的一段资本主义史 /（美）刘仁威著；黄华青，华腾达译. —上海：东方出版中心, 2023.8（2024.5重印）

书名原文：Tea War: A History of Capitalism in China and India

ISBN 978-7-5473-2206-2

Ⅰ. ①茶… Ⅱ. ①刘… ②黄… ③华… Ⅲ. ①茶叶—出口贸易—贸易史—研究—中国、印度—近代 Ⅳ. ①F752.658.2 ②F753.516.582

中国国家版本馆CIP数据核字（2023）第136049号

©2020 by Andrew B. Liu

Originally published by Yale University Press

合同图字：09-2023-0255号

茶业战争：中国与印度的一段资本主义史

著　　者	［美］刘仁威（Andrew B. Liu）
译　　者	黄华青　华腾达
策划责编	黄　驰
封面设计	吾然工作室
品牌设计	青妍工作室

出 版 人	陈义望
出版发行	东方出版中心
地　　址	上海市仙霞路345号
邮政编码	200336
电　　话	021-62417400
印 刷 者	上海盛通时代印刷有限公司

开　　本	890mm×1240mm　1/32
印　　张	14
字　　数	284千字
版　　次	2023年11月第1版
印　　次	2024年5月第2次印刷
定　　价	99.00元

序 一

仲伟民

随着全球史受到越来越多的关注，一些特殊商品的生产和贸易也逐渐成为研究的热点，比如白银、棉纺织品以及各种奢侈品等，这些商品在近代全球化过程中发挥了重要作用。其中一些成瘾性消费品，如鸦片、烟草、茶叶、咖啡、可可、蔗糖等更是受到学术界的格外青睐，这些商品原来只在局部地区消费并对局部地区产生影响，而大航海之后，这些商品成为经济全球化最重要的推动因素，因此自然而然成为全球史研究的主角，布罗代尔甚至将这些商品称为"王牌商品"。

就茶叶而言，近年国内外有关国际茶叶生产与贸易的专著很多，茶史研究取得了突出的成绩。中国近代茶叶贸易尤其是中英之间的茶叶国际贸易，相关研究著作可谓汗牛充栋，已经充分展示了中国茶叶生产与茶叶贸易在近代国际贸易中的重要性。但是，目前的茶史研究同样存在很多不足，甚至有重大缺环，最突出的是对印度茶叶生产和贸易研究不够深入，也极缺乏对中印茶叶生产与贸易的比较，更缺少茶叶生产格局改变对全球经济所产生重大影响的深层次揭示。《茶业战争》一书在一定程度上弥补了这个缺环，因此是对国际茶史和全球史研究的一大贡献。

通观全书，可以总结为以下几个优点：

首先，从全球史的眼光重新审视 19—20 世纪的国际茶叶生产与贸易。众所周知，茶叶的生产和消费起源于中国，在过去至少两千年的时间里，茶叶消费的区域基本局限于中国及其周边区域。但从 17 世纪开始，随着欧洲尤其是英国人饮茶习惯的养成，中英之间的茶叶贸易越来越重要，到 18 世纪末、19 世纪初，茶叶贸易几乎成为英国东印度公司唯一的利润来源。但因为这个时期中国几乎是唯一的茶叶供应国，因此英国政府为了维护这贸易的稳定性，特别注意同中国的关系，甚至一度禁止东印度公司与中国进行直接的鸦片贸易。可以说，正是茶叶而不是任何其他的中国商品，把中国卷入了欧洲人主导的全球体系之中。中国教科书习惯将中英冲突称为"鸦片战争"，其实茶叶战争是隐藏在鸦片战争背后的一场更为重要的战争，是真正的资本之战。对中国而言，19世纪中期印度和锡兰茶业的崛起，揭开了一场竞争激烈且不断扩张的世界贸易大戏的序幕，也把中国全面带入全球化体系之中，因为这次贸易不仅涉及鸦片和茶叶，还涉及白银、棉纺织业、糖业等商品的流动。

本书从全球史视野尤其是从茶叶全球贸易的角度考察殖民者在亚洲的经济活动所造成的影响，包括这一时期亚洲的横向关联，比如中国和印度，还涉及锡兰、日本及荷属东印度。作者正确指出，19 世纪才有了真正的现代全球化，突出表现为不同市场的整合，商品进价与售价的差异缓慢消失等。其中，英国对茶叶的需求是重要推动力，因为正是茶叶的旺盛需求，而影响到印度鸦片产业的发展，以及美洲白银以及糖产业的发展，还有英国本土棉纺织业的发展。就此而言，茶史研究是理解18—20世纪历史的一大关键。

其次，通过中印之间茶叶生产与贸易的异同，比较两个国家在传统与现代之间、自主发展与外来影响之间的复杂处境和艰难抉择。这既是本书论述的重点，也是本书最有创见的部分。关于中国近代茶产业的特点，学术界论述尽管已经比较充分，但通过与印度茶产业的比较，仍可以产生很多新的认识。目前国内外茶史研究中，有关印度茶业的研究尚不充分，而实际上印度茶业的崛起不仅大大影响了中国茶叶的出口贸易，而且改变了世界茶叶供应和消费格局，是成瘾性消费品加速全球化传播的重要原因。本书对印度和中国的茶叶生产流通机制进行了非常深入的探讨，提出了自己的真知灼见。作者批评将印度茶业崛起的根本原因仅仅归结为茶叶机械使用及技术创新的传统观点，指出真正原因是劳动集约化的独特体制。也就是说，印度阿萨姆茶叶种植园的成功，完全与经济自由主义原则背道而驰；阿萨姆的自由劳动制度尽管建立在农民的绝对贫困之上，但这种实践不平等却确保了资本-劳动关系的形式平等和扩大再生产的需要。印度茶叶种植园的成功，不仅使英国摆脱了对中国茶叶的依赖，而且使其对印度的统治更加巩固，因为印度传统棉纺织业已被英国打垮，正是茶种植与加工给了印度农民生存的机会。这些独到的看法，是本书的闪光之处，可以说是对国际茶史研究的极大推进。还有非常重要的是，在印度，茶叶取代罂粟种植也使印度避免了鸦片的危害及对中国的出口依赖；中国则恰恰相反，鸦片贸易逐渐取代茶叶贸易，使中国深陷鸦片的危害之中。作者在这方面如果再增加一些论述，则更为完美。

中国茶叶生产历史悠久，印度最初的茶叶种植和加工的确受到中国的影响，但因为中印两国有巨大的国情差异，加上当时国际局势的影响，所以导致中印两国茶产业结构差异很大。对中印两国来说，从茶产业这个特殊视角，可以观察两国经济现代化道路的巨大差异。本书认为，与欧洲的茶叶贸易大大刺激了中国茶产业的发展，为世界市场种植和生产茶叶逐渐主导了中国茶农的日常生活，至19世纪末20世纪初中国茶叶生产逐渐向资本集约化、机械化的生产模式转化。这个判断尽管有一点夸大，但对基本发展趋势的判断是准确的。至于中国茶业近代衰落的原因，本书涉及不多，作者主要对20世纪二三十年代寻求重振茶叶贸易（复兴茶业计划）的民族主义者的一些做法进行了探讨，其中对著名农学家吴觉农着墨尤多。

再次，本书没有局限于对中印两国茶叶生产与贸易的具体研究，而是试图通过这段历史的梳理进行理论创新。正如作者在导言中所说，本书是基于经济生活史和经济思想史的研究，不仅再次对学术界的传统看法即"亚洲经济停滞"的观点提出挑战，而且反思这些观点为何被人们广泛接受。作者明显受到"加州学派"的影响，声称要追随"大分流"学派的宏伟目标；而批评斯文·贝克特在《棉花帝国：一部资本主义全球史》一书中过分凸显英国特殊性和优越性的观点，认为资本主义应该是多途发展的，而不应被构想为一条即仅通往英格兰模式的固化路径，比如印度茶叶种植园就走了一条与英国经济自由主义原则完全不同的一条路，而我们无法否认它同样是资本主义生产方式的成功尝试。作者还批评欧美学者将中国和印度一起被视为东方主义幻想的对象（"他者"），这种倾向导致他们对东方的研究很难客观和实事求是。本书还提出了很多类似的新观点，这些观点是作者经过深入思考而提出的，尽管有一些矫枉过正的嫌疑，但能够自圆其说。

　　总之，这是一部有重要学术价值的专著，本书不仅是国际茶史研究的新成果，也将是全球史研究的代表作。本书译文准确通畅，可谓达到了信达雅的标准。

于北京

2023 年 10 月 2 日

序 二
茶叶背后的全球资本主义化

梁小民

　　春光明媚，书桌上放着一杯清茶，读一本书。茶水是清香的，书名却是《茶业战争》，清香的茶叶如何能引起"血腥"的战争？

　　读完书才知道，茶叶引起的并不是真枪实弹的战争，如同鸦片那样，而是我们称之为"商战"的贸易战。这种贸易战的背后是资本主义在全球扩张的进程。所以，作者在"中文版自序"中说，"我们应该更多地关注茶叶贸易，将其作为 19 世纪和 20 世纪全球资本主义扩张的主要舞台，尤其是在中国和殖民地印度"。由层叠的资本积累以及与其他工业世界共同商品走向集约化生产的压力把中国和印度腹地的生产者、茶商和种植园主紧密交织在一起。这个过程把中国与印度这两个古老的国家与全球一体化联系在了一起。

　　茶树原生于一片带状区域，从印度上阿萨姆邦向东延伸到缅甸和泰国北部，直至中国西南部。但最早种植茶叶的是中国。早在汉代四川一带已在消费茶。唐宋时茶的消费已相当普及，且随日本的"遣唐使"进入日本，形成"茶道"。明以后出现了我们习惯饮用的"散茶"。在 18 世纪之前，茶叶主要还是作为中国人日常饮用的一种自产自销产品，有出口，但并不多。当英国人爱上茶以后，其喜好又扩大到西方世界，于是茶叶成为中国主要出口产品。西方世界的"茶叶热"使中国生产的茶叶严重不足。中国对外贸易的"广州体系"下，茶叶完全由"十三行"垄断控制，价格上升，而中国对英国产品需求极少，引起英国严重的对外贸易赤字。于是英国人寻找其他茶叶生产基地。1847 年，英国探险家罗伯特·福琼把中国安徽徽州和福建武夷山的茶引入印度北部阿萨姆邦种植，于是世界上有了茶叶的"中国种"和"阿萨姆种"。

当时中国和印度尽管都被帝国主义介入，但情况并不完全相同。印度已沦为英国的殖民地，而中国是一个"半殖民地半封建"的国家。中国仍然有一个名义上"独立"的政府，但在体制上仍然是过去那一套。在 19 世纪以后的殖民化过程中，它们都成为资本主义扩张自己势力的地方，被迫走上全球资本主义之路。作为殖民地的印度成为英国茶叶基地，由英国人直接控制、管理，移植了英国在其他殖民地的制度。中国在经济上也受到英国等西方国家的控制，在全球化中作为这些国家茶叶及其他原材料的供给基地，但经济控制仍基本上是原有的。原有的自然经济体系仍在顽强地抵制西方的制度。这样，两国的全球资本主义体系用不同的方式，中国茶和阿萨姆茶也走上了不同的发展道路，并有了不同结果。

19 世纪后中国和印度都向世界出口茶叶，这就有了中国和印度之间或明或暗的"茶叶贸易战"。由于对生产力或效率的依赖都"渐变深陷于竞争性积累的社会逻辑之中"，中国走上劳动集约型积累之路。这就是"内陆茶商需要对生产进行更强有力的把控，将生产化方外包给工厂经理，后者将监管季节性劳工。紧接着，工厂经理对劳动过程进行了重新调整，使其变得更加专门化、协调化和高效率，从而提高生产力。中国内陆的工厂双管齐下，从时间检测及劳动纪律策略出发，来安排茶叶生产背后如采摘、烘焙、筛选和分级的工序操作。对于生产力的强调——从每单位劳动力投入之中挤榨更高的（茶叶）生产率——构成了一种劳动集约型的资本积累策略。换言之，内陆茶商通过要求季节性工人更努力、更快捷、更廉价地工作，以试图在一个茶叶价格持续下跌的世界中持续盈利"。作者介绍了武夷山与徽商的茶场如何通过分工及"焚香"来走这一条路。

阿萨姆是英国的殖民地，但采用的制度并不是古典经济学的自由放任，而是"基于政府支持的殖民化理论"。这就是殖民地政府免费给种植园主土地，这些种植园主全都是英国人，他们从英国引进资本，政府实行税收优惠，又建立了一套契约劳工体系，即从中国及其他国家引进契约劳工。在阿萨姆当地实行强迫劳动体系，即强制农民在每年三分之一的时间被迫为种植园劳动作为税收。这一套政策，包括政府干预和强迫劳工都是与古典经济学是背道而驰的。但殖民化就是探索这些国家的资源和劳动，让它们成为英国的茶叶供给地。这些殖民地的人民也没有宗主国人民的那些自由权力，从而引起包括印度在内的殖民地人民反对。

面对世界茶叶热，从 1865 年开始，"印度殖民地官员为阿萨姆茶叶产生定制了一套井然有序的劳动力招募和刑事契约劳动的系统。其特征是对工人流动的限制，不间断地监督，工资由法律锚定而不受市场的影响。契约合同法不仅给种植园主提供了一群规训的移民劳工，而且通过法律免罚让生产过程变得更为严苛"。与此同时，管理经纪资本的扩张与集约化、劳动集约化和机械化。这些是"不自由"的，但产业上取得了成功。

但 19 世纪八九十年代是中国茶叶的危机时期，除了官员只关心税收，不关心对生产的规模之外，则是"南亚茶叶的崛起，资本羸弱的中国商人的分散化特征，以及茶农与内陆茶号之间的拉锯战"。当时中国经济思想家陈炽提出的解决方法是：参用机器、准设小轮、创立公栈、暂减捐厘。这些见解是极有意义，但难以付诸实践的。在 20 世纪初，阿萨姆的茶叶在竞争中胜出，中国茶叶则在国际市场上走上衰落之路。

作者然后分析了阿萨姆茶叶和中国茶叶的两个重大问题。阿萨姆茶业中的苦力，即自由劳动与苦力劳动的对抗，以及由此引起的民族主义运动，作者称为"苦力民族主义"。对中国茶叶则是买办制度，即茶叶的采购与销售由买办及下游的"茶栈"控制。他们用资本控制了生产，但往往加剧了生产者农民的困难。"这些茶栈导致可投资于生产的资本流失，从而显著损害了行业的发展。"

关于茶叶的书可以说汗牛充栋，我也读了一些，深感本书有自己其他书没有涉及的特点。首先展现出全球竞争如何将中国和殖民地印度茶业联系在一起。这就是从全球一体化的视角来研究茶叶问题。其次，通过阿萨姆邦和中国武夷山、徽州在现代经济的崛起，说明许多被视为不适于现代的传统实际起到了重要作用，最后批评了东方主义等曲解落后经济现代化的理论。

本书是历史与理论的结合，全书基于斯密的政治经济学和马克思的价值论，还涉及许多学者和理论，如中国学者陈炽和吴觉农的经济思想。这些理论你也许赞成，也许不认可，但作者有自己的见解。这些都可以打开你的思路，从茶叶看全球化，又为我们提供了一个新角度。

于北京

2023 年 3 月

中文版自序

　　我非常高兴地看到了这本行将出版的《茶业战争：中国与印度的一段资本主义史》中译本。黄华青博士和华腾达博士为准确翻译我试图在本书传达的一些关键思想而做了大量工作，能与如此有才华且投入的译者合作，我感到很幸运。

　　如大多数课题一样，这本书有众多的起源。当我还在大学读本科的时候，我在历史系选修的第一门课程——现代南亚学，由阿努帕玛·饶教授（Anupama Rao）讲授。当时，南亚研究在英语学术界占有重要的地位，我深受庶民研究（Subaltern Studies）和后殖民文学的理论抱负的吸引。这些学者以南亚历史为出发点，就权力和暴力、殖民主义和语言以及这些在创造现代世界的进程中所起的核心作用展开辩论。我自然也对所有这些讨论如何与中国和东亚的研究相交叉感到好奇，毕竟，考虑到我的家庭背景与该地区的关联，我与之有着更密切的联结。

　　我清楚地记得，当我还是一名初出茅庐的大学生时，就已对19世纪世界贸易中的中国和殖民地印度交叠的历史很感兴趣：英国对印度的占领、孟加拉的鸦片贸易，以及涉及加尔各答和广州的以鸦片换茶叶的三角贸易。在读博士生一年级时，我更深入地研究了这个话题，起初我认为它可能适合写为一篇报告或论文。但随着我深入研究，特别是关注到茶叶贸易作为鸦片战争背后的"另一商品"——这一课题得到了持续深入，直到成为一篇完整的博士论文，如今又形成一本书。虽然学生们经常被教导一次只关注一个"地区"或国家，但我认为通过比较和跨国的框架来讲述这个故事是意义非凡的。我感到幸运的是，我在哥伦比亚大学的导师们——阿努帕玛·饶教授、高彦颐（Dorothy Ko）教授，尤其是已故的亚当·麦克考温（Adam M. McKeown）——都热情地鼓励我的研究方向。许多年后，这本书便是我当年对南亚、东亚和全球史提出的问题的成果。

当然，许多中国史和印度史学家都曾撰写过关于茶叶贸易的作品。对于严肃的历史研究而言，"茶叶"的研究或许表现得过于世俗，脱离了政治与社会的宏大议题。

然而，我在本书中的观点是：我们应该更多地关注茶叶贸易，将其作为 19 世纪和 20 世纪全球资本主义扩张的主要舞台，尤其是在中国和殖民地印度。在 18 世纪，茶叶最初只是中国市场特有的一种奢侈饮料，但到了 19 世纪，茶叶已成为一种全球性的必需品，作为一种主要商品与其他主要作物——如棉花、糖、咖啡、鸦片、橡胶调和构成了某种布局，它们为经典的、以欧洲为中心的资本主义崛起的叙事注入了活力。正如我在导言部分所指出的，在 20 世纪初的中国和印度，卷入茶业的工人要多于各自国家城市工业的工人（通常是经济史学家的研究对象，如棉花和丝绸纺织品业的工人）。茶叶贸易的历史应是任何关于中国、印度乃至亚洲近几个世纪的资本主义长历史及伴随而来的经济和社会生活变革的讨论中心。这是一个与任何话题一样具有切时性及历史意义的话题。

　　但这些并不是我最初打算解决的问题，因为我的个人发展恰逢美国高校研究更广泛地转向政治经济学问题。在本科和研究生阶段，我都深受文化研究的影响，哥伦比亚大学的历史、文学、东亚和南亚研究系的大多数学者和学生也是如此。然而，随着阅读范围的扩大，我对中国和南亚的社会经济史的深厚传统愈发感兴趣。我沉浸在农民土地权、国际商品价格和金融工具的技术细节之中，这是一件令人兴奋的新鲜事。21世纪初，彭慕兰（Kenneth Pomeranz）的《大分流》（*The Great Divergence*）一书的出版，促使中国和世界的历史学家重新开始关注经济史。在美国的学术界，2008年的金融危机引发了关于重新审视"资本主义史"的讨论，即将这一充满矛盾和危机的体系历史化和去自然化。这一智识发展的汇流使我相信，现在是个很好的时机来进一步探讨中国、亚洲和"新资本主义史"之间的关联——后者依然主要以北大西洋世界为中心。我希望这本书能有助于丰富这些讨论。

　　虽说历史学家们的确对政治经济学兴趣重燃，但如果面对着经济生活中精细、翔实的细节，对于包括我在内的许多没有必要学术背景的学生而言，仍是令人却步的。为了解读所有令人眼花缭乱的统计数据和模型，我对经济理论和经济思想史产生了兴趣。例如，我们很多关于经济史的常识仍来自亚当·斯密（Adam Smith）、大卫·李嘉图（David Ricardo）和卡尔·马克思（Karl Marx）的著作。在这一脉的学术探索中，我要感谢瑞贝卡·卡尔（Rebecca Karl）教授和安德鲁·萨托利（Andrew Sartori）教授为我提供的指导。学习这些理念不仅帮助我更好地理解了经济史，而且如本书读者将会注意到的那样，它们启发了我对于中国和印度思想史进行新思虑：关于这些经济实践和思想如何在亚洲形成的历史，以及这些过程如何与世界其他地区相似的变化产生关联的历史。

在这些不同兴趣——殖民主义和权力、全球贸易和生产、经济思想——的背后，我深深受教于卡尔·马克思的原著。为此，我要感谢备受尊敬的美国日本史学家哈若图宁（Harry D. Harootunian），他最早引领我对马克思的著作进行了严肃研究，尤其是《资本论》（1867）及其早期手稿《政治经济学批判大纲》（1859）。马克思著作的影响在全书中显而易见。当然，本书并不是对他所有作品全面进行重新评估。在此我想表达的是，我对马克思的解读可能与大多数读者熟悉的以往历史学家的标准解读有所不同。那些作品大多围绕民族主义问题展开，例如"我们如何解释英国的资本主义"或是"中国的资本主义"。相反，我认为可以用一种新的方式来阅读马克思——受杰鲁斯·班纳吉（Jairus Banaji）的论文启发——强调积累和价值的动态和跨国循环。恰好有这样一种流动中的商品——茶叶——来为我们呈现这些循环的路径，因此茶叶更值得研究。

事实上，在修订和提交本书最终版本的最后阶段，我意识到我对历史和理论的兴趣很大程度上是由当代世界所塑造的。作为20世纪90年代成长于西雅图郊区一个普通商人家族的孩子，我在成长过程中不断听到诸如"全球化""新世界秩序"以及最近的"新自由主义"等术语。我在这部历史著作中探索的概念——尤其是"劳动集约型积累"的概念——也是在近几十年的跨国资本、商品和移民流动及全球一体化中明显能注意到的。我希望，对于汉语世界的研究者而言，这本中译本带来的主要收获是打开一段熟悉的中国历史故事，展示它并不是"中国所独有的"，而是与世界其他地区和产业有着许多共同点。

大多数研究课题的另一个共同特点是，它们往往间接地与作者个人的经历联系在一起。今天，我的家族分支散布于中国（大陆与台湾）、美国。我们的命运大多与20世纪的地缘政治竞争和改变世界的贸易及移民模式有关——就像本书所描述的中国、英国和印度的农民、经纪人和代理人一样。因此，当我进行研究时，我追随直觉去讲述那些被无法控制的跨国力量而卷入其中的人的故事。作为一名历史的研究者，我最需要报答的是已故的祖母李鼎嵩，是她抚养我长大，也是她在中国生活的故事激起了我对她所来自的世界的好奇心。我的父母刘家辉和杨芳琪曾踏上一段在今天的我看来不可思议的旅程，他们横跨了半个地球，建立起新的生活。他们无私地任由我追随自己的求知欲，除了要求我们像他们一样努力工作之外，他们别无所求。我的伴侣礼子与这个课题共度了半生，在多年的旅行、撰写、修改和等待中，一直耐心支持着我。当英文版率先出版时，我把它献给了礼子以及我们的女儿——义佳，当时她刚满两岁；如今，随着这本中译本的出版，我有机会再次将它献给我的家人，也献给我们刚出生三个月的儿子——义友。

费　城

2022 年 10 月

目录

第一部分

竞争与意识：
中国和印度的茶产业（1834—1896）

第二部分

苦力与买办：
世纪之交的茶叶及政治经济学

导　言

19 世纪中叶是中国茶叶贸易的黄金时代，与此同时，英国殖民地官员采用了与鸦片战争同一套说辞，大肆鼓吹在印度东北部的拉布马普特拉河谷种植的茶叶，声称印度茶叶将"摧毁和消灭中国的垄断"：这是另一种形式的战争。

20 世纪，吴觉农 * 因撰写了几部极具影响力的书籍，并牵头一系列政府层面的产业复兴计划，而在中国茶叶研究方面赢得了最高权威的声誉。在其弱冠年华的头几年，他与同期的数千名爱国同胞一样，在日本生活了几年，学习外语和科学。正是在静冈县牧之原地区，他第一次学习到了现代茶叶种植的最新技术。他后来曾回忆，那些年间，农业学校的日本同学常会拿起梨或橘子等水果问他："中国也有这种东西吗？"他解释道，这样的奇问不足深怪，因为当时日本出版的教科书往往声称，各类植物和水果都只有在日本帝国的版图中才能找到。茶叶也不是例外：

　　　　自从英人经营印度、锡兰的茶业，日本、中国台湾地区扩张其销路以后，世人于是把茶的原产地也都附会臆说；甚至形容我国的丑态，广为宣传，遂使英美人看到"China Tea"便疑问："中国也有茶树吗？"[1]

* 　吴觉农（1897—1989），原名荣堂，因立志要献身农业，故改名"觉农"。中国著名农学家、农业经济学家，现代茶叶事业复兴和发展的奠基人。曾担任农业部首任副部长，著有《茶经述评》《中国茶业复兴计划》等，被誉为"当代茶圣"。——译注（* 皆为译注）。

　　"中国也有茶树吗？"这样的疑问是从何而来的？茶叶长久以来就和中国画上了等号，最直接的体现便是世界各国语言中常用的两个单词——"tea"或"cha"，皆源于同一个中国汉字"茶"的不同发音。在中华帝国早期，茶叶最早作为一种药物性或宗教性的饮品而被仪式化地饮用。而至18世纪，中国商人将茶叶普及为一种全球性商品，促使它成为当今世界消费量最大的商业化饮品。

　　然而，在接下来的19世纪，印度——由英国殖民地的种植园主操持、以印度东北部阿萨姆地区为基地的茶产业——猛然超越中国，成为世界第一大茶叶出口国。大英帝国及后来日本帝国的喉舌抓住这次全球劳动分工倒转的契机。他们写道，印度茶的崛起和统治力是如此势不可挡，这一定是命中注定的。这并非程度上，而是类别上的差异，这种差异可归因于植物的天然属性以及它与周遭自然地貌的适配程度。这些宣传喉舌质疑唐宋时期关于中国茶叶记载的可信度，转而断言，真正的"茶树原产地"应是印度或日本。

　　这一理论的支持者之一便是大卫·克罗尔（David Crole），这位英国种植园主曾在印度有十年管理茶产业的经历。在一本1897年印刷的小册子里，克罗尔推测说："这种植物的原始栖居地必定就在此处——这里的土壤、气候等都最为适合茶树的茁壮生长；毋庸置疑，阿萨姆比中国皇帝统治疆域内的任何地方都能更满足茶树生长的需求。"在其他场合，他还曾将中国茶的危机归咎于"天朝"的"顽固野蛮性"，贬低其为一个"倔强保守的种族"，与

"西方"的讲"文明""智识、科学和研究"形成鲜明对比（讽刺的是，他却未曾注意到阿萨姆本身亦处在南亚与东南亚之间的偏远边疆；英国种植园主将阿萨姆茶业视为其一手打造的，便选择性地将同一种逻辑强加其上了。）[2]。根据他的土壤理论，克罗尔将商业差异的文化争论推向了极致，甚至在字面意义上将其简化归结为一种土壤本身的特性。既然他都认为中国商业是因其冥顽不化的原生传统而衰落的，那么他自然也可以轻易地将此嫁祸于中国的土壤和气候。

　　而在关于茶树原产地的科学争论表象之下，存在一个昭然若揭的政治企图：将19—20世纪的全球市场所造就的冲突剧变合理化。大英帝国和日本帝国的喉舌将中国和印度的茶叶不同的命运走向，归结为内在固化的文明差异的必然结果，甚至将经济上局势的逆转归因于土壤天然特性的差异，公然歪曲史实记载。这显然昭示了，所谓的社会经济革命——我们通常将之与现代资本主义的到来相关联——随之也带来了观念和意识形态的革命。更广义而言，尽管在今天，若有人再问"中国也有茶树吗"这样的问题会显得很荒唐，但在克罗尔的土壤理论背后所潜藏的同一种"自然化"（naturalization）逻辑，依然在他之后关于现代亚洲的诸多研究中有所回响。这些研究成果长久以来便假定，世界各地迥异的经济财富可以用"某些独一无二的、有利于工业苗壮发展的本土因素（如它的气候、土壤、文明与文化）"来解释。然而，这些因素只能在"西方"，而不能在任何"其他"地方找到？[3]

本书将这类关于经济变迁的自然主义阐释历史化，并予以质疑。通过现代资本主义竞争的斡旋，本书意在展示一段在全球互动中中国与殖民地印度既动态又一体的历史。本书将展现，在中国的农村和印度的种植园，全球商业竞争重塑了地方社会的经济生活的节奏；而反过来，茶叶贸易中的旁观者和参与者——包括中国人、印度人和英国人——都开始将这种新的现实理解为人类组织和进步的自然秩序。全球茶叶的故事也因此牵引出一段关于经济生活新形式的历史，一段经济思想变迁的历史。这些历史的意涵可能会颠覆我们关于中国和印度的资本主义——或是其缺失——的许多传统假设，也将大胆指向一种针对资本主义历史更为整体、更为全球性的理解。

在接下来的章节我们将看到，尽管帝国的喉舌将中国茶业和印度茶业的分流归因于与生俱来的文化和自然特征，但他们的理论却遭到一段更为动荡的历史的证伪——这段历史就是将中国沿海和印度东部农业腹地紧密联系起来的贸易竞争史。当清王朝被寻求自由贸易的炮火轰开大门时，贸易资本家们就从广州、福州、上海等开埠港口一路深入至安徽和福建的农村地区。在那里，山区中数百万个农民家庭以及山谷中的临时作坊正为欧美消费者量身炒制着符合其口味的绿茶、乌龙茶和红茶。19世纪30年代，英国官员为了创建印度茶产业，雇佣殖民地商人和植物学家到新加坡、中国广东和内陆地区广泛搜罗，以将中国的茶种和制茶师傅带到印度。19世纪末20世纪初，随着商业压力重塑亚洲的茶产区，新一代的中国和印度民族主义者开始形成了一套自己的政治经济原则，以理解全球资本运行的逻辑。尤其是对吴觉农而言，关于茶树原产地的争论——人人都可以拿中国没有茶叶这样的荒谬论点来取乐——促使他将毕生精力投入到借助"现代资本主义方法"（modern capitalist methods）复兴中国茶叶贸易的事业中，甚至在20世纪30年代远赴印度，调研这个新出现的对手——这可谓是一个世纪前英国殖民者赴中国探险的镜像故事。全球茶叶贸易在地图上的轮廓促使我们去探索整个殖民时期亚洲新型的横向关联，不仅是中国大陆和印度，还有锡兰、日本、中国台湾地区及荷属东印度。事实上，茶叶的现代史也属于一种近年来颇受学界重视的"跨亚洲的"（inter-Asian）"相互联结的"（connected）历史，这样一种全球南方（Global South）之间的互动，长期以来都被基于国族、区域研究和中心-边缘（center-periphery）的分析所边缘化了。[4]

实际上，在这本册子的脚注中，连克罗尔本人都承认：每个地区的财富不仅由地方的、自然条件所决定，实际上更取决于全球的、历史偶然的"中国和英国种植的茶叶之间的霸权角逐"。在第一次鸦片战争的半个世纪之后，克罗尔将当时的经济竞争描述为"早已发动并持续至今的茶叶战争"。[5]同一时期的中国南部海岸，著名清朝改革家郑观应完成了他的代表作*（1894），这本书当

---

* 此处应指郑观应（1842—1921/1922）的《盛世危言》。

时还未为英语世界所知。在书中，他提出了一个众所周知的论述，为此他发明了"商战"一词，用来描述中国的茶叶和丝绸商人正面临着海外工业的威胁。

如果说，中国茶叶和印度茶叶的经济命运在 19 世纪末 20 世纪初显现分歧时，那两者同时也被紧紧地拽在一起，在一场相互竞逐的战争中各自被置于两端。

*

《茶业战争》讲述了全球茶叶贸易的故事，这是一段在现代中国和印度涌现资本主义的历史。基于经济生活史和经济思想史的研究，它不仅挑战了过去对于"亚洲经济停滞"（Asian stagnation）的论述——就如茶树原产地的争议所体现的那样，还解释了这些理念在 19 世纪末 20 世纪初是如何变得习以为常的。《茶业战争》展现了中国和印度腹地的茶叶生产者、茶商和种植园主是如何借由层叠的资本积累循环以及他们与其他工业世界共同面临走向集约化生产的压力而紧密交织在一起的。与此同时，矛盾的是在全球性的动态压力下产生了一种自然主义的经济发展理念，即认为中国和印度社会是特殊的、落后的，而这种观点同样为亚洲各地民族主义团体所接纳了。本书中，这些观点也将被作为历史拷问的对象，因其清晰指向了与东亚及南亚新兴的社会形态相对应的现代政治经济学观点。因此，这段茶叶的故事终将帮助我们理解在中国和印度"内生"的现代经济观念的历史形成过程，同时也能够理解将一些现代亚洲与世界其他地区联系起来的关键思想。

我在这本书中将展现两个地区性茶产业的百年进程，将其呈现为一段逐渐铺展的、往复循环的动态过程，一段基于竞争态势的全球史和比较史。它肇始于 1833 年英国东印度公司对广州贸易体系垄断的终结以及随之而来的鸦片战争，这刺激了中国茶叶出口的大幅增长，一直持续至 19 世纪 80 年代。殖民时期印度茶产业腾飞的基础，是种植园主利用刑事劳动法（penal labor laws）将契约劳工（indentured workers）——众所周知的"苦力"——从印度中部迁移至阿萨姆地区，在绵延不绝的、被委婉表述为"茶园"的种植园中辛苦劳作。印度茶业在 19 世纪 90 年代超过它的对手——中国，但到了新世纪，两国茶业的商人和种植园主皆开始疲于应对风起云涌的国际环境。在印度，在一个崇尚自由薪资合同的现代世界，殖民地官员和印度民族主义者因契约劳工的可行性不断发生冲突。在中国，改革者呼吁国民政府消灭被贴上"封建"标签的旧式商业机构，由此振兴茶叶贸易。我的论述将收尾于第二次世界大战爆发前夕，但在此之后，这段历史所呈现的经济民族主义的意识形态依然持续塑造着后殖民时代印度和社会主义中国的政治经济框架。

作为一部涉及多点调查的作品，本书基于对中国与印度茶产业之关联的强调，重新思考了现代中国的茶叶故事；同时通过观察印度与中国的历史纠葛，得出了对印度茶叶史新的论点。有学者早已指出，中国和印度作为大陆规模的亚洲农业大国，其历史具有诸多可比性，但至今，仍很少有人从物质的角度对两者的历史关联进行研究。[6] 茶叶的竞争便提供了这样一个具体的接触视点与机会，将两个区域迥异的历史地理情境关联起来，借助二者所属的范畴来阐明彼此的故事。也就是说，尽管南亚历史学家已出色地分析了殖民劳动的历史，中国研究学者也早已强调了本土循环和全球市场的商业化的过程，但我在力求将二者融合的分析中，特别关注了中国茶产区的农民和季节性生产，同时反过来将印度茶园放在移民、金融和资本积累的全球循环之中分析。

　　这样的比较分析是基于由资本竞争进程下所塑造的历史关联。对于新古典主义经济学家而言，"完全竞争"（perfect competition）被视为一种不受阻碍与干扰的市场平衡状态；然而，"真实"的竞争史——正如经济学家安瓦尔·谢克（Anwar Shaikh）所提出的那样——"本质是冲突的，现实是混乱的"，这种状态与所谓的"完全竞争"之间差异，犹如"战争与芭蕾"那样具有天壤之别。[7] 这样的竞争将促使我们的视野超越标准国别史之外，转向一系列新的分析单元：不相关的产业和生产者在全球市场上竞相角逐，又因抽象的价格变动而彼此产生联系，采取具体的手段来你争我夺，从削减工资到技术创新，再到——正如茶树原产地争议中所体现的——广告和宣传攻势。中国和印度的茶产区的命运彼此交织，相互影响，顾此失彼就没办法参透这场茶业战争。因此，跨国竞争不仅将作为本书的主要框架，也将成为核心论据，这将更好地理解资本积累的历史动力。反过来说，这样的关联亦会促使我们逐步瓦解北大西洋两岸在资本主义史的优势地位，以吸引人们关注中国、印度和亚洲其他地区的劳动经验和资本流动，这些地区正是今天全球市场中绝大部分生产活动的发生之地。

借由这条地理上拓宽的研究进路，我所要探索的方法论问题是如何撰写一部中国和印度茶叶生产腹地——还有其他类似边缘地带——的资本主义史，不仅将作为一部地方史，同时也在更广义的范畴来说将驱动全球劳动分工的社会逻辑再概念化。《茶业战争》将凸显两个层面的变化。其一，作为一部社会史，它将展现劳动集约型生产方式下的中国农民家庭和印度契约苦力，如何在一种对英国和中国商人来说具有利益丰厚的资本积累模式中发挥核心作用。这些研究发现将驳斥一些早先的假设，即认为中国商人和农民过于传统，而印度苦力过于没有自由，两者都不可能属于这个现代世界；这些发现还会提出，关于资本主义作为一种以自由市场和自由劳动为特征的标准解释需要被重新考量。其二，作为一部北大西洋之外的政治经济史，本书也将讲述茶叶战争中中国和印度的参与者如何身体力行着诸如价值（value）、生产（production）和劳动（labor）这样的抽象概念，进而理解全球市场。概念上的创新反过来也会迫使亚洲的改革者借助历史主义和进化论的经济发展框架——这种进化通常以自由的程度和科技的创新为准绳——来重新构想他们所处的社会。至于茶树原产地的争议，这些民族主义思考者从一段竞争的动态史中抽离出了一套受自然和空间束缚的经济法则。尤其是，他们将注意力集中在寄生虫似的中国"买办"以及自由受限的印度"苦力"身上，将他们视为亚洲处于落后地位的特殊标志。[8]悖论是，这种对于落后的想象在整个 20 世纪关于亚洲的书写中是如此流行，实际上反映了这些区域早已浸润于异常现代的资本积累逻辑之中了。

世界史中的茶叶

茶叶（Camellia sinensis）早在 17 世纪成为一种真正的全球商品之前，在东亚的种植和饮用史已逾千年。作为早期现代对某些"上瘾食品"（包括咖啡、鸦片、可可、烟草和糖）的全球性狂热的一部分——俘获欧洲和美国贵族阶层芳心的茶叶，这些刺激物或镇静物都已融入至日常礼俗之中。在大约两个世纪以来，英国与荷兰商人购买茶叶的渠道只有通过已管控的中国南方港口广州的"十三行"。在"广州体系"（1700—1842）的供给端，英国东印度公司（British EIC）及其被称作"港脚商人"*（country traders）的私商通过售卖印度鸦片所获的收益，再从中国购买成船的茶叶，将这些叶子带回伦敦售卖获利。而在需求端，欧洲和美国的贸易公司在整个 18 世纪积极开拓茶叶需求的国内市场，其

---

* 港脚商人，主要是指经过东印度公司特许的从事贸易的私商。

目的是让政府更为富有，以为战争买单。很快，西欧的资产阶级和工人阶层都养成了每天饮茶数次的习惯，并佐以牛奶、糖和甜点。茶和糖也构成了西敏司（Sidney Mintz）所谓的"茶叶复合体"（tea complex），其中糖"不仅是茶的甜味剂，也是很多佐茶食物所需的基本调料"。下午茶时光（tea time）成了一个神圣的礼仪，具有道德、心理甚至是"魔法"的效用，远超咖啡因和卡路里的化学功能。糖来自西印度群岛，英国人在那里建立种植园，指使奴隶种植甘蔗。用一位英国当代作家的话来说，结果"相当诡异"：欧洲的"普通民众"需要"从地球两端分别进口两种商品作为他们日常饮食的一部分"。[9]

茶叶的现代史在 19 世纪 30 年代进入了新阶段。贪婪的英国商人在摆脱东印度公司的独营限制之后，自认为只要突破被其贬为垄断者的广州体系，便可向清王朝倾销更多鸦片。针对该十年间来往信件的考察显示，商人和政治家普遍存有两个诉求：要么打开中国更多的贸易港口，要么在大英帝国控制的区域试验种茶。第一种解决方案的结局便是臭名昭著的鸦片战争。在英国取得压倒性胜利之后，1842 年的《南京条约》开放了五口通商，这打开了中国茶叶的出口路径。在十年内，商贸的中枢就转移到了东南沿海的福州和位于长江入海口的上海。19 世纪中叶是中国茶叶贸易的黄金时代，出口总量和价格都达到了前所未有的高度。

与此同时，英国殖民地官员采取与鸦片战争同一套说辞，大肆鼓吹在印度东北部的布拉马普特拉*（Brahmaputra）河谷种植茶叶，声称印度茶叶将"摧毁"和"消灭中国的垄断"。[10] 印度殖民地在19世纪30年代所进行的植茶实验代表了第二种破除中国垄断的方案：这是另一种形式的战争。19世纪60年代，殖民地官员引入了《刑事劳动合同法》，借助刑事处罚以震慑逃离种植园的移民苦力。契约劳工推动了印度茶叶的崛起，印度茶叶对英国的出口在1889年茶季第一次超越中国，并在此后数十年间持续繁荣（见图1）。

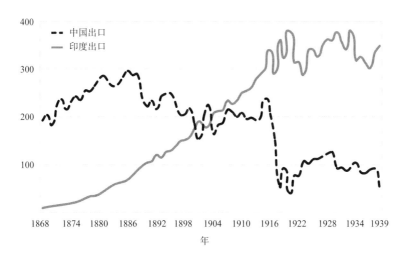

图1　中国和印度的茶叶出口总量（1868—1939年）（单位：百万磅）

数据来源：Hsiao, *Trade Statistics*; Lyons, *Maritime Customs*; ITA Report (1920), 403; (1931), 375; (1940), 201.

---

* 布拉马普特拉河，南亚重要河流，发源于中国西藏的喜马拉雅山脉。上游位于中国境内，称雅鲁藏布江；进入印度后，称为布拉马普特拉河；最后经孟加拉国与恒河汇流，汇入孟加拉湾。

20 世纪初，中国和印度的年茶叶出口量总和超过 5 亿磅：这相比鸦片战争前夕已经涨了 11 倍。全球茶叶市场还出现了来自日本、中国台湾地区、锡兰和爪哇等地的竞争者。而印度茶叶的统治地位和中国茶叶的不断下滑形成的鲜明对比对旁观者的冲击如此之大，这也为克罗尔的土壤理论增添了说服力。如果说鸦片战争释放了中国茶叶贸易的产能，那么后来的茶叶战争则几乎将其覆灭。这样的分流也体现于 1910 年一幅夸张的漫画作品（见图 2 ），它出现在殖民时期印度茶叶协会印发的小册子中。

在我的研究所覆盖的时间段内，即 18 世纪中叶至 20 世纪中叶，如果不是唯一一种，那茶叶也绝对是中国和殖民时期印度最具象征性的商品之一。对于清帝国而言，它不仅是通商口岸体系建立的基础，也是 19 世纪最具价值的出口产品。对于印度次大陆而言，阿萨姆和孟加拉地区 "取得最惊人成功的殖民地事业"——如萨米塔·森（Samita Sen）所言。19 世纪末 20 世纪初，茶产业就其公司数量和投资总量而言，都是印度排名第一的私营产业。至 20 世纪 30 年代，第一次系统性的劳工数量统计表明，在以上两个区域，茶产业所雇佣的劳工多于任何其他出口为导向的产品，无论是棉花、黄麻，还是丝绸：在阿萨姆有超过 50 万劳工，在中国这个数字则是 300 万。在讲述中国或是印度的现代资本主义史时，都很难回避茶叶所占的位置。[11]

不过，茶叶并不是唯一一种需要调动劳动力的产物。从 18 世纪至 19 世纪，随着更多大宗商品在亚洲、欧洲、非洲和美洲之

图2　印度茶叶协会的小册子中关于中国和印度茶叶销量对比的插图（1910）

来源：pamphlet, 1910. Buckingham, *A Few Facts*.

间流动，对于资本和信贷的需求也与日俱增，这推动了雇佣劳动
（employed labor）在全球扩张的规模。商人、公司和种植园主雇佣
了亚洲各地的农民，并将数百万名非洲黑奴运送至美洲的种植园
中劳作，以此为其母国市场供给廉价的药物、原材料和服饰。在
糖的消费量下降之时，是中国的茶叶使得加勒比地区的奴隶制得
以维持。茶叶也曾被用来交换印度的工厂式种植园中生产的鸦片
以及美国的非洲黑奴种植的棉花。在这几个世纪以来，茶叶的供
给一直依赖小农种植以及季节性工厂，后来才有赖于在阿萨姆连
绵的茶园中工作的契约苦力。中国茶叶和印度茶叶迥异的劳动力
来源仅仅代表了劳动力商品化（commodified labor）的诸多不同形
式中的两种——后者包括奴役、契约、佃农、家庭农场、小农户
和自由薪资雇员——它们共同促成了第一次真正意义上的全球劳
动分工。例如在 20 世纪初，W. E. B. 杜波依斯*（W. E. B. Du Bois）
曾提到所谓"黑暗而广阔的劳工海洋，可见于中国和印度，南太
平洋和整个非洲，还有西印度群岛、中美洲和美国……孕育了全
球的原材料和奢侈品诸如棉花、羊毛、咖啡和茶叶"。[12]

　　我认为，既然认识到了这些全球性商品的相互关联，就要求
我们重新考量资本主义史，它将与强调北大西洋世界的独一性的
既有范式大为不同，反过来可以探索一种更真实的全球化的思辨
过程，以理解资本的积累及其驱动力。为此，本书以近期研究为

---

* 杜波依斯（1868—1963），20 世纪上半叶最有影响的黑人知识分子。

基础，重新讨论亚洲和欧洲的经济"大分流"以及新的"资本主义史"。

资本主义史的全球化

自现代政治经济学论述之始，中国和印度长期以来都被视为曾经繁荣的文明，却受到各种限制而未能实现现代工业资本主义。两个国家都缺乏亚当·斯密描述的"进步"动力、卡尔·马克思所谓的资产阶级关系，以及马克斯·韦伯（Max Weber）讨论的资本主义精神。这样一条经典理论逻辑链对于现代社会科学思想形成了深远影响，例如克罗尔对中国和西方的反差认知就体现了这一点。正是这类"欧洲中心的叙事"，激起了彭慕兰已成经典的《大分流》以及随后出现的大批"大分流"文献的挑战。[13] 彭慕兰这部杰出的著作指出，18 世纪的长江三角洲和英格兰皆拥有类似的商业动能又陷于马尔萨斯陷阱*，这意味着 19 世纪西欧和中国、印度、日本的"大分流"极大地取决于地理和政治条件等非市场因素，而非源于先发的深厚的社会与经济的不兼容性。同样，《茶业战争》一书将追随"大分流"学派的宏伟目标，通过比较历史底蕴深厚的地区之间的互动，挑战完全陷于地方的分析范式。因

---

* 马尔萨斯陷阱（Malthus trap），以人口学家、政治经济学家托马斯·马尔萨斯（1766—1834）命名。他认为在大部分人类历史中，收入停滞是因为技术进步仅仅造成人口的增加而没有提高人类的生活水准，而工业革命才真正使得一些国家跳出了陷阱。

此，在本书中我将考察安徽南部、福建西北部、上阿萨姆等不同茶区之间的可比性，而非以清帝国和英属印度为分析单元的简单叠加；此外还将考虑不同地区之间的物质和商业联系。

《茶业战争》还将 18 世纪的故事推进至 19 世纪末 20 世纪初，提出了一个关于社会变迁的新论题。在对大分流的解释中，彭慕兰和相关学者，如普拉桑南·帕塔萨拉蒂（Prasannan Parthasarathi）对印度和英国的分析中——压缩了社会经济的差异，并强调亚欧之间以及早期现代和现代发展之间的连续性：这是对过去东方主义学者值得重视的回击。相反，在本书中，我试图探索现代世界的不连续性——这带来了前所未有的物质财富水平，并如彭慕兰和帕塔萨拉蒂业已强调的那样，这引发了资本积聚和科技创新的革命性模式 [14]。如果说在过去两个世纪，全球经济经历了国民收入水平上的量化（quantitative）分流，那么它同时也经历了某种质性（qualitative）汇流——就其共享的社会实践和智识形式而言。尽管亚洲的史学家皆默认，中国和印度在 20 世纪长期深嵌于此种模式，但在概念上尚缺乏考察的，是早期现代商业和发达现代工业之间的过渡状态（interregnum）。

我对于过去两个世纪的经济剧变的重新思考，自然也使本书与新的"资本主义史"文献发生对话。这类研究大多聚焦于北大西洋两岸，为全球棉花贸易、种植园奴隶制和消费者金融提供了全新视角。本书从各方面汲取灵感，不仅有话题性的关注，如全球化、历史性不平等、2008 年的次贷危机，也对于劳动、商业以及增长的专门研究已然陷入停滞提出了学术上的质疑。我们所需的是一个来自"资本主义"范畴的，更跨学科的、去自然化（denaturalizing）的视角。值得注意的是，这些学术作品的一个共同特点是拒绝直接定义资本主义本身，担心这会阻绝可能的新路径。但也有敏感的学者观察到，这样的拒绝很可能会损害这一事业的学术延续性和任何有益的研究议题。这些担忧也可以从地理上的视角重新表述。对于美国和西欧的历史学家而言，他们所研究的区域被视为现代资本主义秩序从形成之初至今的中心，跳出这些既有框架可能会显得高度解放。但东亚和南亚长期以来就被排除在这一传统之外，我们也只有少得可怜的工具来用正向的词汇去描绘这些区域的资本主义史。在我看来对于北大西洋之外的全球学者而言更有效的研究方法，应是对资本主义的历史趋势在概念上进行更为严谨的表述，不应去低估而应具体考察这些区域如何微妙地介入的全球生产、交换和积累活动中并被其重塑，同时又积极参与到后者的重塑之中。[15]

　　因此，尽管本书引用了埃丽卡·拉帕波特*（Erika Rappaport）令人钦佩的、基于大英帝国经验的茶叶世界史研究，但我的目标是理解资本积累在欧洲帝国边缘——也就是通常被视为无法发生现代增长的殖民时期亚洲社会——的意义。现存的关于中国茶叶和印度茶叶的历史文献充斥着这样一些论点，即认为尽管世界

---

* 埃丽卡·拉帕波特，加利福尼亚大学圣芭芭拉分校历史系教授，著有《茶叶帝国》。

范围茶叶贸易的利润极高，但没有一个国家的茶产业可称得上是"资本主义"，因为二者皆无法契合唯一被接受的历史模式——欧美模式。实际上，在更广义的亚洲经济史编纂中，既定的路径是一条"技术主义"（technicist）路线，它聚焦于个人化的技术基准，与 20 世纪的福特主义（Fordism）相关：包括技术创新、大规模生产和强大的国家及公司力量。这样的惯例甚至还遗留在新近的资本主义史书写中，例如斯文·贝克特 *（Sven Beckert）对棉花的出色研究——尽管他凸显了全球史的视角，但依然将现代生产力的获取归结于英格兰意外的、本土创新的结果。[16] 在这种技术主义框架下，现代资本主义只能被视为某种在西北欧的发明，随后才传播至亚洲及世界"他处"之物。

今天，如此模式化的假设似乎不再牢不可破。近数十年来，学者研究了亚洲、非洲和拉丁美洲的工人，越发意识到世界市场深度依赖的资本积累模式，已经违背了其原初的模式。同时，对于北大西洋资本主义的阐释也变得不再确凿，因为 19 世纪英国的机械化进程看起来比最初想象中要慢、要弱，也没有传播得如此广泛。这些研究是在欧美工厂和工会受侵蚀的背景下进行的，他们的雇主数十年来不断地将生产转移至海外薪资更低的地区：也就是地理学家大卫·哈维（David Harvey）所谓的"灵活积累"（flexible accumulation）。在亚洲，即当今世界出口制造业的中心，

---

* 斯文·贝克特，哈佛大学历史系教授，著有《棉花帝国》。

企业的经营依赖着无管制的、半独立的、强迫式的、家长作风的劳动组织，这种模式看起来与驱动了资本主义生产最初阶段的雇工类型离奇地相似。劳动集约策略与资本集约策略相伴而行，这种操作的规模可以大至一家工厂，小至一间客厅。如果排除这些多样化的社会组织形态，那么正如杰鲁斯·班纳吉所指出的，将让"大量资本主义的历史无法解释，裹藏于迷雾之中"。[17]

因此，一种更具全球意义的资本主义史视角，应是在阐释近几个世纪的社会经济生活的革命性变迁的同时，重点关注各类相左的文献中欧美之外的全球各地所共通的社会动力的多样化文献。正是抱着这样的目的，《茶业战争》的灵感来自 20 世纪 70 年代以来对资本主义的根本动力的批判性重审——尤其是注意到所谓"滞胀"（stagflation）的资本积累危机以及随后的全球经济重组——同时基于对马克思成熟的《政治经济学批判大纲》重新阅读。从这一视角，资本主义不应被构想为一条通往英格兰模式的固化路径，而应作为一股抽象的动力——只不过在马克思时代，维多利亚治下的英格兰碰巧提供了最令人信服的诠释。这一分析的真正目的，并不是资本集约型产业及其令人激动的技术进步，而是一股走向永无止境的单纯利润积累的根本动力，以及它在历史上曾呈现出的各种形式。为了让读者清楚理解，我将首先概括性简述马克思的论述范畴，然后再将它们放在历史中具体阐释。[18]

马克思在他多稿的《政治经济学批判大纲》中，一直追寻这个问题的答案，即究竟是什么在根本上将最近的几个世纪和此前的几个世纪区别开来。正如瑞贝卡·卡尔所言，恰恰是"资本主义"而非人类社会组织的较早阶段，"才如此古怪、非理性以至于需要解释"。它的解答可能并不是世界贸易的发展，也不像早期《共产党宣言》（*Communist Manifesto*, 1848）所假设的那样来自一系列基于剩余价值剥削的阶级关系，因为以上两者在很多其他类型的社会都很常见。相反，资本主义的特别之处在于一种特殊的抽象动力，其特征既包括持续的变化——具有周期性的泡沫和破裂，还有一股毫不动摇的根本动力，即通过技术和科技进展来提高生产力，冲破马尔萨斯陷阱，拓展到新的疆域和日常生活的方方面面。这一结果就是一种不断增长的生产力、物质财富与不断下降的商品价格之间的悖论：用威廉·休厄尔（William Sewell）的话来说，是一种着实怪异的"时间性"（temporality）。[19]

马克思对这种发展动力的解释是高度理想化的。在他看来，现代资本积累始于几个世纪之前——最早可追溯至 14 世纪——当时还只有小规模的资本主义生产，这种生产本身便是建立在世界市场、货币准则和农业及生产技术的发展之上。它的独特之处在于自由薪资劳工的雇佣：这些劳工摆脱了资产及个人责任的束缚——也就是说，他们既不是农民，也不是农奴或奴隶。这点十分关键，主要出于两个原因。其一，在技术层面，劳工的流动性被证明比其他工作组织体系都要优越，这一问题我会在后文论述。但马克思的分析还指向第二个原因，也是薪资劳工更为根本的变革：当它被普遍化，或者在社会中占据主导，那么薪资工作就将开启一种全新的、具有历史决定性的、基于生产力的财富形式。尽管人类劳动以生产粮食及服饰的历史"极其古老"，但过去它主要是通过非市场机制来分配的，例如主仆、家庭、性别和种姓、宗教和习俗等显性（overt）关系。相反，现代薪资劳工花费时间在雇主的指引下为市场生产商品；反过来看，这样的生产也将是以工人的时间作为商品来购买为前提的。如今，劳动的产品是由市场这一隐性（covert）机制来分配的。在基于薪资的生产占据主导地位的社会（马克思指出，最初是在 16 世纪的荷兰和英格兰），一位商人或工匠如果想要积累财富，他首先需要雇佣商品化的劳工；接着为了赚取利润，再将这些劳工所生产的产品作为新的商品来售卖：商品同时既是现代资本积累的"前提"也是"结果"。[20]

薪资劳工和商品的普及让两者的实际意义都发生转变。一方面，人际关系如今是由非私人的（impersonal）却彼此依存的买卖行为所推动的。交换行为的增殖加强了买方与卖方之间的抽象平等的理念，抹除了本质的或政治的因素造成的差异。工人与国王，只要他们都使用同一种货币支付购买同样的商品，他们在市场中的地位就是平等的。这样一种自由的、以交换为前提的人际平等的观念，将成为后来很多政治运动的核心特征——包括推翻旧王朝以及非洲黑奴体制的运动，以及我们在后文会看到的，由印度民族主义者发起的废除阿萨姆茶园契约劳工的运动。[21]

另一方面，今天的商品构成了一种新的财富形式。随着生产和交换的发展，价格演变出有规律的模式。诸如丝绸和糖、茶和织物这些性质上迥异的商品，却可以通过共同的分母来建立量化上的等式：这个分母就是商品生产所需的劳动量。随着生产的爆炸性增长，商人和消费者估算价值的方式便是生产每件商品所需的平均劳动力，二者相互依存。相应地，一位能够以超出平均速度工作、使用更少劳动力生产出等量商品的生产者，便能收获更高的利润；而速度较慢的生产者得到的利润也较低。因此，工作时间的抽象测算开始让商人和生产经理为之着迷。例如，中国茶厂的管理者使用着看似古老的技术——如缓慢的焚香——来测算和奖励效率高于平均水平的工人。类似地，印度的殖民种植园主使用锣和一种非正式的计件工资系统来确保苦力工人完成任务。18 世纪政治经济学的"价值"观念中，还有本杰明·富兰克林（Benjamin Franklin）著名的格言，也是韦伯关于资本主义分析的核心都捕捉到了其中的精髓——"时间就是金钱"。[22]

　　马克思对此是这样阐释的：资本主义时代的根本特征是，劳动的抽象的、社会性的、定量的层面开始对其具体的、个人化的、定性的层面产生决定性影响——也就是说，个人的工作价值不断被拿来与社会中其他人的劳动衡量、比较和测算。因此，在普遍化的商品交换（正如劳动产品的交换）这一现象之下，我们可以将资本主义描述为："一种内在的动力，一种恒久的趋势，试图提高劳动的生产力，以降低商品的价值；而通过降低商品的价值，也降低工人自身的价值。"[23]

劳动和政治经济学思想：抽象动力的有形历史

将资本主义重新诠释为一套社会逻辑的论述诚然是抽象的，但也正出于这一原因，比起那些将马克思作为国家发展进化论（evolutionary）的理论家的标准技术主义论述而言，它可以更为灵活也更富有成效地书写全球史。这表明，资本集约型的工业化——虽然常被视为现代世界的起始点——实际上是多重积累积压碰撞出的结果，这种积压在西北欧之外的很多地区都存在，不仅存在于亚洲的茶产业，还存在于丝绸、棉花、咖啡、糖和鸦片的贸易之中。为了让这种抽象逻辑看起来更加具体，马克思还指向竞争的过程。他写道："竞争只不过真实呈现了……资本间的本质。"[24] 因此，将中国和印度的茶叶史联系起来，会比分别研究两国的历史更有价值，以此凸显跨国竞争在地方变迁史中扮演的角色。在本书中，我将从两个不同视角来探索这种抽象动力的具体历史：一方面是亚洲两个不同茶产区的劳动集约化过程；另一方面恰相反，是近现代中国和印度的政治经济学思想中"劳动"*类别的兴起。

首先，本书将对中国和印度的茶叶生产进行分析。两者的组织形式看似遵循前资本主义时期的原则，实则深度卷入了全球资本积累的循环之中。这里有必要反思经典马克思主义视角下关于

---

* 所指应为政治经济学中"劳动和劳动力"概念的提出（在古典经济学中没有关于劳动的系统提法）。

资本主义和劳动的观念，即认为资本主义只有在拥有真正"自由劳动"的前提下才可以腾飞，英格兰便是这种模式的缩影。在这一视角下，只有无产阶级劳工才能使专业化和规模化结合成为可能，而传统的社会组织形式只会抑制增长，如农奴制（serfdom）或小农场制（smallholding）。相悖于这一影响深远的记述，我更赞同一批新的全球劳动史文献所指出的：无产化的"经典"描述只是在政治经济学逻辑下的一种"理想类型"*（ideal type）或"简化假设"。实际上，这样的描述无法对应任何现实社会，哪怕是维多利亚时期的英国。尽管劳动的自由流动确实代表了一种关键的技术性优势，但"自由"并不能被视为定义资本主义本身的特征。那么这一特征应该是什么？当马克思引入薪资劳动的概念时，他强调了它具有市场依赖属性。正是一种为了生存而生产商品用于售卖的持续需求，将商品转变为一种调节社会整体的互相依存关系的范畴。根据这种定义，我们可以在欧亚大陆各地的历史中看到许多其他形式的"资本化劳动"（capitalist labor）的案例——包括市场依赖的以及商品生产性的劳动，至少可追溯至 11 世纪中国江苏的铸造厂，或是文艺复兴时期佛罗伦萨的羊毛和丝绸生产的家庭包工制**（putting-out system）。[25]

---

* "理想类型"（ideal-type）的概念由马克斯·韦伯创立，指的是在分析社会现象时将多样性观察结合而成的一种模式。理想类型分析法也成为社会科学的重要方法论。

** 包工制是一种盛行于 17 世纪欧洲的生产制度，即商人兼雇主将原材料包出给农村手工工人在家里加工，制成品交给雇主后领取报酬。

引人关注的是，马克思在其著作的页边处提供了两个资本主义生产的主要例证，它们违背了无产阶级的理想类型，却在近几十年来越发受到历史学者的关注。其一，在美洲，建立已久的非洲黑奴劳工制度被吸纳到技术和金融体系上甚为发达的糖与棉花的世界市场之中。因而，原本粗暴的奴隶压榨活动开始基于对劳动投入和产出的高效计算来运营，这种奴隶制的强化亦可指涉工业时代的英格兰和美国北部，这一话题在关于美国资本主义新历史的书写中颇受关注。其二，在不计其数的商业化农业社会中，佃农作业（peasant agriculture）和以家庭为单位的本土手工业（home-based domestic industry）都开始依赖从市场购得以及为市场生产的商品而存续。今天，经济史学家将这类模式称作西北欧和东亚的"勤勉革命"（industrious revolution），其中，17 世纪"以市场为导向的（家庭）劳动"变得越发集约化和持续性。值得注意的是，扬·德·弗里斯（Jan de Vries）曾辩驳道，欧洲的本土手工业并非顺着家庭生计的线索展开，而是参照个人薪资的原则——因为这一经济长期以来的特征就是无产工人所构筑的常规的劳动力市场：他的一个假设和马克思的类似，即薪资工作一旦普及，就会重塑既有的社会形态。[26]

这些赤裸裸的历史实例证实了马克思的分析中一个微妙、重要却又经常被忽略的特征。一方面，现代资本主义长期被等同于一种"特殊的资本主义生产方式"，或是过去几个世纪"独有的"经济规划。例如，美国的汽车工厂可以代表 20 世纪的精神，但这要是放在 15 世纪却是不可想象的。另一方面——在世界史研究中更为硕果累累——现代资本积累的最早实例依托于"现成的、成熟的劳动过程"的"继承"形式，这在现代时期之前就已出现，与许多其他社会秩序兼容，却被现代资本家利用以寻求灵活的劳动力群体。[27]

　　严肃看待这段"继承的"（inherited）而非"特殊的"资本化过程的历史，将有助于我们分析中国农业和印度种植园如何以及为何与现代资本积累的社会模式关联起来。在这两个区域，原有的生产实践被调整为逐利的商品生产。在安徽和福建的茶区，农民家庭为了年复一年地种茶，被迫借高利贷，同时将青叶卖给极度压榨工人的临时工厂。上阿萨姆地区的茶园尽管由殖民资本翻建一新，但它们还是沿用了古旧的"主人与仆役"法则，将苦力牢牢钉在劳动岗位上。尽管种植园主工业革命不乏溢美之辞，但他们的经济利益却建基于由过度劳作、薪酬低下的男女儿童支撑起来的严苛体制。两个区域的茶工业都依赖民族、性别这种古老的区分标准来组织工人生产，还雇佣了在乡村具有封建威严的权威者来承担现代工业中的招工和管理职责。实际上，中国和印度的茶工代表了"独立"和"受缚"（unfree）的两个极端，这些假定的非资本化（noncapitalist）的劳工置身于现代经济史的边缘，却在英国、中国和印度资本的扩张中被准确无误地牵连进来，还在 20 世纪因其所带来的巨大商业价值而倍受赞誉。

　　进而言之，茶叶劳动集约化的社会过程可以找到一个意识形态上的对应物，即中国和印度的茶叶贸易的参与者对"劳动"类别的发掘。对于这些亚洲腹地而言，与全球市场的其他地区一样，19世纪的竞争的意义远不止于无休止的商业活动。它代表了一次令人迷失的、划时代的经济行为转向中裹挟的全新形式的主体性和自觉意识。在西欧历史中，众所周知劳动集约化的社会过程被归入"古典政治经济学"的思想脉络中，这一脉络大约从斯密延续至马克思。"这绝非简单的巧合，"马克辛·伯格（Maxine Berg）观察到，"工业化和政治经济学的出现几乎发生于同一时间。"政治经济学是第一个提出了这样的学术话语，并不将财富的衡量和要旨归因于重商主义者提出的国外贸易或是法国重农主义者强调的自然资源，而是建立在关于劳动力（human labor）的一般概念上。在现代亚洲，也就是斯密著名的《国富论》（1776）出版一个世纪后，类似的政治经济学话语开始充斥于中国、英国和孟加拉的观察者反思全球茶叶市场之动荡的论述中。他们的作品都出奇地语调统一，皆对围绕着贵金属和农业等物质基础的传统经济学概念提出挑战，目的是沿着斯密所开辟的思想传统，勾勒出一种关于价值生产的劳动力的抽象概念。[28]

尽管记录这些思想向亚洲传播的过程自然有其意义，但"其中同样"，如安德鲁·萨托利所暗示的，在更深的阐释层面"存在着一段值得诉说的历史，它关乎政治经济学概念作为一种标准论述方式的可用性、可信性及其浸入过程"。究竟是基于何种社会基础，让中国和印度的学者得以理解发源于格拉斯哥和伦敦的关于劳动力财富的原则，并以此来解释他们在亚洲农村地区所遭遇的境地？任何这类"关于政治经济学在某些特殊语境下的历史意义的分析，"萨托利继续说道，"应该首先考虑……它所命名的现实抽象化（real abstraction）究竟在何种程度上能够成为塑造社会之相互依存关系的可操作实践。"[29] 本书的见解是，以劳动力为前提的抽象价值理论的可能的条件下，取决于特定的历史限制以及决定性的社会实践——无论是在格拉斯哥或是上海。也就是说，茶产业的全球竞争意味着在整个中国和印度的茶区，都出现更多被雇佣的季节性移民劳工、佃户、家庭劳动力和种植园苦力。这种从交换行为中抽象化、从实践中"普遍化"的劳动形式的扩张和集约化——此处指的是他们能在非特定的、"一般"的前提下被雇佣以从事不同的工作——推动了亚洲的观察者如欧美同行一样，深信在现代社会，雇佣劳动就是财富的量衡标准和本质。对于中国和印度的经济思想者而言，思想上"抽象的劳动概念"与社会实践中"劳动的抽象化"并行，进而凸显出亚洲农村茶区的资本主义发展史——尽管那里缺乏传统意义上的技术标志物。

时过境迁，政治经济学分类也催生了一些新的结论，展现了中国和印度社会应如何参照世界的其他地方来审视自己。例如，参照19世纪早期标准，针对中国的商业资本或印度的非自由劳动的负面评价还不多；清朝政府和英国殖民官员甚至称赞其为扩张的关键工具。但到了19世纪末20世纪初，在几十年的高强度贸易活动之后，中国和印度的民族主义者开始将两种体制批判为旧时代的产物，尤其是相较当时新兴的全球规则而言。民国时期中国的改革者援引政治经济学中关于生产劳动力的观点，将非生产性的（unproductive）茶叶买办商人妖魔化为封建社会的寄生虫。在印度东部，自由派的孟加拉精英也开始质疑刑事劳动合同，引用斯密式的话语来强调，在全球废奴主义的黎明，茶叶苦力也应和英国人一样拥有法律和政治上的平等，能够自由地、不受限制地出卖劳动，如同市场上的任何流通商品一样。因此，无论是寄生虫式的中国"买办"，还是被束缚的印度"苦力"，都受到亚洲民族主义思想者的强烈抨击，这呈现了由全球竞争所催生并加剧的地方社会张力。

　　就像大英帝国和日本帝国的喉舌所提出的茶树原产地理论一样，中国和印度的民族主义者的经济学话语源于一套自然主义的、进化论色彩的原则，目的是解释国家之间繁荣与否的差异。实际上，对 20 世纪东亚及南亚的很多人来说，要想从帝国主义的掠夺中解放，唯一的路径就是先掌握帝国主义语汇中的政治经济原则，同时推动自己的"国民资本"发展，以避开动荡的世界市场。本书并非要讲述资本扩散和同化的故事，而是指出，现代资本从未在其本质上专属于"西方"，它在历史层面、实践层面和思想层面都具有全球性特质。如果说这两个地区的茶产业为了加入全球劳动分工而一定程度上追随了在更广阔的亚洲和世界发生的范式，但他们同样采纳了为中国和印度的边缘山区所特有的形式——正是这些地区的土地和人民提供了足够的茶叶，才满足了世界其他地方对于这种神奇树叶的无尽渴望。

叙述框架

在接下来的章节，我首先将概述中国的茶叶种植及消费史、它在欧美市场风靡的过程，以及将茶叶移植到印度东部的殖民实验项目。在这些东亚和南亚地区，参与全球茶叶贸易就意味着必须从早期现代的奢侈品交易转变为一种完全现代的资本主义产业之间的竞争。第二章定位于19世纪的中国，它开启了一段关于竞争的故事，我将考察安徽和福建的茶叶生产者如何在市场压力之下，被迫按工业化方式提升生产力——尽管他们缺乏先进的技术。借助安徽南部江氏家族的档案以及对福建武夷山区进行社会科学调查，我描述了客商如何成为工厂主，又如何运用缓慢焚烧的焚香和古老的地方传统来测度、管理并提升劳动生产力，这一切都是对茶叶价格下跌后全球需求又急剧攀升的回应。

在第三章及第四章，我将转向同时期的英国资本主义者如何尝试在阿萨姆殖民地打造茶产业。首先在第三章，介绍1830—1860年间殖民地官员起初在茶叶中无从获利败局；紧接着重新考量了古典政治经济学原理。随着从中国引进家族式"自由移民"的计划流产，行政长官威廉·拿瑟·利兹（W. N. Lees）呼吁英属印度政府放弃自由主义的斯密式理想，转而拥抱爱德华·韦克菲

尔德（Edward G. Wakefield）提出的"殖民化"范式，并援引 19
世纪末流行的历史主义、家长作风式理论。二者间的辩论为本书
接下来的部分关于"价值"的古典政治经济学概念作为类别起到
关键作用。第四章则描绘了这些反自由主义的观点如何支持阿萨
姆从 19 世纪 60 年代开始引入契约劳工体系，这将帮助印度茶超
越它的竞争对手。在此章我将挑战这样一种史学界的叙述，即认
为资本主义生产从定义上就必须依赖自由劳动和科技创新。相反，
我重新将印度茶叶生产的机制嵌入不断提升的劳动生产力的社会
动力之中。就此，本章将牵引出中国茶叶与印度茶叶的劳动体制
的根本相似性，并在第二章的基础上进一步提出，这两个区域所
谓的前资本主义实践——"商人资本"（merchant capital）和"受
缚劳动"（unfree labor）——实际上正是亚洲资本主义发展涌现的
核心要素。

印度茶叶的崛起引发了中国茶的溃败，中国的贸易也在 19 世
纪 90 年代经历了自身经济准则的危机——这将是第五章的主题。
我将回顾清王朝盛期的经济思想，这需要先理解围绕着土地效用
和贸易重要性的复杂经济增长模型。与同时代的古典经济学家一
样，晚清的思想家在海外竞争的压力下试图与传统决裂。清廷官
员陈炽 * 曾撰写过一篇颇有影响力的关于复兴茶叶贸易的文章，

---

* 　陈炽（？—1900），清末维新派政治家，曾任户部郎中，曾遍游沿海各商埠，深研经济学，
主张学西方以求自强。

他的分析在很多地方都援引了同期英国经济学家亨利·法思德*（Henry Fawcett）的著作的中文译文，最终同样归于利兹在印度所勾勒出的经典"价值"原则。

在本书第二部分，我将继续探讨政治经济中这些类别在现代中国和印度的政治思想中的长期影响。如果说先前的四章是将价值理论的出现与相应的资本主义生产的集约化相关联，那么最后两章将会考量中国和印度的思想家如何出于各自目的，重新利用并改造了政治经济学。

从19世纪80年代刑事劳动法的松绑至1926年被废除，印度民族主义者一直指责契约劳动的不自由，如同奴隶制一般。在第六章我将分析这一争议，聚焦于孟加拉作家拉姆库玛尔·维迪亚拉特纳（Ramkumar Vidyaratna）及其社会小说《苦力生活素描》（*Sketches of Coolie Life*, 1888）。本书将直接对照非洲黑奴解放，并基于这样一种假设，即劳动是一种商品，天生就应自由地寻求雇用——这一概念在局部是可信的，因为印度东部的一批自由薪资劳动力成了经济生活的普遍特征。如果说第四章挑战了"资本主义"和"自由劳动"之间的理论画等式，那么本章将把这一等式置入印度风云变幻的社会处境中，探寻这一等式的历史缘起。如果说印度茶产业主要伴随着自由劳动的争议，那么在中国，茶产业的问题则来自传统的买办商人。我在第七章的总结中将分析经

---

* 亨利·法思德（1833—1884），英国政治家、经济学家，曾任剑桥大学政治经济学教授，著有《政治经济学手稿》《英国劳工的经济学立场》等。

济改革者吴觉农如何尝试复兴茶产业，茶叶商人又是如何被批判为寄生虫。然而正是这批茶叶商人，在 19 世纪中国茶叶的黄金年代发挥了关键的推动作用。至 20 世纪 30 年代，发生改变的并非这些商人的行为，而是中国经济思想的视角——基于对"生产性"劳动和"非生产性"金融的二分。尽管两地皆缺乏传统意义上的工业化标志，但正如印度的自由劳动一样，在中国，生产性和非生产性劳动的对立标志了亚洲各地的民族主义者对于工业资本主义模型的接纳。

注　释

1. 吴觉农，《茶树原产地考》（1922），《吴觉农选集》，第 1—3 页。研读中国现代史的学生可能会知道吴觉农的经历及他的那些朋友。他的经历与伟大的小说家鲁迅（1881—1936）相似。1922 年同年，鲁迅在留学期间发表了有关提高民族自我意识的文章。对鲁迅来说，在满是爱国的日本学生的教室里观看日俄战争期间中国士兵被处决的幻灯片，是种耻辱。这促使他弃医从文。他深以为中国人民不仅需要身体上的治疗，更需要精神上的治疗。同样地，吴觉农毕生致力于恢复垮掉的中国茶叶贸易。这是因为他意识到海外消费者可能质疑在中国是否也存在茶叶种植。他总结道，中国人民不仅需要精神上的治疗，也需要经济上的治疗。
2. Crole, *Tea*, 18, 42–43.
3. Pomeranz, *Great Divergence*, 1.
4. Ho, "Inter-Asian Concepts"; Subrahmanyam, "Connected Histories."
5. Crole, *Tea*, 39–40.
6. 查阅当前的文献，见 Ghosh, "Before 1962," 700–704。
7. Shaikh, *Capitalism*, 259.
8. "苦力"和"买办"是旧时的词。从欧洲殖民官员到印度以及中国民族主义者，当不同的行为主体提到此词时，都带有特定的意识形态含义。我在本书结尾处探讨了这些问题。尽管为了让读者阅读更为顺畅，我已尽量减少对其添加引号，但我在使用这些术语来指代有争议的政治类别时，正如指代经验主义的个人与团体一样。

9. Schivelbusch, *Tastes of Paradise*, 17; Pomeranz and Topik, *World That Trade Created*, 71–96; Rappaport, *Thirst for Empire*, ch. 1; Mintz, *Sweetness and Power*, 121–22; Sahlins, "Cosmologies of Capitalism," 455; D. Davies, quoted in Mintz, *Sweetness and Power*, 116.

10. House of Commons, "Papers Relating to Measures for Introducing Cultivation of Tea Plant in British Possessions in India," *19th Century House of Commons Sessional Papers*, vol. 39, paper 63, 12. Hereafter referred to as "Papers Relating (63)."

11. Sen, "Questions of Consent," 231; *Industrial Census of India, 1911*, in Chapman, "Agency Houses," 248; Bagchi, *Private Investment*, 177. 铁路实际上是殖民印度的头号投资，但却被视为"公共"部门；Gardella, *Harvesting Mountains*, 154; Royal Commission on Labour, 6, 350。这些数字反映了阿萨姆邦的"平均每日工作强度"。

12. Smith, *Consumption and the Making*, 121; Wakeman, "Canton Trade," 171; Du Bois, *Black Reconstruction*, 15–16.

13. Pomeranz, *Great Divergence*, "Introduction."

14. Wong, *China Transformed*, 21; Pomeranz, "East-West Binary," 554, 573; Parthasarathi, *Why Europe*, 7–14.

15. Beckert, "American Capitalism," 314–15; Levy, "Capital as Process," 484.

16. Rappaport, *Thirst for Empire*; Gardella, *Harvesting Mountains*; 陈慈玉,《近代中国茶业之发展》; Guha, "Big Push"; Behal and Mohapatra, "Tea and Money"; Beckert, *Empire of Cotton*, ch. 3; 我在其他地方详细阐述了中国和南亚历史中更为广泛的资本主义历史。Liu, "Production, Circulation, Accumulation."

17. Berg, "Industrial Organisation," 123; O'Brien, "Deconstructing," 32, 36; de Vries, *Industrious Revolution*, 73–92; Harvey, *Postmodernity*. See also Eley, "Historicizing the Global," 164–66; e.g., on slavery, see Beckert, *Empire of Cotton*, xv–xviii, and Mintz, *Sweetness and Power*, 46–52; on informality, see Breman, *Footloose Labour*; on gendered labor, Lee, *South China Miracle*; on household and labor-intensive production, see Hsiung, *Living Rooms,* and Hamilton and Kao, *Making Money*; Banaji, "Merchant Capitalism," 424.

18. 这里的"成熟批判"一词指的是从 1857 年到马克思去世时《资本论》大致的

三个版本。与 20 世纪 70 年代经济危机同样重要的是，英国出版了马克思的第一稿，即为人所知的《政治经济学批判大纲》(*Grundrisse*, 1973)，它澄清了马克思在终稿陈述中最终的理论。重新评估马克思的重点在于重新整合黑格尔的框架，以及他们阐述大量关于资本的角色。这一传统中有影响力的学者有：杰鲁斯·班纳吉、戴安·埃尔森、大卫·哈维、卢卡奇·格奥尔格（György Lukács）、普殊同，还有社会再生产理论的女性主义学派；Banaji, "Materialist Conception of History," 58–61。

19. Karl, *Magic of Concepts*, 46; cf. Marx, *Grundrisse*, 489; Marx and Engels, "Manifesto," 473–83; Sewell, "Temporalities," 533.

20. Marx, *Capital*, 1: 876n, 949–53; Marx, *Grundrisse*, 103. 这里必须明确的是，马克思所说的"一般"(allgemeine)概念——通常被翻译为"普遍"——并不意味着每个人都在为工资而工作；相反，它表明了一个过程，在这个过程中，为工资而劳动在社会中占主导地位，甚至无偿生产也如下所说呈现出基本的模式。因此，第一种以为工资而劳动为基础的生产早于其"普遍化"的几个世纪。马克思对"一般"概念的最有力的声明来自 1857 年的导言。他在导言中写道："在所有形式的社会中，都有一种特定的生产，它支配着其他的生产。因此，对其他生产产生等级与支配力的关系，它犹如一种通用的照明，可以洗刷他者的颜色并改变它们的特性。" Marx, *Grundrisse*, 106–17. 这一观点为黑格尔所打磨，他写了同一概念："关于概念的普遍性(*das Allgemeine*)确实不仅仅是某个特性事物自身反对共同的事物；相反，普遍性所示即是特殊性自身，仍旧在他者的领域里无拘无束，不受污染。" Hegel, *Encyclopaedia Logic*, 240, § 163, add. 1.

21. Marx, *Grundrisse*, 246.

22. Marx, *Capital*, 1: 142; Weber, "Protestant Ethic," 9.

23. Elson, "Value Theory," 150; Marx, *Capital*, 1: 436–37.

24. Marx, *Grundrisse*, 651.

25. 关于现在对马克思主义的解释，见 Brenner, "Capitalist Development"; Huang, *Peasant Economy* and *Peasant Family*; Brenner and Isett, "England's Divergence." 正如彭慕兰所言，这些论点也与道格拉斯·诺斯倡导的新制度经济学（New Institutional Economics）中的新古典学派（the neoclassical school）出奇地达成了一致。Pomeranz, *Great Divergence*, 15. 论英国作为世界工业革命典范的经典化，见 Cannadine, "English Industrial Revolution." 论全球劳工史，见 Amin and van der Linden, "Introduction," 3; Banaji, "Fictions"; Banaji, "Merchant Capitalism,"

425; Marx, *Capital*, 1: 274, 949–53. 这种对资本主义劳动的解释源于政治经济学对"生产劳动"的定义，即工人以商品的形式为资本主义雇主创造价值："资本定位，资本生产劳动。" Marx, *Grundrisse*, 463; Banaji, "Synthesis," 356–58. 马克思自己确认了资本主义源于 14 世纪地中海地区，在时间与空间上都远离 19 世纪的英国。Marx, *Capital*, 1: 876; n.b., 在布伦纳（Brenner）的社会财产框架内，"市场依赖性"（market dependency）这一类别也有助于解释非无产阶级生产者为何仍然是资本主义的。Post, "Laws of Motion," 80–81.

26. Marx, *Capital*, 1: 345, 645; 论资本主义的新历史，见 Baptist, *Never Been Told*; Beckert, *Empire of Cotton*; 论"勤俭革命"的资料，见 de Vries, *Industrious Revolution*, 101 –113; Sugihara, "Global History"; cf. Marx and Engels, *Collected Works*, 34: 102。

27. Marx, *Capital*, 1: 645, 1021. 强调原文；进一步探讨马克思著作中早期经济生活模式的持续性，见 Harootunian, *Marx after Marx*, ch. 1。

28. "经典"一词最早由马克思创造。马克思将这一传统追溯至威廉·配第（William Petty, 1623—1687），但今天提及时，通常认为始于亚当·斯密的《国富论》。Marx, *Capital*, 1: 174–75, n34. 对其他的定义，见 Schumpeter, *History of Economic Analysis*, 51; Ambirajan, *Classical Political Economy*, 9 –10; Polanyi, *Great Transformation*, ch. 10; Berg, *Machinery Question*, 17。

29. Sartori, "Political Economy," 123–24.

第一章　两处茶乡：全球茶叶贸易简史

> 她是真正的女神，值得世界为之献祭。
>
> ——马歇尔·萨林斯（Marshall Sahlins）
>
> 所有辛颇人（Singpho）*的领土都长满丛林，如果低处的灌木可以清理，这里便能成为高贵的茶乡。
>
> ——查尔斯·A. 布鲁斯（Charles A. Bruce），
> 英属印度茶业委员会的茶文化主管（1838）

我们称之为茶的饮料，来自一种学名为"茶树"的植物的叶子。除了水之外，茶是当今世界消费量最大的饮料。从英国的下午茶到日本的茶道，它已融入了一系列高度仪式化的、为人熟知的习俗之中。不过，茶作为一种醒脑物或社交场合的点缀，最主要还是日常工作与休闲消费的一部分。茶可以制成茶粉、茶饼、散茶或茶包，佐以糖、牛奶、蜂蜜、香料，或什么都不加。对于茶叶的需求是全球性的，但茶叶的供给来源并不单一，而是来自

---

* 辛颇人，主要居住在中国西南、缅甸北部、印度东北边境的跨境民族，更常见的称呼是中国的"景颇"和缅甸的"克钦"，但生活在不同地区的族群分支的自称和他称皆有差异。为避免歧义，本书中文译本根据《世界民族译名手册》将其译为"辛颇人"。

热带及亚热带气候的一系列产区，还包括阿根廷和肯尼亚，不过最主要的产地还是在亚洲——中国大陆及台湾地区、印度、斯里兰卡、印度尼西亚、土耳其、日本——从 20 世纪初的茶叶生产地图的地理分布中能反映出某种历史关联。

今天的学者推测，茶树原生于一片带状区域，从上阿萨姆向东延伸至缅甸和泰国北部，直至中国西南部。这一结论一定程度上证实了关于茶树发源地的理论，但茶叶种植最早的历史无疑与早期中国的纪录相关的，茶叶最早的消费行为大约略早于汉代，出现在今天四川省所在地区。如今，茶树有两个主要变种，根据其最重要的两处产地命名——一处是"中国种"，一处是"阿萨姆种"[1]。要理解茶叶在全球的普及过程，就需要从这两个地方的历史开始。

中国的茶乡

茶叶传播至亚洲之外的故事始于晚期帝制下的中国。清帝国是一个政治管理体系复杂、经济增长乐观且对欧亚大陆其他地区保持开放姿态的多民族政体。清王朝的统治者是来自北方的非汉族少数民族——满族，其领土涵盖至西藏、蒙古以及台湾和局部东南亚，成为该地区历史上第二大的政治实体。清王朝的民族融合程度前所未有，但也同样存在民族间的冲突。许多 20 世纪的学者将清王朝比作一个深陷传统枷锁的沉睡巨人，同时将 19 世纪的贸易冲突视为对外国人根深蒂固的恐惧的体现。然而，如今我们已知晓，在清王朝内部，帝国官员支持类同于自由贸易的经济准则，而在国际上，受限的广州体系也仅仅是遵循了清王朝针对边疆制定的标准化政策[2]。中国的本土官员和商人远比先辈学者所认为的要更能适应新涌现的资本主义事物。实际上，19 世纪以前许多欧洲东方学研究者都因其高水平的经济而盛赞中国社会。

中国中部和东南部商业化的茶叶贸易的发展，基本未受身处北方的帝国首都北京的关注，许多详尽的记录都来自欧洲作者。1847 年，印度政府派遣罗伯特·福琼*（Robert Fortune）——一位来自伦敦园艺协会的植物采集家——前往中国山区探险，试图找到"茶树的最佳树种"。之前从未有欧洲人如此深入地探索这片区域，而福琼的脑海中已有两处不可绕开的目的地：安徽"徽州最佳的绿茶产区"和福建西北部"著名的武夷山"（英文"Bohea"可能来自闽南语中"武夷"的发音）。这些彼此邻近的山区长期以来作为中国外销茶的主要产地享有盛誉。红茶**，例如武夷（Bohea）、工夫（Congou）、小种（Souchong）等，主要来自武夷山区；而绿茶，例如松萝（Singlo）、屯溪（Twankay）、熙春（Hyson），则来自徽州。福琼的行动并未受到政治或省域边界的束

---

* 　罗伯特·福琼（1812—1880），英国植物学家，受聘于东印度公司曾先后四次来到远东地区从事贸易活动，并将中国茶叶种植技术移植到印度。

** 　"武夷""工夫""小种"皆为历史上武夷山地区所产的茶类品种，但其制作方法不能完全等同于今日武夷山地区的红茶或乌龙茶。在中西茶叶贸易统计中常被统称为"红茶"，故后文亦将其统称为红茶。

缚，因而提出了中国最好的"茶乡"是连片的，他写道："中国的主要茶区位于北纬 25 度到 31 度之间。"[3]

福琼的观点反映出中国茶叶种植与消费横跨中国的历史极为久远与复杂，而显其鼎盛。在第一个千禧年的起点，茶被认为是一种药用混合物，其生产者是来自西南地区的非汉人族群，如巴人和蜀人。至 4 世纪，茶叶传播到了涵盖安徽在内的长江三角洲，但真正的转折点直到唐代才到来。尤其是在 8 世纪，茶的消费开始流行于整个唐帝国，其间陆羽著成《茶经》，这是一部汇集了当时所有茶叶知识的百科全书。茶的传播伴随着佛教及其禁酒礼仪的普及——惟恐人因此沉沦苦痛、疾病缠身、名誉受损。茶也是一类节欲精神运动的核心要素，这种运动模式在一个世纪后的西北欧又再重演。在唐代，茶叶也会被交易给中亚游牧民族以换取马匹；而在宋代，这种做法随着茶马司的建立而被制度化。当时，茶叶消费和生产进入了新的领域，开拓出了新的路线，茶叶的经济地位也不断提升。福建西北部成一个据点，北苑御茶园通过建立一套高强度的、类似工厂的体系为皇帝生产奢侈的"腊茶"，这亦可视为武夷山岩茶厂的前身（见第二章）。茶还流传到日本和其北部的民族，例如将会建立元代统治的蒙古人，还有女真人——他们后来发展为统治清王朝的满人。[4]

直至宋代，茶叶通常是经过蒸青之后再用模具压成茶饼，或是磨成粉末。今天人们熟悉的散茶于明代发明，明代的第一个皇帝下令禁止了极耗费劳力的腊茶生产。散茶的标志性工序是将茶叶放在加热的铁锅上翻炒，这道工序在各地名称不同，如"焙茶"或"过红锅"，本书将称之为"炒茶"。在明代，茶叶对于寺庙经济也极为重要，每位茶叶大师对茶都有特制方式。安徽南部松萝山的僧人大约在隆庆*年间调制出了他们的标志性产品。很快，对松萝茶的狂热向南蔓延至武夷山区[5]。一部 1710 年的旅行日志记录了这一传播过程：

> （武夷）曾有以松萝法制之者，试之。亦色香具足……盖制茶者，仍系土著僧人耳。近有人招黄山僧，用松萝法制之。则与松萝无异，香味似反胜之。[6]

在 16 世纪，松萝茶和武夷茶皆脱颖而出，成为五十多种茶类中的佼佼者。但茶叶依旧被视为一种药物或是奢侈品，并没有大规模生产。但到了 19 世纪，寺庙开始深度参与到茶叶大规模出口的热潮之中。清代文人蒋蘅**反对那些将僧人浪漫化为前商业时代的手工艺人：

> 山中僧道垄断居奇，习为驵侩面目。又甚者，乃淫荡如败家子，债负逋逃，则瘗佛像毁钟鼓，并其屋庐山场，鬻与富室。[7]

---

* 隆庆（1567—1572），是明朝第十三位皇帝明穆宗朱载垕的年号。

** 蒋蘅（1672—1743），清代诗人、书法家。

从根本上说，大部分散茶都采用三个制作步骤：首先是初炒，目的是终止茶叶中酶的活动；其次是揉捻；最后是复炒。这几个步骤制作出来的就是绿茶。在 18 世纪的武夷山，制茶者发明了一种茶色较深的茶叶制法：首先是将青叶放在阳光下直至其萎凋，让茶叶的酶氧化至较深的颜色（这一过程也可以认为是发酵）。在中国，这种茶被称作"乌龙茶"（意为乌黑色的龙），而在欧洲则叫"黑茶"*（black tea）。1790 年的《随园食单》**一书提到，武夷山的茶"浓苦如饮药……可以瀹至三次，而其味犹未尽"。19 世纪 30 年代，英国殖民地官员记录了远赴阿萨姆的中国茶工所传授的茶叶制作方法，这些描述也与乌龙茶的制法吻合。直至 19 世纪末，才出现制法更新、颜色更深的黑茶，最终主导了欧洲和诸帝国的市场。这种茶需要更多轮的氧化过程，由此具有更强烈、更苦厚的滋味，这才是今天中国和日本所称的"红茶"。新诞生的红茶并不完全是一种本土的产品，它的发明凝聚了在中国茶产区和世界市场之间不断调和相互依存的关系。这牵涉海外贸易公司的扩张网络、在开埠港口和内陆腹地之间来回流动的中国商人、农村集镇的村级茶厂，以及商业导向的小农家庭农场。这些模式因不同区域和不同历史时期而异，而在本书中，我将按照 19 世纪末至 20 世纪的中外文献记录来分析这些关系的细节。[8]

---

* 尽管今天英文也将红茶称作"black tea"，但此处为了区分这种红茶的前身，译为"黑茶"。需要注意，这不等同于当下中国市场中的黑茶。

** 《随园食单》，清代文学家袁枚著，为一部古代中国烹饪著作。

茶叶与早期现代的公司资本主义

从 17 世纪开始，清王朝的茶叶逐步卷入一个银元、商品和人的全球循环之中。在欧洲文献中，茶叶最早出现于 16 世纪中叶葡萄牙和意大利人关于中国的记载。最早它被拼作 "chai" "cia" 和 "chaw"，这是来自中国北方的口音；后来演化为英文 "tea"，实际上是闽南口音的音译，这体现了该区域在 18 世纪的重要性不断提升。荷兰东印度公司（简称 "VOC"）是最早购买茶叶的公司，于 1609 年购于日本长崎的平户港（Hirado）。在当时东印度公司涉足的产业中，茶叶 "无疑是盈利最丰厚的商品"。很大一部分茶叶被重新包装并走私到英格兰，那里后来很快成为茶叶最大的海外消费市场。正史记载，查理二世（Charles II）的葡萄牙妻子布拉干萨的凯瑟琳王后（Catherine of Braganza）是 "英格兰第一位喝茶的王后"*。茶替代了家酿啤酒、甜葡萄酒和杜松子酒，并与咖啡和可可一起，成为从热带地区进口的新式殖民地饮料。创立于 1600 年的英国东印度公司之所以能够迅速扩张业务，主要是因为其对中国茶叶贸易的垄断。起初，该公司主要从南亚及东南亚进口香料和棉布。但从 17 世纪 90 年代开始，英国国内的纺织业制造商推动施行保护主义政策，英国东印度公司开始转向中国茶叶；几乎在同时，清廷放宽了贸易海禁，开放了舟山、厦门和广州几个

---

* 凯瑟琳王后（1638—1705），在英格兰带动了整个宫廷喝茶的习惯。

南方港口。1712 年，英国东印度公司从中国进口了 15.6 万磅茶叶；至 1738 年，这个数字跃升到接近 300 万磅。正如一位茶史学家写道，英国东印度公司"如此强大，它在英格兰引发了一场饮食革命，将英国人从一个潜在的咖啡消费民族转变为了茶叶消费民族"。[9]

　　不过，官方数字只能展现整个贸易的局部。18 世纪中叶，在东印度公司之外又出现了一大批非法走私者。随着大英帝国在欧洲和北美卷入战争，政府越发需要依赖提升茶叶税来支付战争的花销。税率从 60% 一路攀升到 1784 年的峰值 119%，这也刺激了廉价走私网络的兴起——毕竟，正是不公正的茶叶税引发了波士顿倾茶事件。与英国东印度公司在伦敦拍卖茶叶不同，走私者大多通过较小的船只活动，他们借道欧洲大陆——如法国、荷兰、瑞典、丹麦——来进口集装箱，然后在苏格兰、爱尔兰或英吉利海峡等大英帝国海岸地区登陆。据估计，每年走私茶叶的数量达到 700 万磅，比合法的茶叶还要多 200 万磅。在东印度公司的茶栈里，茶叶堆积如山，可达 1 700 万磅之多。为了遏制这种趋势，英国议会通过 1784 年的《折抵法案》(the Commutation Act)，将茶叶税从 119% 下降到 12.5%，并授权可从走私者和商人那里购买茶叶，而商人那里的价格更低。此举的目的是将茶叶贸易重新置于东印度公司的垄断之下。随着 1833 年茶叶销量从 500 万磅飙升至 3 300 万磅，东印度公司的茶叶年收入也增长至 300 万英镑。[10]

　　英国人对中国茶叶的渴求，最终成了英国与清帝国之间发生军事冲突的主要动因；但更广泛地说，起到关键作用的是全球范围内环环相扣的资本积累循环的持续扩张——在几个世纪内为若干主要商品所驱动，这些商品无不需求极大，又要穿过极其遥远的距离来运输获得。首先，从16世纪开始，早期现代世界的循环是由明代和清代中国银元的高价所驱动的，中国银元的价格是全球其他地方的两倍。荷兰、西班牙、葡萄牙和英国的商人为了获取中国的丝绸、瓷器和黄金，向中国输送了超过5万吨来自新世界和东亚的银元，这几乎占到当时世界白银产量的一半。其次，正是在这一背景下，有利可图的茶叶在18世纪成为贸易的引擎，因为它在伦敦的售价是在中国的几倍以上。不过正如我刚刚所指出的，茶叶的获利过程经历了足够多的动荡波折。那么，为什么英国东印度公司仍坚持要推动茶叶贸易呢？这一问题的答案第三层原因的发展，也就是英国东印度公司在1765年从莫卧儿帝国那里获得了税收权（diwani）。该公司并不想单纯从孟加拉地区获取当地货币，而是选择将税收所得重新投入能在其他地方销售的亚洲商品——他们于是认为，中国茶叶是最具利润前景的商品。换言之，中国的茶叶成了将价值从印度转回至英国的中介。[11]

再次，东印度公司的统治也导致了孟加拉地区的鸦片种植于18世纪70年代开始增长，而东印度公司自身也被授予了种植和售卖鸦片的垄断权。随着1784年起茶叶走私得到控制，印度的鸦片和中国的茶叶催生出一个众所周知、利润丰厚的英-印-中"三角贸易"。鸦片出口在20年内涨了6倍，这远超过中国茶叶销售的增长，也导致了中国白银枯竭这一原本难以想象的现象。同时，历史学家推测，正是鸦片贸易的利润支撑了西印度的现代大都市孟买的诞生；而广东的鸦片贸易因其极富争议的特质，也催生出多种隐蔽的交易工具，进而让19世纪英国的金融体系更为完备。最后的一个因素是英国纺织品的利益。至18世纪末，英国的棉布产量急剧增长，这是保护主义政策、生产工具创新以及英格兰和新世界号召劳动力新模式的产物。将英国棉布销往印度，同时反向进口生棉花，是英中印三角贸易的"第三支柱"，它的利益也支撑了另外二者的运转。[12]

因此，茶叶虽不是跨大洲贸易的唯一引擎，但它是这个分布广泛的、环环相扣的商品流中诸多催化剂之一——从波多西*（Potosí）的银矿到摩腊婆**（Malwa）的罂粟田。另一方面，扩张性的资本积累若离开西北欧突升的茶叶需求也无法成立。在鸦片战争之前的那个世纪，英国的年均茶消费量涨了五倍，从人均1/3磅增长至1.5磅。根据一位早期的中国贸易史学家的描述，"茶叶实际上就是神明，其他一切都是给祂的献祭品"。[13]

几个世纪以来，欧洲人和美国人为茶而痴迷，赋予它很多象

---

*　波多西，玻利维亚南部城市，是西班牙在美洲殖民期间开发的大银矿所在，是当时世界储量第一的银矿。16世纪下半叶，波多西所产银矿石占到全球产量的60%。当时，这里所产银矿石被大帆船运往马尼拉，与中国的货物进行交易。波多西银矿也成为驱动西班牙帝国的全球扩张与贸易的主要引擎。

**　摩腊婆，位于今印度中央邦境内，得名于古时居住于此的雅利安人部落摩腊婆人。这里曾是世界上重要的鸦片产地，英国人将这里生产的鸦片大量走私贩卖到中国。

征意涵：如道德、健康以及阶级和性别尊贵感的体现。喝茶的群体上至贵族，下至穷人及文盲阶层，影响了"整个欧洲大众的生活标准"。最重要的是，尽管茶叶本身几乎不含卡路里，但它从18世纪初开始与加勒比所种植的糖搭配在一起饮用。从那时起，二者的消费量都急剧增长。糖和咖啡因在西欧饮食结构中变成密不可分的搭配。"茶叶的成功"，如西敏司所言，就是"糖的成功"。在18世纪末，已有数个世纪历史的、奴隶驱动的糖种植园陷入停滞，是茶叶的流行帮助重新提振了这一产业。加糖的茶关联着时间及营养摄取源的再分配，这也伴随着剧烈的社会变迁——西欧更大规模的无产阶级化和城市化。1784年的《折抵法案》之后，低质量、浓烈的、可反复泡饮的茶叶变得便宜，这也让茶叶比啤酒、牛奶或其他饮品更可负担；作为热饮，它也平衡了面包和糕点这类冷餐饮食的口感。面包和茶成为依赖市场的工薪阶层的一顿方便快餐，家庭烹饪和自给农业对他们来说已然是失去的奢侈时光。这样的人口学特征也具有共同的意识形态层面的要素。19世纪的大英帝国，新教基督徒和类似立场的政治经济学家都出于道德和金融的考量而支持用茶叶替代酒精。在教堂和农场举办的"禁酒茶会"（temperance tea parties）上，演讲者传递的反酒精主张和唐代中国的佛家学者遥相呼应，但放在工业革命的特殊语境下，他们认为，清醒可以帮助工人对抗贪婪的雇主和机器的幽灵。这些茶会还会提供丰盛的甜食，对于工人阶层男女也是个社交机会，以学习在帝国更多琳琅满目的百货商场中如何表现得像一个现代而理性的消费者。因此，广州茶叶贸易在诸多层面与西欧的工业化紧密关联，既受到英国出口的工业产品的推动，又被引进以培育其新兴的城市工人阶级。[14]

三角贸易所生产的利润支撑了英格兰的工业资本主义以及大英帝国的诞生。到了 1834 年，英国东印度公司的贸易所得几乎源于茶叶。在印度，鸦片贸易的利润大约只占到东印度公司总利润的 5%—10%。如一位历史学家所言，若没有三角贸易，"很可能都不会有大英帝国"。在 1830 年，也就是东印度公司的全盛时期，公司的总会计师也直言不讳地表示："我可以负责任地说，印度的确完全依赖于中国贸易所获的利润。"[15]

因此不难理解，为何如此多英国利益相关者在预感到中国贸易将受到东印度公司和清廷的限制之后如坐针毡。对于曼彻斯特、格拉斯哥和利物浦的反垄断批评家而言，东印度公司对于中国贸易的垄断损害了纺织品出口，不仅影响了依赖销往广州的鸦片利益的印度市场，也直接影响了中国市场本身。1833 年，英国议会取消了东印度公司对于中国贸易的专营权，这导致英国商人如潮水般涌向广东海岸。与此同时，道光皇帝决定加强对鸦片进口的限制。这一紧绷的局势在 1839 年 11 月爆发，当时，英国皇家海军朝珠江上的清军开火。三年后，第一次鸦片战争以开埠口岸体系的开启而结束。"英国人之所以能摆脱其因饮茶癖造成的不利贸易逆差，"萨林斯写道，"得益于中国人对印度鸦片的沉沦：1839年那场臭名昭著的战争助长了这一非法走私。"[16]对于中国的茶叶生产者而言，开埠口岸却是个不小的利好，茶叶销售的利益在接下来的几十年猛涨至前所未有的水平。但到了 19 世纪末，这一黄金时代戛然而止，与此同步发生的恰是印度茶叶的崛起（图 1-1）。要想完全理解中国茶业的盛期和突然崩盘，我们有必要将注意力转向英属印度茶业的同期发展。

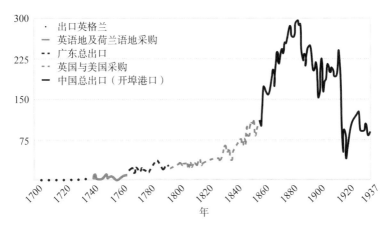

图 1-1　中国的茶叶出口总量（1700—1937 年）（单位：百万磅）

来源：Lyons, *China Maritime Customs*; Pritchard, *Anglo-Chinese Relations*, 216–217; U.S. Department of the Treasury, Bureau of Labor Statistics, *Imports of Coffee and Tea*, ca. 1896, pp. 18–21; British House of Commons Parliamentary Papers, Reports on "India and China (exports and imports)," 1859 Session 2, p. 38; 1871, p. 347.

打造"高贵的茶乡"：阿萨姆的殖民化

16 世纪开始，现代南亚的大部分地区都处在莫卧儿伊斯兰帝国的统治之下。这一帝国虽然体系复杂，却是个非集权式的政体，与同期的清帝国有相似之处。实际上，两者的脉系皆可追溯至几个世纪前幅员辽阔的蒙古帝国。莫卧儿帝国最初的统治者从中亚来到这里，以印度北部的德里为首都。他们从未彻底统治印度东部，当地管理者仍能在中央政权之下拥有半自治的地位。地方的主要任务是为首都收税，其最高长官被称作"底万"（diwan），即财政首长。1765 年，经过在孟加拉地区近十年的战争，英国东印度公司成功夺得了税收权，这也开启了英国在印度次大陆的殖民统治。就像在中国南方一样，印度东部的商人长期以来就和多个欧洲国家的公司有贸易往来。英国统治的最初目的只是控制商贸路线并收税。然而到了 19 世纪末 20 世纪初，商人逐步认识到将资本投入类似靛蓝、鸦片甚至茶等经济作物之中的益处。[17]

　　1834 年，随着英国官员开始鼓吹发动鸦片战争，殖民地印度政府也宣布了试验植茶的计划。多年以来，英国人一直忧心忡忡，认为自己不能完全依赖清帝国生产的茶叶来满足国内日增的茶叶需求。19 世纪 30 年代，这种担忧随着美国在中国显现度不断地提高、荷兰东印度公司在爪哇试验种茶的传闻而陡增。实际上，该时期在阿萨姆的试验种茶源于更广泛的存在的欧洲式冲动——在世界各地寻找和收集珍奇植物，并在其帝国疆域之中种植。早在1774 年，英国散文家萨缪尔·约翰逊（Samuel Johnson）就问道："为什么任何国家都想要追求拥有一切？为什么香料没有被移植到美洲？为什么茶叶持续被从中国带到其他地方？"其他的例子还包括咖啡从中东传到拉丁美洲、美洲橡胶树被移植到马来半岛，还

有将美洲的大米、烟草和棉花移植到殖民地印度的无数试验。到
19 世纪 30 年代，英国官员已经尝试在美洲、地中海和东南亚种植
茶叶。[18]

在印度的茶叶投机活动始于 18 世纪，博物学家约瑟夫·班
克斯爵士（Sir Joseph Banks）最早提议在孟加拉地区植茶；到了
1816 年，爱德华·加德纳（Edward Gardner）宣称在加德满都发
现了茶树。七年后，罗伯特·布鲁斯（Robert Bruce）少校和他的
兄弟查尔斯发现，上阿萨姆地区的辛颇人将茶树制为草药来饮用。
具体地点叫"苏德亚"（Suddeya，今 Sadiya），位于拉基姆普尔地
区。在殖民地试验开始不到一年后，当地官员就宣称，阿萨姆茶
种"毫无疑问"是一种原生"茶叶"。殖民地政府面临的主要问题
之一是，上阿萨姆地区距离加尔各答数百英里，对于英国商人而
言那里仍然迷雾重重。英国东印度公司获得孟加拉的税收权之后，
阿萨姆还处于具有五百年历史的阿豪姆王国*（Ahom Kingdom）管
辖之下——后者在几百年间持续抵御了莫卧儿帝国的统治。印度
总督查尔斯·康沃利斯勋爵（Lord Charles Cornwallis）在 1792 年
写道："我们对于尼泊尔及阿萨姆内陆地区的了解，与对中国内陆的
了解一样，少得可怜。"这种情况在几十年内并没有显著改变。[19]

布拉马普特拉河沿岸的河谷又长又窄，三面环山，这样的地

---

* 阿豪姆王国（1228—1826），今印度北部阿萨姆地区的一个古代傣族王国，建国于 1228
年，首都位于西布萨加尔，建国者据说是云南德宏地区的傣族王子，故而拥有相对先进的水
稻种植技术，是地理位置最靠西的傣族政权。

形有利于与印度恒河平原的接触，同时限制了与中国及缅甸的互动。它的历史与威廉·冯·申德尔（Willem van Schendel）与詹姆斯·斯科特（James Scott）描绘的"赞米亚"*（Zomia）相契合：位于南亚、东亚和东南亚交界处的缝隙，其特征是"山川与山谷的方言文化谐同，空间上对立但又紧密相联"。[20]阿萨姆被视为一片异域风情的荒野，拥有丰富的天然气、木材和茶叶资源。但阿萨姆本地人长期以来被认为仍处在前工业时代，在当地用"laahi laahi"来形容，即"不紧不慢的""悠哉的"。作为统治阶层的阿豪姆人，在民族和语言上属于当今缅甸、泰国和中国云南南部的傣—掸（Tai-Shan）族群**。他们大约在14世纪移民至此，借助更先进的农业种植技术巩固了政治势力。水稻（Sali）的种植需要集约劳动力，但比当地的旱稻品种每英亩产量要多200磅。阿豪姆人借助剩余粮食来攫取权力，在其收集、税收、分配和维护财富的过程中，逐步发展出类似国家的功能。1600—1750年，阿豪姆人稳固了他们的领土，通过强迫劳动（khel）来组织和调动农民阶层（paik），并通过中央集权机制以重新分配剩余价值。[21]

　　在其鼎盛时期，阿豪姆人虽然只占河谷人口的9%，却获得了其他族群的效忠，并在17世纪成功抵御了莫卧儿帝国的军事侵

---

* 赞米亚是由荷兰阿姆斯特丹大学历史学家威廉·冯·申德尔提出的地理学术语，指的是历史上位于低地人口中心的政府无法控制的大面积的东南亚大陆。斯科特在其出版的《逃避统治的艺术》中，深化了这一概念的理解。

** 东南亚跨境民族，亦称泰老民族，包括中国云南南部的傣族、缅甸北部的掸族、泰国的泰族、老挝的佬族等。

略。然而到了 18 世纪中叶，该区域因一支信奉千禧年的异端宗派的煽动而经历了一场残酷的内战。阿豪姆国王在围攻之下逃离首都，其统治阶级也只能寻求英国东印度公司在内的外部军事力量来干预维护。经过一段短暂的和平，被废黜的阿豪姆总督争取到了缅甸的军事援助。该区域落入缅甸的掌控之中，而英国人作为孟加拉的掌控者，在 1817 年宣告与缅甸开战。1826 年英国获胜之后，揭示了缅甸恐怖统治的若干证据，包括肢体切除、嗜食同类和强暴。该地区人口也下降至一个世纪前的约三分之一。最初，当地官员尚不确定如何将该地区融入整个印度经济体系之中，但在上阿萨姆地区发现野生茶树后，他们找到了门路。在下个世纪，他们将以前所未有的雄心，试图打造一个为英国人所有的印度茶产业。[22]

全球商品和全球劳动：市场整合及资本主义竞争

中国茶和印度茶的竞争只是揭开了一场世界贸易不断扩张的大戏序幕，流动的茶叶、鸦片、糖、棉花和白银纷纷卷入其中。作为商品，它们的流动还连接了无数雇佣、组织和规训生产者的系统。印度鸦片涉及数十万农民种植者，他们从当地商人和村里的贷方、洋商、捐客和佣金代理商那里获得预支现金。这些代理商因开出超低收购价而臭名昭著，并将一些特殊的次种姓（subcaste）——如卡赫希（Kachhis）和坷耶利（Koiris）——指派为特别适合鸦片生产的人群。加勒比群岛上的蔗糖种植则依赖欧洲的小佃农、契约佣工，非洲黑奴和土著族群。从 18 世纪开始，非洲黑奴成了荷兰、英国和法国投资者的首选。棉花则是由两个独特的生产阶段组成：首先，大部分生棉来自美国南部，那里的黑奴制度在 18 世纪 90 年代死灰复燃；其次，棉花的加工有赖于雇佣家庭劳力的家庭包工系统，后来则依靠美国、欧洲大陆及东欧、英国各地工厂雇佣的薪资劳工。这些工厂和作坊大部分皆雇佣单身妇女和儿童，她们怕乡村日益衰败家庭收入减少，宁愿得到的工资也只有成年男性的一半左右。因此，全球贸易的商品依赖于各种各样的本地劳工——从印度的契约种植者、美国的非洲黑奴，到欧洲穷苦农民家被过度剥削的女儿。[23]

如果说，世界贸易和环环相扣的劳工体系已经繁荣了数个世纪，我们又要如何有意义地区分全球经济史和资本主义史的不同阶段？针对这个问题，我将审视两个有效的，但方法论上不尽相同的现代全球化理论。

在经济学家凯文·欧鲁克（Kevin O'Rourke）与杰弗里·威廉森（Jeffrey Williamson）看来，真正的现代全球化的特征是不同市场的整合：商品进价与售价的差异缓慢消失，只有到那个时刻，世界各个区域才可以称作统一市场（one market）。19 世纪以前数个世纪的跨洲贸易虽然在体量上呈现大幅增长，但它并未显著影响各国的国内商品市场，因为大部分贸易牵扯的都是非竞争性奢侈品：对于欧洲而言是香料、丝绸和糖，对亚洲则是白银和羊毛制品。只有在 19 世纪，才能看到竞争性商品更大规模的流动——如小麦、生棉和纺织品，这是由更廉价的运输成本及垄断租金 *（monopoly rent）的降低促成的。因此，商品价格开始逐步趋同，国内经济也不得不回应全球商品的进口。[24]

中国茶叶销往英国市场的历史也遵循着同样的模式。18 世纪之交，中国茶叶的售价可达进价的 10 倍；一个世纪后，这个数字大约是 2.5 倍；而 19 世纪末 20 世纪初则只有 1.5 倍。[25] 其中的关键发展——除了苏伊士运河的开通、更快的运输工具以及新的中国市场的开启之外——就是印度茶叶的出现，其售价在伦敦通常非常亲民。如果说 18 世纪时，茶叶尚且是一种非竞争性奢侈品；那么在一个世纪之后，它已变成一个日常必需品，欧美消费者对它习以为常，市场上唾手可得。

市场整合对于研究资本主义的历史社会学家而言也是个关键概念。在马克思和韦伯的传统理论下，他们强调，长期的资本积累所具有的系列特征并不一定与工业化相伴，而是北大西洋产业所驱动的 19 世纪全球化体制——它通过将世界各地的生产者网罗在同一个异常危险的扩张节奏之中，从而构建出资本主义的经典形象。伊曼纽·沃勒斯坦（Immanuel Wallerstein）曾指出，真正的全球劳动分工的起源与从奢侈品转变至日常品的贸易相耦合。他也强调了价格差异的蚕食，定性地说，这就意味着国外的境况会

---

* 垄断租金，指的是资本主义经济中的一种特殊土地租金形式。在种植售价高于实际价值的垄断性商品时，资本家需给土地拥有者支付额外租金，作为一种剩余价值分配的形式。

迫使母国作出回应，他将其称作"挂钩"（hooking）。随着中国和印度的茶叶生产者发现盈利愈发困难，他们不得不寻找更加高效的生产方式。市场整合造成了中国、印度和英国之间的相互依赖，每个地区都需要从其他地区获取劳动产品。恰当地说，是当贸易伙伴不再完全依赖于贵金属货币来交换产品，而是输出对其贸易伙伴的经济不可或缺的价值商品时，真正的全球劳动分工才出现。因此，在18世纪末，当英国商人开始寻求以鸦片弥补对中国的白银逆差时，欧洲和印度，奥斯曼帝国、俄罗斯和西非之间也出现了类似的进程。[26]

诚然，这些带有欧美偏见的全球化叙事应接受对其的批评。然而值得坚持的是商业和竞争之间的分析性差异，这具有真正的全球相关性。[27]当然，19世纪之前已存在了数个世纪的跨大洋贸易，甚至还出现过短暂的地区价格趋同。然而，此般历史与较晚近的产品产量攀升和社会技术创新不可相提并论。相反，正是基于那些世界贸易的既存基础，这些新奇的、相互构成（mutually-constitutive）的竞争性压力才开始在不同的商品市场之间普及开来。不断降低的价格及其伴随的生产压力不仅支撑了宏大的工业化进程，还使亚洲农村及其他地区的旧秩序发生了社会转型。在不同的区域、不同的时刻，财富积累的特征愈发突出。为了扩张，商品的生产和消费将会需要持续发现、雇佣和规训劳动力供给。徽州、武夷山和阿萨姆的"茶乡"的本地人口正是在19世纪开始感受到茶叶价格的下跌和生产力带来的紧迫感。正是这些抽象的、非个人化的需求，潜在推动着接下来的几个章节将呈现的缠结往复的竞争故事。

注 释

1. Hoh and Mair, *True History*, 28; Huang, *Fermentations and Food Science*, 506.

2. Perdue, *China Marches West*, 553—55.

3. Fortune, *Journey to the Tea Countries*, 20, 208, 272; *Two Visits*, 20 and 208.

4. Benn, *Tea in China*, chs. 2, 3, and 6; Hoh and Mair, *True History*, ch. 5

5. 陈椽，《安徽茶经》，第 35 页；引自陈祖槼，朱自振，《中国茶叶历史资料选辑》，第 336 页；邹怡，《明清以来的徽州茶业与地方社会（1368—1949）》，第 60—65 页。

6. 引自陈祖槼，朱自振，《中国茶叶历史资料选辑》，第 360—361 页。

7. Benn, *Tea in China*, 174—76; Jiang Heng quoted in Peng, ed., *Shougong Shiliao,* 304.

8. Quoted in Huang, *Fermentations and Food Science,* 540.

9. Liu, *Dutch East India Company*, 141—46, emphases added; Strickland quoted in Mintz, *Sweetness and Power*, 110; Robins, *Corporation*, 53; MacGregor, *Commercial Statistics*, 58; Ukers, *All About Tea*, 67.

10. Mui and Mui, "'Trends,'" 165; Bowen, *Business of Empire*, 241.

11. Flynn and Giráldez, "Born with a 'Silver Spoon'," 202; Frank, *ReOrient*, 147—49; Chung, "Trade Triangle," 415—16; Bowen, "Tea, Tribute," 163.

12. Farooqui, "Bombay"; Banaji, "Self-Delusion," 6—13; Sugihara, "Intra-Asian Trade," 149—50. N.b., 杉原薰还强调，尽管英印中三角贸易无疑是一支重要的经济力量，但历史上对这条线路的重视是以牺牲与之相连的其他路线的利益为代价的，包括印度南部（马德拉斯）、东南亚（爪哇、新加坡、苏门答腊、暹罗、缅甸、槟榔屿）和北大西洋。

13. Ward, "Industrial Revolution," 52; E. H. Pritchard, quoted in Sahlins, "Cosmologies," 424.

14. Smith, *Consumption and the Making*, ch. 6, 121—22; McCants, "Poor Consumer," 174, 179; Mintz, *Sweetness and Power*, 114, ch. 6; Rappaport, *Thirst for Empire*, ch. 2; Bowen, "Tea, Tribute," 159.

15. Greenberg, *British Trade*, 3, 14—15; Richards, "Opium Industry," 159—61, 180; Trocki,

Opium and Empire, xiii.

16. Eyles, "Abolition," chs. 5-7; Greenberg, *British Trade*, 99-103; Sahlins, "Cosmologies," 420.

17. Van Schendel, *History of Bangladesh*, 50-56; Roy, *World Economy*, 78-122.

18. Rappaport, *Thirst for Empire*, 87-88; Johnson quoted in Perelman, *Invention of Capitalism*, 65; Pomeranz and Topik, *World That Trade Created*, ch. 4; Sell, *Capital through Slavery*; "Papers Relating (63)," 19.

19. Ukers, *All About Tea*, 134-35; "Papers Relating (63)," 32; Cornwallis, quoted in Banerjee, "East-India Company," 301.

20. Scott, *Not Being Governed*, 16-18; cf. Barpujari, *Days of the Company*, 2.

21. Guha, *Early Colonial Assam*, ch. 4, 86-87; Barpujari, *Days of the Company*, 24-27.

22. Guha, *Early Colonial Assam*, chs. 6-7; Barpujari, *Days of the Company*, 1-12.

23. Richards, "Indian Empire," 72; Richards, "Opium Industry," 174; Mintz, *Sweetness and Power*, 52-54; Beckert, *Empire of Cotton*, 104, 188-90.

24. O'Rourke and Williamson, "Globalisation Begin?" 26-27.

25. Ibid., 34; Chung, "Trade Triangle," 415; Gardella, *Harvesting Mountains*, 133; Pritchard, *Anglo-Chinese Relations*, 216.

26. Arrighi, *Twentieth Century*, 235-37; Wallerstein, *World-System III,* 129-38；论 18 世纪英国东印度公司黄金与商品出口比率下降，见 Pritchard, *Anglo-Chinese Relations*, 204. 论价格下跌激励产业资本的动力，见 Marx, *Capital*, 3: 444, 447。

27. 关于全球化和欧洲中心主义的辩论，见 Flynn and Giráldez, "Path Dependence"；O'Rourke and Williamson, "Once More"。

第一部分

竞争与意识：
中国和印度的茶产业
（1834—1896）

19 世纪的最后十年，中国茶叶与印度茶叶的直接交锋发展为一场多方的 全球性的事务。

帝国的命数如何影响茶产业，反过来，茶叶如何在更宏大的政治经济学议程 国家发展和对国外资本的抵制中发挥作用？

第二章　焚香与产业：徽州与武夷山茶区的劳动集约型资本积累

在19世纪的大部分时间里，中国面向欧洲和美国的茶叶出口量经历了大幅增长。这段时间，中国农村的茶叶生产呈现出明显在现代资本主义框架内的社会动态。在徽州和武夷山的商业化区域，在茶叶生产领域尽管很少展现出技术变革的迹象，渐变深陷于竞争性积累的社会逻辑之中，仍对生产力重度痴迷与执着。为了在竞争激烈的国内外市场中存活，内陆茶商需要对生产进行更强有力的把控，将生产任务外包给工厂经理，工厂经理又监管季节性劳工。由此，工厂经理对劳动过程进行了重新调整，使其变得更加专门化、协调化和高效率，从而提高生产力。中国内陆的工厂双管齐下，从时间检测及劳动纪律策略出发，来安排茶叶生产背后如采摘、烘焙、筛选和分级的工序操作。对于生产力的强调——从每单位劳动力投入之中挤榨更高的（茶叶）产出率——构成了一种劳动集约型的资本积累策略。换言之，内陆茶商通过要求季节性劳工更努力、更快速、更廉价地工作，以试图在一个茶叶价格持续下跌的世界中保持盈利。

这样一段实践中持续演进的动态历史，将与学界此前关于中

国茶叶贸易的论述大相径庭。在 20 世纪 30 年代，当中国茶叶已
落后于来自日本和殖民地印度的竞争对手时，中国年轻的民族主
义改革者普遍的论调是，当地的生产方式在"几千年来"未曾改
变，"由知识浅薄的贫苦小农和专以剥削度日的商人所经营"。这
些观点也预示了后来数代中国史学家的观点，即认为中国的农村
经济数个世纪以来深陷前资本主义模式的泥潭，即所谓"内卷化"
（involution）或是"没有发展的增长"[1]。尽管农业生产已经急剧扩
张，农民家庭也都提升了劳动强度以应对马尔萨斯式的人口压力，
但农产业并未展现出更高效率或创新性的迹象。

　　这些观点都依托于"商人资本"（merchant capital）的历史书
写范畴，流行于马克思主义和新古典主义学者之间，他们都将商
人描摹为前资本主义经济生活的残余。根据这一理论，不同于现
代的"工业资本"，商人资本并未干预生产过程，因此也无法通
过纵向一体化或劳动力节约技术予以改进。但是，如杰鲁斯·班
纳吉所提出的，商人和工业资本的对立，是对理解 20 世纪全球大
宗商品生产一种简化的假设，全球大宗商品的生产有其自身独特
的扩张逻辑。将此贬为落后时代的产物，无疑是时代错乱的、欧
洲中心的。类似地，弗兰克·佩林（Frank Perlin）曾强调："前工
业时代经济发展的主要特征是规模的改变和流动资本（作为固定
资本的对立面）的组织，以及它对于大规模劳动力持续增强的掌
控——这些劳动力在空间上广泛分布于家庭和大型车间中。"用
经济学术语来说，前工业时代发展的可能性已由杉原薰（Kaoru

Sugihara）和扬·德·弗里斯充分说明，并展现了家庭和农村劳动的集约化在日本、英国和许多其他地区新兴资本化动力的涌现过程中，扮演了扩张性而非调节性的角色。[2]

　　劳动集约型资本积累为厘清 19 世纪的茶商如何跨越了早期现代商人资本与现代工业资本的传统划分提供了一个有效的框架。他们不仅通过行会来与跨国公司进行贸易以积累财富，同时寻求生产合理化，以跟上其竞争者更高的生产力水平的步伐。不同于现存文献，该意义上的劳动集约化并不是由人口过量和土地质量下降的自然和物理法则驱动的集约化，而源于一种资本积累的社会趋势，进而以更低的成本生产出更多的产品。我认为，在此有必要明确区分：一种是在没有创新的前提下加长工作时间的劳动集约化——正如很多经典文献中假设的那样；另一种是作为明显现代性质的、市场驱动的策略下提升人类生产力活动的劳动集约化。从该意义上说，本书的进路从一大批学者那里汲取灵感，包括佩林、杉原薰、王国斌（R. Bin Wong）和彭南生，他们都界定了新的概念以理解这个过渡性的历史时期，我将在本章结论部分予以讨论。[3]

　　徽州和福建茶商采取的一个主要策略是有意识地通过管理季节性劳工的劳动时间以应对竞争。对于时间和效率的觉醒无疑是任何有关工业革命论述的核心内容。纺织机、蒸汽机等先进的节约劳动力设备的重要性在于，它们逾越了现存技术在一定时间段内能够完成的工作量。人类劳动集约型的增长在没有资本集约型创新相伴的情况下，就得要求在策略上更高效地重新组织劳动者本身，以提升其每个工作日中用于生产性活动的时间占比。过往的案例包括将闲置在家庭的劳动力（女性和儿童）纳入边缘的生产活动，而将男性劳动力重新调配至利润更高的部门；或者如同我将在本章展现的，测算和控制某些特定工作任务的用时。实际上，若干重要的思想家，例如马克斯·韦伯对 18 世纪美国的研究，还有汤普森（E. P. Thompson）对早期现代英格兰的论述中，已注意到了没有机械设备创新的条件下的工作时间意识的觉醒与特定历史条件的结合。[4] 将"勤勉革命"与"工业革命"联系起来的，是由资本主义市场所驱动的对于更高效率的普遍追求。在现实的历史学的术语中，劳动集约型积累无疑意味着将旧的体制安排推向极限。

为了合理安排茶叶的揉捻、烘焙、筛分等工序，19 世纪的中国茶商精准测算出了每道工序所需的时间，设计工作指令以尽可能压缩浪费时间的活动，并使用计件薪资体系，以激励劳工尽其体能极限最大限度地劳动。名声在外的徽州茶商采用了一种有上千年历史的计时装置——焚烧匀速的线香——以跟上茶叶全球市场动态发展的步调。在武夷山，茶叶工头借助一套古老的地方仪式和习俗来管理茶叶的采摘和烘焙，这在外人看来或许是原始的、迷信的，是由早期的经济生活"继承"而来的方式。我的论点并非在于说线香蕴藏高深的技艺——它们显然没有机械钟表精确——或是福建复杂的仪式。相反，茶商采取有限的工具来组织起一套固定和抽象的"计时劳动"（timed labor）规则，这类似于汤普森注意到的工作纪律体系。正是茶厂这种社会生态（social context）而非线香本身，赋予了这种前机械化劳动过程以一种工业化的、显著现代性的特征。

19 世纪茶叶生产的漫漫长路

从客商到茶厂

罗伯特·福琼曾将安徽徽州和福建武夷山划定为绿茶和红茶生产的中心，这也是该区域作为中国茶生产商业化中心享有国际声誉的体现。1907 年，英国制图家又将这两块区域融合为一整块连接成片的土地，作为专门化的茶叶生产地。

尽管中国的历史学家一般都从省的视角来讲述茶叶的动荡故事，但实际上，每个茶产区只构成了这个宏大的跨省进程的一部分。18—19 世纪，尽管地区上存在一定的差异，但徽州和武夷山地区都经历了类似的融入全球市场的过程。二者不意味着全部，但它们至关重要，在后文将作为清帝国茶叶贸易的代表性地区出现。其他的产茶区还包括湖北羊楼洞、浙江宁波等。根据民国时期的记载，所有茶叶出口区域都经历了三个关键的贸易转型时刻：最初，当地农民生产者都将其货品卖给流动的"客商"；接着在 19 世纪，商人开始更深入地参与茶叶生产；最后，商人开始全权接管茶叶生产的设计和管理。这种内陆商人行为的转变可以用中国的词汇来形容，即从"客商"到"茶厂"。[5]

接下来的部分，基于对可获得史料的细节阐述，我将为以上说法赋予实质性的支持。首先，我会考察安徽和福建的地方史料，大致描绘广州体系时期商人的活动。然后，我将叙述19世纪下半叶的发展过程，其间，贸易出口量达到新高，也激发生产达到了新的层次。

早期的贸易

最早在广州出口的茶叶产自福建山区的寺庙，但僧人并未引领茶叶生产的扩张，其工作"乃先后转鬻而入茶客"。"客"，作为"客商"的简称，经常出现在早期茶叶贸易的资料中。"客"这个词表明，这些商人并非本地人，他们专在不同区域间运输货品，同时又持有最少的本地投资。在广州体系期间，外来者"披荆斩棘，进入山林，翻土整石，在开垦后的荒地中种植茶叶"。罗伯特·福琼在19世纪40年代进入该茶区时记录道："随着旅行者眼前的道路逐步穿入重岩叠嶂的武夷山，他将接连看到点缀在一座座山峰侧坡上的茶园。"[6]

在福建，很多当地工厂都是由邻省的江西商人开办的，而长距离的广州贸易则由广东和山西商人联合运营，山西商人逐渐被称作"西客"。"每家资本约两三百万元，"调查显示，"货物往返，络绎不绝，极盛一时"。相较而言，徽州当地的商业活动并不少见。实际上，徽商是清帝国晚期最大的、最成功的地方商人群体之一。如 20 世纪著名改革家、徽州人胡适所言，徽商在 15 世纪崭露头角，从那时起，几乎所有的文学或方志叙述都会引用一句老生常谈——"山多田少"——来解释该地区男性群体异常高的从商比例。徽商几乎无处不在，以至于出现了流行的俗语："无徽不成镇。"18 世纪，当松萝茶的价格急剧飙升，徽州各地家庭都开始参照这种标志性的茶叶品类的做法，开始制作和销售松萝茶。[7]

　　至今，关于清代茶叶贸易最完整、最具启发性的史料，是徽州歙县芳坑村江氏家族的私人档案。尽管名义上是个村庄，但芳坑几乎就是一排简陋的房子，距离中心贸易城镇屯溪以东约四十里。2010 年末，我在安徽师范大学的学生的帮助下拜访了芳坑村。即便在当时，这个村也极难涉足，必须要蜿蜒穿过徽州的新安江，再搭乘摩托艇方能抵达。20 世纪 80 年代，某高校历史学家从江氏后人那里偶然发现了一批史料，这竟为中国史学家提供了关于晚清经济生活最详尽的记录。江氏家族的从商史可追溯至明朝万历年间中期。其家谱记载，江可涧（1659—1712）"栖于坑口赤土岭，用笑肩贩，以弃取稍积"。此处的"笑"指的是"盐商执照"，盐的贸易是 19 世纪中叶徽州商人的"金融主心骨"。直至江有科（1792—1854）一代，江氏家族才涉足广州的茶叶出口生意。18 世纪初，江有科与其子江文缵（1821—1862）在歙县开设茶号。他们从当地农民处收购茶叶，在加工作坊进行抖筛、搣簸、拣茶、风煽等几道工序后，再把成品运至广州销售。最后，江氏父子在广州安了家，过上了相对稳定的生活。这样来看，他们的人生轨迹与其他徽商并无二致，都是基本上每年只会返乡与家人相聚一个月。[8]

当江氏家族从盐业转向茶业时，邻县婺源的商人仍一直专营木材生意。木材和盐不同，盐是在扬州提炼，然后供应当地。"在木材产区"，根据史学家重田德（Shigeta Atsushi）的说法："他们从生产地购入木材，然后编成木筏，至下游消费地区贩卖，从中抽取地区差价，谋其利润。"在这种早期的巡游式国内贸易中，徽州商人正是"最有代表性"的客商贸易（guest trader）。尽管他们在生产过程中也有所贡献，但这类"商人会把精力几乎投入于物流之中，并从中抽取最大的利润"。婺源的茶商借鉴这种"代表性的模式"并用于茶叶经营。广州体系时期，尽管商人也介入生产，但他们干预极为有限。[9]

如果说从内陆家庭收购茶叶的客商主要专注于流通领域，只与生产的附属利益相关，那么他们就仅仅是一张更大销售网络中的一个节点而已了。茶叶贸易是被切割的，最初沿海的茶商与内陆的茶商是分离的，内陆的茶商得依赖于来自广东的预付贷款。沿海的十三行商人"同时扮演着交易者和（内陆婺源商人的）债权人的双重身份"。有时候，小茶商需等到茶季结束很久之后才能拿到运输货款。其他时候，他们所背负的债务积累下来甚至到了无法偿还的地步。例如，曾有一位商人因坏账而破产，不得不卖掉自己的妻子以偿还债务。[10]强势的沿海商人作为经纪人和债权方，将以不同的身份，持续参与到此后数代的贸易——这样一个在中国经济史中持久存在的特征，将在 20 世纪受到猛烈批判。

19 世纪末的工厂

在 1842 年的《南京条约》开埠五个新口岸之后的大约十年间，海外商业活动依然集中在广州。这样的模式直至太平天国运动之后才发生改变——这场血腥的内战将清廷、民兵组织和深信太平盛世的农民卷入，席卷了中国中东部大部分地区。徽州和武夷山的茶叶生产者不得不调转货物流动的方向，转从东部的上海和东南部的福州出口。这一变向是中国海外贸易史的转折点，它恰巧赶上了丝绸、棉花，尤其是茶叶出口量的大幅上涨的时间点。

1853 年，闽北地方官陶成章（音）鼓励商人将贸易转至福州运营。一年后，美资公司旗昌洋行（Russell & Co.）成了第一家从福州购买茶叶的洋行。1850 年，只有五名英国商人驻守这里；而随着福州走向繁荣，邻近的漳州、泉州等地的商人团体利用这一幸运的时机和区位，开始迅速掌控地方贸易。不久之后，"（来自山西的）西客生意遂衰，而下府（指漳州和泉州）、广、潮三帮继之以起。道光夷茶经营为此三帮独占"。[11]

为了将风险降到最低，洋行最初与个体卖家在茶季开始前签订购买协议。这些卖家在英美雇主的信件中被称作"茶客"（teamen）——有记载的人名包括 Ahee、Taising、Acum、Chunsing、Ateong 等，他们的起起落落为洞察 19 世纪 50 年代至 19 世纪 70 年代茶叶贸易扩张起到了有效作用。例如，苏格兰怡和洋行

（Jardine Matheson & Co.）——在中国最大的外国鸦片和茶叶贸易公司——在开埠时代的最初数十年都严重依赖茶客。1854 年 9 月，在其福州办事处来往信件中提道："闽江在某些地方非常湍急，布满礁石，茶客深知这点，不敢掉以轻心；也就是说，很多茶客都害怕承担运送茶叶到福州的风险，宁愿去上海或广州。"当时，那里的茶价很低，而福州的供给又极为有限，因此，中间商前往那里走一趟，依然是个高风险高回报的选择。然而到了 1871 年 6 月，上海办事处声称，"向中国人购买山区茶叶的预支付制度必须被废除"，因为该制度"纵容了中国的中间商随意操控山区的茶叶价格并与我们为敌"。此时，闽江已成为一条成熟的茶叶流动线路，无数的新旧中间商穿梭于洋行和内陆生产者之间。对于欧美买家而言，雇佣茶客去预定茶叶已变得昂贵且不划算，是中国端的贸易变得日渐制度化的结果。[12]

茶客的来往信件让我们得以窥见山区贸易的内在动力。最常见的是，茶客只需将预付款带到茶区中现存的地方市场。1860 年，一位名为泰兴（音，Taising）的茶客写道，价格"不断上涨，原因是茶客和外国洋行的代理人之间竞争加剧"。1866 年，福州的外商办公室收到一份对于动荡的山区贸易市场的描述："泰兴已经从山区返回……事情的状况很可怕，茶叶每次才运来几斤，而每次都有五六十个买家相互竞价。"这一信件揭示了价格和生产之间的动态关系。一位怡和洋行的雇员写道："高价会促进生产……我相信这只是价格的问题，买家会发现其所付出的钱足够创下这一季茶叶出口的记录，同时亦与世界市场的需求是相当的。"更大的需求也推动了更多的生产，随之提升了专业化分工的程度。在这一个需求无限增长的黄金时代，中国茶叶贸易体现了由商品流通所驱动商业资本主义的动力。[13]

如果说供给确是弹性的，那么更多的土地、茶树、工人将会被调动起来，以回应高涨的价格。这样的需求是如何传递到内陆的？正是内陆的客商，扮演了沟通世界需求和腹地产区之间的活跃中间人的角色，直接刺激了茶叶的种植和生产。如果说他们之前还只是专注于运输，如今却已将精力转移至茶叶精制之上。他们支配生产仅仅是为了满足失控的需求。此时，新的生产设施成了实在的必要，因为现有的产茶农场和寺庙都已达到了生产极限。

实际上，海外需求在近一个世纪已缓慢地重塑着乡村。随着海外市场持续给国内供给带来压力，国内的茶叶作坊也开始迎合外国人的口味。19世纪40年代，如福琼所记载的，绿茶产区中"生产的茶叶专供出口，当地人在揉捻过程中非常专业，这个产区出产的茶叶条形更加明晰均匀"。他也逐步意识到，贸易规模在他抵达中国前的这几年已不断扩张。"目之所及，数千英亩的农田都用于种植茶叶，"他写道，"原来，这些土地中的大部分都是近些年才被开垦出来植茶的。"在紧靠江西边界的光泽县，县志记载，"咸丰、同治年间以来，无户不种茶"。扩大生产后便需要更多的工人，大多从邻近福建的江西市镇中招募。1850年，运输通道因太平天国运动而被阻断，怡和洋行的买办阿禧（Ahee）记载道，由于这场叛乱，"无人采摘……做茶之工人俱系江西及河口等处者居多。因江西省反乱，其做茶之工人少来"。河口是江西上饶下属的一个镇，紧靠闽赣省界。自从贸易远超出武夷山稀散的当地人口所能应付的程度，茶商只能在每年春季依赖从江西招募的茶工，这些工人最终都与福建的茶叶生产密切关联。例如，在 19 世纪 30 年代，英国官员从中国招募远赴阿萨姆的制茶师很可能来自上饶，因为他们声称自己来自的地方"叫作江西（Kong-see）……距离著名的茶乡武夷山（Mow-ee-san）只有两天路程"。[14]

季节性的茶产业和随之而来的移民劳动力达到了极大规模。19 世纪 50 年代，文人蒋蘅声称，"瓯宁一邑［靠近武夷山的盆地］，不下千厂。每厂大者百余人，小亦数十人，千厂则万人"。至 80 年代末，根据时任福建巡抚卞宝第 * 的记载，咸丰以来，每至茶季，数十万茶工自江西涌入。然而，茶叶种植本身似乎仍维持在小农经济的规模，因为土地分配方式并未改变。20 世纪的研究者也确认，多数茶产区看起来都大同小异。大部分"茶农普通均以茶为副业，其管理又多粗放……其特有之者当推崇安"。[15]

崇安是距离武夷山最近的贸易城镇。在那里，19 世纪下半叶的商人开始试验一种独一无二的种植组织方式。这样的试验恰巧与闽南商帮的出现偶合。与当时的徽州商帮一样，广州贸易发生

---

* 卞宝第（1824—1893），字颂臣，出身于扬州著名书香门第，也是第一次鸦片战争的主战派，曾官至闽浙总督兼摄福建巡抚。

转移后，福建商人开始转而管理在武夷山的投资。久而久之，这些商帮便成了为内陆茶厂提供现金流的主要来源，并且如佩林所描述的那样，他们开始大力介入生产端。他们建立了一套新体系，将种植与精准加工结合起来，创立了一批"岩茶厂"*——这被认为是宋代北苑贡茶**的后裔，该贡茶院曾为宫廷生产需要极高强度劳动付出的蜡茶***："漳泉两地之茶商，彼等不远千里而来，不惜耗费巨资，在武夷自制岩山，设厂自栽自制。"20世纪的调查者暗示，比起其他茶类而言岩茶需要最大的资本投入："山主因有利可图，每不惜耗费巨金，从事经营。"[16]

与此相反，徽州商人从未接管茶叶的种植和采摘环节。然而，他们同样发展出了规模更大、复杂度更高的茶厂。重田德注意到，在20世纪末出版的地方县志中，"如果想找到与茶业无关的例子，是很困难的"。在19世纪的最后30余年，"业茶起家"这个词在县志的"人物志中变成了最常见的说法"。简而言之，"茶业成为当时的商人看来最富有魅力的经营种类"。[17]

---

* 岩茶（cliff tea）既是武夷山地区当代茶叶品类的称呼，也可能得名于当地特色的丹霞地貌，茶叶经常种植在岩壁之上。

** 北苑贡茶，据传位于建安（今建瓯）东三十里的凤凰山麓。相传从南北朝时期已盛产茶叶，北宋时期专门制作皇家贡茶，因龙团凤饼等贡茶产品独步天下，以其制作之精、品质之高、包装之奢华、价值之昂贵而闻名，欧阳修、蔡襄等文人士大夫对其不吝赞美之词。

*** 蜡茶，又称研膏茶，宋代一种制茶工艺。宋代贡茶主要采取蒸青工艺，蒸青茶原本较苦，研膏就是通过压榨、舂捣、揉洗、研磨等方式，将茶叶里的苦汁排挤出去，最后研磨压制为团茶，因此其制作所需劳动力远高于普通绿茶。

例如，当广州体系贸易在 19 世纪中叶逐步衰败时，江有科和江文缵毫不犹豫地将生意转移到上海。太平天国再一次成为直接的导火索。江文缵给他在广州的姨太太秀兰写信说："今年所做之茶，意想往广州，公私两便。不料长毛阻扰，江西路途不通……所有婺源之茶均皆不能来粤。"上海正有势头成为清帝国新的贸易和金融中心。但随着出口持续增加，茶叶价格大跌，这沉重打击了江氏家族。抵达上海不到 12 个月，江有科便与世长辞，享年 52 岁。江文缵虽然操持家族生意，但也向姨太太坦露心声："论（弄）得家业消凋（萧条），化为乌有，食用难度，一家人口难挨日矣。"1862 年，江文缵在去上海的途中逝世。他的长子江耀华当时年仅 15 岁。家族不得不变卖家产，江耀华也被迫到异地谋生。[18]

年轻的江耀华发现，尽管他曾目睹在祖父和父辈时茶叶生意的不景气，但随着年纪渐长，他除了试着重操旧业外别无选择，这也足以印证茶叶贸易的极高魅力。最初他身无分文，后来四处打零工存够了钱——包括在茶厂中打工——便在苏州开了一家茶铺。据江家流传的说法，江耀华在那里偶遇了两江总督李鸿章，后者恰好是安徽老乡，便将他介绍给一位上海的茶叶老板。这人便是广东商人唐尧卿，他恰好对于从徽州收购茶叶有兴趣。于是江耀华与唐尧卿签订投资协议。江耀华主要充当唐尧卿茶栈的经办人角色，从中他获利良多，随即又在徽州开起了茶号，这家茶号的规模远大于他在苏州的茶铺。19 世纪 60 年代至 20 世纪 20 年代，江耀华在徽州的贸易集镇屯溪经营茶铺，同时也承担了制作的职责。制茶一般使用宗祠或自家宅院中的房间，或是从镇里租房制茶。[19]

19 世纪末，据说徽州的茶厂在每个茶季都要雇佣成百上千人。在每年茶季江耀华至少以 13 个不同的名字来大量贷款，以来支撑进料和工人的花费。他雇佣了近 20 名员工全职管理及服务——负责司账、茶司、庄称等职位——以及数十个临时工，负责焙茶、风掇、抖筛、拣茶等。[20] 江耀华的生意随着上海贸易的兴起一起增长，最终他所管理的茶号的庞杂程度已远超其父亲和祖父的生意。在出口茶叶贸易顶峰时期，还会涉及一批沿海仓储经营者，被称作"茶栈"，如唐尧卿便是茶栈经营者之一。他和江耀华这样的内陆茶商合作，后者负责经营和管理茶厂。这一精密产业链的具体细节——其内部动态在 20 世纪才第一次由中国调查者系统性地展现——将会在第七章中进一步阐述。

至此，我们应观察到，茶叶贸易的基本结构与诸如丝绸、棉花（都是原材料与加工产品）等货物的流动有类似之处。以丝绸为例，中国商人在上海、无锡等城市建立了缫丝厂，他们依赖买办从乡村收购生丝，就像福州贸易依靠茶客一样。棉花贸易在 19 世纪 80 年代也发生了剧烈转变。当时，全球激增的生丝需求将中国拽入市场，而廉价的、机织纱线的涌入导致更多中国家庭开始从事这一营生。丝绸和棉花都是由一群强大的、近乎垄断的代理商群体控制的，他们代表外国洋行，协调着从生产到分配的链条。

在丝绸贸易中，这些人被称作"账房"，而在棉花贸易中则称"关庄"（来自长城以北的商人）。就像在茶叶贸易中那样，这些商人延伸了自身职责而介入生产环节，但他们却在 20 世纪被妖魔化为商业的寄生虫。[21]

在 19 世纪的扩张年代，商业资本主义和工业资本主义之间的界限——包括在流通、融资和生产环节——皆被模糊了，这有悖于任何对前现代与现代资本模式的严格分类法。就像重田德所观察到的，19 世纪的茶叶商人不再"是往来于生产地和外销口岸之间，专以茶叶运输为事的客商"，也"不仅进行中介业务"，而且"还担当着精制这一生产过程最终的、集约性的机能"。[22] 到了 1967 年，当重田德第一次对徽州茶进行学术研究时，他仍可从当地茶厂中看到现代化的集约生产技术。后来更多重见天日的资料将会证明他是正确的。

一段劳动集约型积累的历史

茶厂之内以及劳动分工

在徽州和武夷山，茶号和茶厂都会加工茶叶，并从周边地区家庭收购茶青。不过，地区性差异还是影响了茶厂介入的深度。所有行家都知道，尽管不同茶类需要不同的加工工序，但茶叶生产可粗略分为两个阶段："初制"和"再制"（或更常见地称为"精制"）。初制是将茶青转变为称作"毛茶"的半成品，这名称意味着粗糙、不成熟的茶。这一环节的目的是在采摘后 24 小时内使茶叶停止氧化而变成红棕色。更常见的是，农民就在自家厨房用炒菜的大锅来炒青。将毛茶从农民种植者手中转送到内陆的工厂，是实际分工中两个阶段的中介环节。[23] 在徽州，茶厂经理只是控制第二阶段，商人则依赖农民家庭提供茶青；相反，武夷山的商人从种植到包装的全流程都会监督。

在此，有必要将茶厂所采用的策略放置在中国历史长河的劳动集约型实践中来考察，也就是农民劳动力中一种较早期的劳动分工形式。历史上，劳动分工一直是为了提高生产力而使用的一种最基本、原始、普遍的技术。在中国茶叶贸易中，最显著的形式就是按性别进行任务分工，性别分工随着劳动力规模的逐步增大也越发明显。整体而言，女性一般被雇佣到私人茶园中采茶，而季节性茶厂会同时雇佣男工和女工（图 2-1）。20 世纪头十年，当茶叶的黄金年代早已过去，日本研究者抵达中国时，记录下了当时徽州大约有五六十家茶厂，每家雇佣 200—300 名工人。男性负责烘焙和打包茶叶，女性负责分选；他们都会参与筛分工序。在武夷山，茶厂经理依靠外来男性劳工搭配本地女性劳工结合的工作模式。最大的茶厂位于中国中部，如湖北和湖南，一座茶厂最多有 1 300 名工人。在繁忙时，如观察者所记载，"可见老幼男女如蚂蚁般聚集的奇观"。[24]

历史学家卢苇菁认为，在茶叶贸易中女性和男性一起加入雇佣劳力的模式，"违背"了儒家的性别规范。这样的规范建立在

图 2-1　19 世纪早期的外销画中描绘了采茶的女性劳动力

[这类风格的绘画由中国画师为欧洲市场之作，相比 19 世纪末的照片，画作中的劳动生活更为田园牧歌。版权归凯尔顿基金会（The Kelton Foundation）所有，2018 年。]

性别隔离的前提之上，正如那个著名的成语"男耕女织"所体现的。在卢苇菁的阐释中，习俗和传统是与茶叶这种经济作物的经济动力相悖的。然而，她所指向的实际上有两种不同类型的性别分工——一种是道德上的，另一种则是基于经济积累的逻辑。"男耕女织"这一道德标准强调了性别的体力分工，而男女工人共存的现象显然有违于此。然而，同样的教条在 17 世纪被赋予了新的意义，成为一个基于专门化及劳力分配为基础以实现收入最大化的经济原则。如历史学家白馥兰（Francesca Bray）和李伯重所展现的，"男耕女织"并非不变的传统，而是一种理性的经济策略，类似于欧洲和日本历史上所记载的"勤勉革命"。长江三角洲的农民家庭发现，女性劳动力可以在丝织和棉纺作业中得到最大化的利用。并不是只有在茶产区才出现"男耕女织"，因为中国其他商业化的地区也已经开始出现了一种以收入最大化为基础的新分工，这已不同于其传统道德意义的说法。[25]

当然，这并不意味着性别分工没有道德层面的意义，也不是说经济的机动性让女性获得了与男性平等的地位。一方面，采茶工中的女性群体画像从宋代开始就被浪漫化和恋物癖化了。诗歌中将青叶的芬芳和年轻女性双手与胸脯的香气相提并论。这种将性别化的劳动力"自然化"被男性采茶、女性从事焙茶等"男性化"工作的历史记载所掩盖。例如在 19 世纪早期，一家徽州工厂的经理说，他拥有 100 口炒茶锅，并雇佣了 300 个女工，因为她们比男工要便宜。另一方面，如卢苇菁所指出的，"男女共事"引发了文人阶层道德上的口诛笔伐，他们将女性从事体力劳动、高唱采茶歌视为"有伤风化"[26]。1889 年，光绪皇帝收到一封奏疏，呼吁禁止雇佣女工：

> 凡出茶之区必有茶庄，茶庄必有拣厂，拣厂洞达能容数百人。多招女子入厂拣茶，以男丁司。每值新茶上市，乡间妇女三五成群，或赁居旅店或竟至露宿，强暴引诱在所不免。[27]

尽管有学者将薪资劳动的引入视为妇女之"解放"，但茶产业中的很多女性并未因此摆脱家庭的负担。她们皆需同时承担薪资劳动和家务劳动的双重职责。[28] 正如我们会在第四章看到的，印度茶产业中的女性虽然显得更为"女性化"，但却面临同样的双重压力，同时她们"天然的"女性化还要被拜物化及贬损。至此，值得强调的是，19 世纪出现的劳动纪律体制，源于一种更古老的、更广泛的分工的细化——尤其与性别有关，这也被茶厂经理进一步强化和利用了。

徽州：焚香和产业

尽管徽州商人早期可以从家乡的茶叶价格与广州贸易的差价中赚取差价而获得舒坦的营生，但日益激烈的竞争逐渐蚕食了利润率，只有通过发展高效的生产方式才能获取利润。广州市场的规模受到十三行商人垄断的限制时，江氏家族最初的两代茶商过得相对轻松。当他们转移至上海后，营商环境便截然不同。在那里，江文缵写道："利虽微而生意快捷。""比广州大相悬远，"他写道，"沾（赚）钱实实艰难。一年难望一年！"[29] 江有科和江文缵只能利用他们住宅中的几间房，来相对松散地运营临时茶叶工坊。几十年后，当江耀华重返茶叶贸易后，他不得不扩张生产规模以应对上海市场的竞争。

　　无论丰年还是歉岁，高效率的生产都对江耀华与他在上海的合伙人唐尧卿非常关键。以丰年为例，此处不妨列举一封由唐尧卿撰写的信件，他开门见山地写道，"查外洋绿茶存底无多"，他的公司需要从内陆增加供货：

> 不及宜早立定主意入手，大胆赶早抢办足千担（约十万磅）……赶快运来上海，必得厚利……惟望必要早进货，先占人下手，如价宜货好，再多办八百担，胆大不妨。

在丰年，江耀华的高效帮助他应对了高价市场；而在歉年，高效也降低了生产成本进而维系了获利的希望。唐尧卿的很多信件都以此总结："明年务望格外精选，按低山价，减轻成本以求稳当为妙。"[30]

　　中文"成本"一词指向投资和花销的整体费用，但历史上，它用来专指生产花销。对商人而言，成本总是他们最为关切的，而随着茶号接管生产环节，他们也更关注原材料和劳动力的组织。在一本名为《买茶节略》的手册中，江耀华强调需在向农民购买毛茶之前算好成本。尽管所有茶厂都试图严格坚守这些原则，但价格总是超出其掌控。江氏的账本显示，1898 年的茶季，江耀华平均花费 0.192 元 / 斤的茶青收购价；而到了 1906 年，价格上涨到 0.297 元 / 斤。就像内陆茶厂无法完全操控山区茶价那样，他们同样未对 19 世纪下半叶上海市场持续下跌的价格做好充分准备。1903 年茶季，上海商人写道："况西兰〔锡兰〕* 之出数甚多，洋商均以其茶货高味美，向彼采办者不知凡几，又增此路出产更有硬于华产耳。"面临内外两端的不可预测性，内陆商人意识到，最重要的是控制他们唯一可以直接影响的成本：茶叶精制过程的成本。由此，生产成本从末端转移至他们关注的中心。[31]

江耀华在撰写的另一本手册——《做茶节略》中对此尤为详细阐述了徽州绿茶制作过程的每个步骤。尽管更早的文献多少描述过制茶步骤，但均未涉及规模和效率，而江氏的手册则详尽介绍了如何在最少时间内生产出大批量茶叶。其方法的核心在于一套基于时间间隔组织工作的制度，这套工作制度的关键就在于特殊的、非机械化的计时仪器——匀速焚烧的线香。（图 2-2）

---

* 锡兰是斯里兰卡在英国殖民时期的旧称。

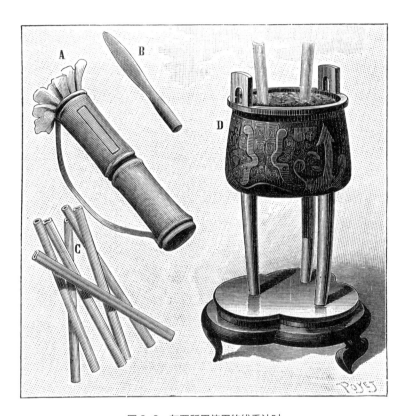

图 2-2　东亚所用使用的线香计时

来源：Mathieu Planchon, *L'Horloge: Son Histoire Retrospective, Pittoresque et Artistique* (Paris, 1898), reproduced in Bedini, "Scent of Time," 24.

　　在茶叶初加工厂中焚烧线香，一定程度上是徒劳的。萎凋茶叶散发的木质气味很浓烈，甚至会让新手觉得恶心。这种气味与焚烧的火炉中持续散出的烟气混合在一起，完全破坏了线香原初的用途，工人想必只能闻到一丝微弱的香气。然而只要工作在持续，一天 12 个小时，工厂中的每个人从始至终都能感知到这种缓慢焚烧的线香的存在。这些"计时器"有不同的长度、不同的燃烧速率，但大部分设计的持续燃烧时间都是 40 分钟。线香实际控制了制茶的每个环节：烘焙、筛分、称重、分选、上色和包装。（图 2-3）

图 2-3　炒茶工的工作细节

（可见画面中部的工人背后有一把用于计时的线香）

来源：Tea Industry Photograph Collection, ca. 1885. Baker Library, Harvard Business School (olvwork710883).

在所有环节中，最重要的无疑是炒茶（文献称"炲茶"），炒茶工所要遵循的指令最为严格：

毛茶叶进号出小伙（婺曰拖潮渗，休、歙曰出小伙。）

每锅 1.85 斤，香头二支半或三支不等。毛茶初下锅，嘱焙茶者晾风抖去酸热之气，香至八分或一支为止，再不可晾风。宜要用勤轻之手，反奪车转摩焙，将火平倒，焙至半支香。

灶头把作摸锅焙至香头两支七八分，打板摩样起锅，必然颜色漂亮青绿，而且紧结不碎。所进庄之毛茶不可以堆秘匎，本来青绿有被秘作热变为红黄之虞，恐壤坏卤门，宜赶快收火装箱秘罐为要。[32]

初看起来，依靠线香调控工业生产的想法让人困惑。考虑到这种非机械计时器所倚赖的技术水平很低，中国农民想必在 19 世纪之前的好几个世纪就已在使用线香。这种劳动安排的创新之处是否值得一提？

中国最早关于用线香计时的文献记载可追溯至 6 世纪，诗人庾肩吾如此写道：*

烧香知夜漏，刻烛验更筹。[33]

至少从唐代开始，线香就被习惯性地用于计时，这种做法一

---

* 原诗见庾肩吾（487—551），《奉和春夜应令》。

直持续至 20 世纪，当时一些好奇的外国人记录并证实了它在中国人日常生活中的存在。19 世纪早期，由英国东印度派遣到中国侦查的萨缪尔·波尔（Samuel Ball）驻扎广东时，时常听到商人说起在绿茶制作中使用线香。他写道："焙茶的时间是由一种称作'Che Hiang'（香）的工具来控制的。"20 世纪 20 年代，到中国旅行的德国摄影师鲁道夫·霍梅尔（Rudolf Hommel）也曾记载，煤矿工人"在地底下持续作业大约三小时，为了计时，他们会随身带上一根可燃烧约三小时的线香。中国人称之为'时片儿'（Time-piece）"。[34] 为了理解江氏制茶手册的历史独特性，我们有必要先深入探讨资本主义劳动和时间的关系。

具体时间和抽象时间

我在此处所指的劳动集约型积累现象，实际取决于对一定时间内活动的测度。因此毫不意外可以看到，许多历史学家和人类学家都提出，工业资本主义的崛起恰与工人、农民对时间的感知和觉醒的出现相耦合。比如在早期现代的英格兰乡村，时间在农民看来取决于外在的、自然的现象，如公鸡打鸣或是田园农务：

> 起早贪黑地劳作（E. P. 汤普森语），这在农业社区显得非常"自然"，尤其是在收获季节：有很多自然的需求，如粮食要在暴风雨来临之前收割……绵羊需要料养……奶牛必须赶紧挤奶；炭火堆也需要时刻关注。[35]

　　汤普森将这种自然时间称为"任务导向"。清代中国农活的繁忙时间表同样可归入这一类别。自然事务将茶叶贸易呈线性地组织起来：采茶在清明节之后迅速开展，采摘下的青叶需要立即脱水处理，而毛茶在 24 小时之内就要再次进行焙炒。茶叶生产总是任务导向的。李约瑟（Needham）有力地辩驳道，古代中国并不是一个如假想中那样原始的、没有时间观念的社会。相反，"（时间的）线性观念是一种主导性元素，主宰着儒家学者或是信仰道教的农民群体的思想"。[36]

　　然而亦有学者认为，西方和东方的"大分流"始于欧洲钟表时间的到来。随着工业资本主义的兴起，机械计时取代了自然时间，成为日常生活的调节器。精确的时间对于机械的、可计量的工业劳动而言非常必要：这就是汤普森所谓的"计时劳动"（timed labor）。迄今为止，中国的钟表史及关于时间的研究长期以来无所进展。戴维·兰德斯（David Landes）指出，唐代和宋代的日常活动是由"日复一日的自然事件和日常事务"或是自然时间的模式所调节的。在引进欧洲技术之前，清帝国并未进入使用精确的可度量时间单位的现代阶段。这样的未竟之事是无法自圆其说的，因为唐宋时期中国的科技知识已足够成熟了，能够精确地测度单位时间；不过这些仪器并未被应用于引导平民的日常活动。在李约瑟看来，即便精确计时仪器与任务导向模式双重优势加持，抽象的技术进步如果没有相应地将其普及的文化欲求，亦是徒劳的。这一悖论就是著名的"李约瑟难题"：尽管中国在文艺复兴之前的 15 个世纪都要更为发达，但为什么"中华文明没有自发发展出西欧那样的自然科学？"在李约瑟的基础上，兰德斯写道，在古代中国，"生产力作为一种单位时间产量的概念，并不为人所知"。[37]

　　然而，受时间规训的欧洲和以任务为导向的亚洲之间的对立现在看来并不那么站得住脚，因为兰德斯和李约瑟似乎都夸大了前现代与现代的计时形式之间的差异。莫伊舍·普殊同（Moishe Postone）帮助重释了两者的关系，他提出"抽象"时间的类型，并将其描述为"具体"时间的倒置（inversion）而非反面（opposite）。实际的差异就是，"时间究竟是一种依存的还是独立的变量"。具体时间是一种"事件的运行"，指向"特定的任务或过程"。与之相对应，抽象时间则"独立于事件存在"。尽管汤普森的类型配对被批评过于简化和公式化，但这样的担忧可由普殊同所强调的一个警示所减轻——抽象时间的历史一直是依赖于社会境况存在的。独立、抽象的时间概念的出现并非无中生有，相反，它们源自较早的时间测量方法，例如那些基于日出日落（自然日）、月盈月亏（自然月）的方法。这些自然事件一度决定了时间单位的长度；最终，随着对更高生产力的迫切需求，时间单位也开始自主决定预想达到的速率和工作量。从具体时间向抽象时间的转换是微妙的。与其说是发明了一种新型的时间观念，不如说抽象时间的操控者扭转了人类活动与时间测量之间的关系。[38]

　　鉴于具体时间和抽象时间的逻辑共存，前者在中国乡村的主导地位并不能排除这样的可能性，即可能在某些特殊的生活领域，抽象时间具有更大的影响力。特别值得指出的是，尽管茶叶贸易的节奏受限于茶树生长的季节和物理空间限制，商人还是试图通过施加一种基于抽象时间劳动的规训机制，来提升工作时间内的生产力。

　　如果我们更深入地考察徽州地区使用线香来管理炒茶工序的实际效益，这种规训机制就会表现得更明显。江耀华所规定的时间长短——例如，冷却茶叶的时间是一炷香——初看起来是由茶叶的天然品性所决定的：让茶叶铺展开并冷却一炷香是最理想的，因为它能让茶叶品起来口感最好，卖出更好的价格。波尔在 19 世纪初就观察到："当地人密切关注（茶叶的）颜色；尽管炒茶是由线香来控制时间的（一支线香大约可焚烧 45 分钟），但这种工具更多是作为指引而非规矩；因为随着炒茶接近尾声，每一批茶都会不断被拿来和一些样品做比较，而炒茶的时间也会根据两者色泽的接近程度而增加或减少。"[39] 这样的测度是基于自然变量，同时构成了一种确切的具体时间，就像一本秘方食谱。

　　但鉴于生产力的物理限制，江耀华又着手制定出一套工作方案，可以在一个工作日持续工作的情况下将炒茶的时间尽可能延长。劳动集约型积累的策略与其说通过突破技术限制来提升生产力，不如说是最大限度地在固定时间段内将工作上的时间最大化。茶厂管理者清晰制定出炒茶所需的精准动作，因为他们希望炒茶工全天候工作，并在这段时间内尽可能制出多的茶叶。根据江耀

华的手册，一个工作日持续达 18 炷香，或是每个炒茶工要炒制六
篓茶叶。20 世纪 30 年代的社会调查者发现，当时茶厂的生产模
式基本还在延续以往，工厂仍旧每天燃烧 18 炷香。调查者还注意
到，这样的工作时长基本掏空了工人的体力："其计算时间之香每
十八根约自上午五时至下午五时共十二小时之多，而焙工一天之
筋力，至此已尽矣。"炒茶工需要在三炷香之内做成一篓茶，这
样才可能在一天内做完六篓茶。在波尔所观察到的灵活的炒茶时
间以及对茶叶色泽、口味优先考虑的时代已经一去不复返了。此
时更关键的是，茶厂经理"指令"茶工按照指定好的时间间隔来
从事相应的工作。在这样时间间隔操作标准的原则下，如十分
之八炷香，已经从评估工作操作转变为"评估工作操作是否标
准化"。[40]

　　徽州工坊中工作和时间的微妙倒置不仅仅驳斥了兰德斯的观
点——"忙碌"（busyness）的文化标准让中华帝国无缘于西方的
"生产力"概念，这也让李约瑟难题更为棘手。江氏的手册让我们
不再困惑于为何中国社会未能发展出精准的计时技术，而是展现
了最传统的、看似原始的技术如何被利用作为工业化劳动管理的
工具。抽象时间的出现并非如此关乎精确性本身，而是一种实现
精确性的欲求或需求。在这些迅速发展的社会形态中，最关键的
并不是新式机械钟是否出现，而是新旧技术如何被赋予各式各样
的功能。

　　抽象时间对徽州带来的颠覆性影响会在数十年之后才会显现

在田野调查者观察到的工资体系之中。范和钧 *，一位在 20 世纪 30 年代的社会调查者，详细记录了徽州屯溪的茶叶生产。他也记录了线香如何成为决定薪酬的基准：

> 　　烚工均以燃点十八根香为一工。补火烚茶需时较长，以六根香为一轮，技术佳者，在此一轮中可烚四篓茶。不佳者，只烚二篓。烚毕一轮后，佳者四篓已烚就，再烚其他四篓，仍用六根香时间，此批烚后再烚四篓，如此十八根香已燃用完……
>
> 　　以四篓为一轮者，可得四个单位工资，每单位工资为一角四分四厘。如技术不佳者，每轮只烚二篓，则十八香满后只得二个单位工资。此为烚补火之情形……
>
> 　　其工资则以每轮中能烚若干篓给予若干单位工资。[41]

茶厂使用的是计件工资制，而非计时工资制。初看起来，计件工资似乎脱离了生产力和时间规训的考量（即"时间就是金钱"的观念），然而正是时间规训构成了现代工业劳动过程的基础。一名茶工炒一篓茶费时一小时抑或两小时，对于这篓茶的价格应该没有影响。认为计件工资是一种前工业的、不慌不忙的工作模式

---

* 范和钧，江苏常熟人。早年留学法国，归国后在上海商检局工作期间，深入茶叶产区考察研究，曾在中茶公司湖北恩施实验茶厂负责设计创制各种制茶机械。与吴觉农合著《中国茶业问题》。

的观点，引起了汤普森及很多其他学者的关注。但是，计件工资与计时工资的区别从该意义上来说或许只是在转移视线。事实上，工资究竟按时还是按件计费并不重要。相反，关键在于"一件"究竟值多少钱的潜在基础。最终的答案证明，这依然是一个基于时间的抉择。季节性劳工的工资完全是按行情决定的，取决于工人的供给程度（在徽州从未短缺）和平均生产率。尽管看似不同的算法，但工厂季节性劳工的计件工资仅仅是另一种时薪的形式而已：钱就是用来报偿劳动所花费的时间的。此外，与汤普森的预期不同，计件工资实际更有助于劳动集约化。如果说炒茶工只是按照工作十八炷香（即 12 小时）的时长而获得固定的日工资，那么笨拙的工人和娴熟的工人将工资等同，然而前者的产量只有后者的一半。而由于计件工资是由最终炒制的茶篓数量决定的，工厂给娴熟的工人支付的工资就会两倍于笨拙的工人的。尽管所有工人的工作时长是相同的，但这样的工资算制予以效率更高的工人以奖励。[42]

计件工资要比计时工资更为残酷的明显之处在于，茶厂将条件最为艰苦的工作留给了最受轻贱的、最被低估的工人——女性和外地人。整体上，茶厂工人中绝大部分是本地男性，他们通常被分配从事最轻松的工种，例如筛分茶叶。这些男性工资日结稳定，还包吃住，他们的"膳食尚丰，每餐例须备肉类"。相反，女性筛工和外地来的炒茶工则是按松散的散工模式雇佣的，没有包吃住，都是按件数计薪。[43]

范和钧显然十分关切炒茶工的工作条件。这些工人几乎都来自安庆——徽州西部一个贫困的城镇。由于雇主没有包吃住，炒茶工不得不从自己的口袋里掏钱来租旅社，每季一元，相当于两三天的日薪。关于午饭，"因半日火烤，且预备下午工作，故午饭不能多吃。于十一时左右，焙工即将带来之米放于小搪瓷之铁罐内，就火眼中徐徐煮熟"。而且，例行的工作本身也将炒茶工的体能逼到了极限。只消读一读对其日常工作的描述，或就足以让读者"流汗"：

> 焙茶之工作在制洋装庄中为最苦，因焙茶必须靠近炉火，在春夏骄阳肆虐之时，日与炉火为伍……
>
> 就实地调查某厂所得，该厂共有炉锅十八行，每行有锅六只，共计九十八只（原文如此）。最忙时可有四十九人同时工作。炉锅以两行为一组，内侧两边为生火处，火眼开于各锅下，外侧为焙工站立之地。此二行外，为另行二行，如此一组一组分开，其间距离极窄，两行内侧仅距五十三公分，外侧与其他二行外侧距七十公分。焙工在两外侧对面站立，均面对面一行之火眼，热气极大，如炉灶各行可以尽量离远，则热度稍减。照该厂情形，每行太密，置身其间，不啻蒸笼……
>
> 焙工因工作过劳，有时受热发痧，甚至因热倒毙者实繁有徒。[44]

一份20世纪的调查报告第一次为读者呈现了茶叶制作过程详尽的画面。但是，我们在19世纪晚期的私人信件中也可窥见茶工的日常生活。江耀华的私人信件中有一首三十六节儿歌，他用朗朗上口的对句描绘了茶叶贸易的场景。其中有四节表现了茶厂工人的境遇，即便是在贸易最好的年份，茶厂经理也会要求男女工人工作到精疲力竭：

> 管锅司务最轩昂，吆喝高声意气扬。
> 火候十分看仔细，一天烧得几根香。
> 辛勤最悯焙茶工，汗染衣衫半截红。
> 曲背弯腰双手摸，前身应是摸鱼翁。
> 粗细茶筛次第排，撼盘风扇是囷侪。
> 头帮要紧工须赶，场上新添冷饭筛。
> 连日辛劳焙夜茶，三更犹是未归家。
> 明朝有约来须早，宜把工钱逐睡魔。[45]

武夷山的岩茶厂

在闽西北，距离徽州以南200多英里处，茶厂经理并未使用机械计时设备，但他们还是会采取类似劳动集约型的积累策略，再借助本地传说和特定风俗传统，从季节性劳工身上压榨更多的生产力。就像线香计时器一样，这些风俗在当代人看来或许显得原始而守旧。出于这种原因，很多观察者忽视了此类行为背后现代效率的特质。此外，岩茶厂的历史展现了工业化劳动的纪律性如何通过强制性的、家长式的手段予以强化的，这与将资本主义视为一种基于个体自由的、系统的自由派观念恰好相反，这也将在第四章进行更详尽的介绍。

武夷山的岩茶厂便是独特的机构，它从采摘的最初阶段就开始管束劳动力，因为岩茶所生长在鲜有家庭居住的山上。"武夷山全山均系岩山，悬崖绝壁构成深坑巨谷，"20世纪的调研者林馥泉*如此记录道，"就植茶条件上而言，实可得极理想环境，然受地理上之种种限制。"为了缓和协调过程中遭遇的问题，茶商把资本和劳动力都投注于种植和精制。[46]

崇安县是一座位于山脚下的贸易集镇，在那里几乎所有的商人都在山上开设了茶厂。商人可将生产和劳力管理包租给负责监督的"包头"。"包头"一词是"包工头"的简称，而包租合约制就被称作"包工"（"包"意味着"合约"，"工"意味着"劳力"），这代表着雇员和雇主之间的隐形纽带，调控了工作中的问题。类似的合约工作制也在其他产业之中有所记载，最早可追溯至明朝，并持续应用于当今华语世界的工业组织方式之中。在茶叶贸易中，包头最重要的专业技能就在于与工人及商人沟通的能力。武夷山处在多种方言交汇之处——漳州、泉州和厦门的商人操闽南语，

---

* 林馥泉，茶学家，1943年时任福建示范茶厂茶师，著有《武夷茶叶之生产制造及运销》；后在台湾地区从事茶叶复兴工作，著有《乌龙茶及包种茶制造学》。

茶叶出海的福州商人讲闽北话，而季节性劳工大多数操江西方言。包头通常也是江西人，他们逐渐学会了彼此的方言，由此成了福建茶叶贸易资本流动的中介。19世纪，武夷山上兴建了逾130家岩茶厂，这个数字在20世纪40年代下降至55家左右；类似地，山脚下的精制茶厂也从60家下降至30家。每年春天，来自江西上饶的季节性劳工都会来到武夷山，他们慢慢积攒起技术尚佳的口碑。"崇安本地人皆认为，惟有江西佬是无意识开山种茶之始祖，惟有江西佬才是岩茶产造的大好老。"[47]

岩茶厂依赖包头的表面功夫和一套神话传说及风俗来让工人保持干劲。林馥泉称之为"物质鼓励和精神刺激"之结合。大部分的劳动过程都围绕当地传说展开，这一传统来自传说中的武夷茶创始人——杨太白，此人在几个世纪前从江西来到武夷山，创制了最早的一批岩茶。现存史料中并未找到任何关于杨太白的记载，但茶工却可以在围绕他展开的一系列仪式习俗中持续感受到杨太白的在场。"人事之管理，工作之支配"，林馥泉写道，主要依靠"习俗"和"神力"。因此，"每春制茶对人力之利用每每超出每人每日之精神与体力之操劳限度。"关于武夷茶的传说抚平了工人任何潜在的焦躁，他们"无一怨言"，因为这些管理规则被视为"神圣法则"。[48]

武夷山劳动过程的独特性从茶季开始的第一天就可以观察到，采茶工需要翻山越岭去采集茶叶。他们称之为"开山"，这要求工人极力服从：

　　　　开山之日，全厂工人于天微明起床，包头即于杨太
　　白公神位前……燃烛烧香礼拜。此时有各种禁忌，最要
　　者即禁止言语。据迷信说：禁止言语以免触患山神，以
　　利本春采制。早餐应站立用饭，禁止坐食。饭后由包头
　　及带山茶师领路，走赴茶园开采。包头鸣炮礼送。茶工
　　出厂直至茶园，仍不能言语，且不得回头。据迷信说，
　　开山之日，出厂回头，一春要患眼疾。回头表示无真心
　　于工作，触犯山神，受其责罚……到茶园后，带山茶师
　　即用手指示各采茶工开采，约逾一小时许，包头随赴茶
　　园分给各采茶工以黄烟，然后一切禁忌终止。采茶工即
　　可稍憩抽烟，开始言语。此时朝雾初散，温暖的阳光，
　　照耀美丽夷山，于是山歌和应，笑声相应，奇品之岩茶
　　制造，就在此山歌笑声之中，完成其初步之工作。[49]

　　还有一个习俗，是禁止工人在其他地方享用午餐，只能限于
山上的茶厂周围。这样，包头才可以更好地管理他们。林馥泉询
问为何如此，当地人"均谓此乃开山祖杨太伯公之规矩，无人敢
犯"。在林馥泉看来，这些习俗实际上只是用来加强对茶工之控制
的世俗手段。比起炒茶工的工作条件更为艰苦的徽州，武夷山的
采茶工需接受的纪律约束更多。两者皆处于一种实践中类似于计
件工资运作的日薪体制，目标是测度劳动强度并将其最大化。"采
工工资，系以各采工工作效率而定，"林馥泉写道，"所订规则，

极为严密，奖惩分明。"[50]

不用线香或其他计时工具，包头会在一天中意想不到的时刻来称茶叶的重量，以此制度来考核。在所谓的"大日"，监工会选择一天中的任意时间来为茶青称重并计算工资：

> （开山）五六日后，茶青已盛，俗称为"大日"。带山茶师，每日必须携带三角红旗一面（红旗约长二尺，三角形，中书一"令"字，相传此为杨太伯公之令旗）及小秤一把上山，此乃暗视采工……包头可于一日任何时刻，出各采工之不意，突然出现于茶园，叫声"大家息息抽口烟！"众工同时停止采摘，由包头逐一过称各人篮中应采茶青重量，并一一记录。此出人不意之过称，俗称为"暗秤"。[51]

这一制度的功能与徽州的线香体制类似。通过在同一时间叫停茶叶采摘，茶师傅对每个工人的产量和效率建立了一道基准线。茶师傅无须准确计时，但由于他们对时间的管理独立于任务本身，也就践行了普殊同所谓的基于"抽象时间"的计量形式。

监工还会将基本的薪资物质奖励与基于习俗和耻感的规训手段结合起来。采茶最少的工人必须在晚上手执红旗下山。"该采工受此耻辱，于次日必发愤工作。"林馥泉认为这是一种"精神上之刺激"。"此项规矩，设之至善。"林馥泉以一种讽刺的口吻写道：

"物质激励，精神刺激，采工焉有不卖尽气力为包头工作乎；其他产茶区域，谅无如此完善之制度。"[52] 然而，林馥泉记录下的劳动歌谣却显示，工人并没有那么轻易地屈从于这些手段：

> 采茶不多盘脚坐，
> 那敢拿旗打大锣。
> 头等工钱我不要，
> 看你包头奈我何。

还有些歌谣，彰显了工人对于薪资体制的幽默感：

> 采茶朋友莫心焦，
> 捲腰曲背莫性躁。
> 好好丑丑采几把，
> 头等工钱妹包肖。[53]

在武夷山，岩茶厂承担了不少通常应在贸易城镇的茶庄进行的工序，例如复焙、筛分和分选。因此，很多采茶工在傍晚后要转入第二份工作。在最忙碌的几个星期，工作作息完全是由茶叶持续精制的进程决定：

> 工作时间每日自上午五时起至午后六时止，平均达

十二小时，十二小时不停登崖越岭，辛苦工作，若能得一安眠，尚可勉强恢复疲乏。但采工除日间采摘工作之外，尚须负半夜炒制时捻揉工作。故采工每晚饭后，即须入睡，至茶菁发酵完成。早者，在晚间八九时，迟在午夜，即须被竹节之声叫醒清梦，动员全厂人工，炒制当日所采茶菁。何况采工所负工作尚为卖命出力之揉捻工作。俟茶菁炒完，如时间尚早，犹可稍眠片刻。如炒完天明，即用早饭，仍得携篮上山，再开始其十二小时之辛苦工作。采工每日睡眠，至多不过三四小时。茶菁紧挤之日，竟有数晚澈夜未眠。生活之苦，可谓极点。[54]

而在工厂中，分拣工人的奖惩也是取决于速度："工作较敏捷之拣工，每日可拣七筛；较差者，亦可拣四筛。"作为奖励，工厂会让分拣速度高于平均速度的工人睡到早晨，而"慢者，由天微明工作，直至黄昏点灯"。下面这首歌谣反映了这永不停歇、彻夜无眠的工作循环，也支撑着19世纪中国茶叶贸易的扩张：

清明过了谷雨边，

想起崇安真可怜。

日日站在茶树边，

三夜没有两夜眠。[55]

结　论

在中国史研究领域，学者们长期以来都在寻找本地支持或阻碍工业资本主义自发形成的基础。其路径是摸索资本主义的技术要素，即"原始工业化"特征的浮现过程，包括广阔的市场、专业分工和自由薪资劳工。吊诡的是，尽管这些学者可从远至唐宋的经济变革中挖掘出这些基本特征，但他们仍总结道，工业资本主义并未因此出现。对此，几代以来的学者最为通行的解释是将清王朝视为一个深陷于"高水平均衡陷阱"（high-level equilibrium trap）及"内卷化"模式的社会。当然，数位历史学家都质疑了这些经典论述，接下来对这些近期学术观点的简短讨论或有助于厘清本章的论点[56]。

在王国斌的著作（1997）中，他认为中国晚期帝制时期可与欧洲早期现代的原始工业（proto-industrial）模式相类比。在这段时期，尽管没有机械化，但更大规模的市场导向的生产导致了成功的人口增长。王国斌巧妙地将中国置入这段动态的历史，但对于原型工业概念的整体批判依然受用。例如，佩林提出，"原始工业化"的文献将家庭和村庄从长距离贸易、殖民主义和资本的特殊模式的更广阔的历史境况中剥离，由此便生产出扁平化的理想类型以及"新进化论者"（neo-evolutionist）的范式。实际上，大多数修正主义学者都刻意聚焦于 19 世纪前的中国史，可能是为了避开开埠港口的复杂性。相反，彭南生近期关于中国"半工业化"

的论述正面切入了"长 19 世纪"的论题。他认为，从 19 世纪 70
年代以来，中国中东部部分地区的农村手工业经历了某些经济发
展的形式——就其工具和专业化技术而言，这是由长距离的贸易
市场所驱动，并在全球其他地区的工业化背景（可定义为节约劳
动力的机械化）的背景下形成的。彭南生的理论指向了在中国社
会的某些角落所出现的特定经济模式，并无可争议地与全球市场
相联系；他更感兴趣的并不是寻找"结果"，而是阐明"过程"。
半工业化最强有力的例证是棉花和丝绸——这是他的主要案例，
此外还包括纸、油、面粉，当然也有出口茶贸易。[57]

　　本章的观察便是基于这些新的思路。尤其是，尽管我在概念
研究的过程中较晚才发现彭南生的作品，但我却欣慰地发现，我
们分别从各自的进路获得了类似的结果。他的研究对于中国开埠
时期的地区性生产进行了视野宽广的分析，本章则聚焦于茶叶的
特殊经验，以进一步阐明类似的现象的本质。然而，我依然希望
强调本研究的出发点，即中国乃至世界历史之近世的主要特征并
不是任何特定的技术（technical）特色，而是一种前所未有的、为
世界市场种植和生产的社会（social）冲动开始主导了日常生活。
我谨慎呈现了历史上海外需求剧增之后紧随着的茶叶生产者经历
的质性变迁，那个时代，茶商和监工开始对工人施行极其严格的
管理制度。如果说早期的茶叶商人只是对生产漠不关心的行商，
那么到了 19 世末 20 世纪初，他们已经发展出一套计时劳动的
标准化体系，对于速度和协调性提出了更高要求。最终，正是这

些竞争加剧的社会动态激发的集约化，促使中国茶叶生产者在 20 世纪引向了资本集约化的、机械化的生产模式。

这里所凸显的技术是在 19 世纪下半叶发展成型的，与此同时，印度的茶种植业开始在全球市场崭露头角。数十年间，中国生产者还得以通过节约人力资本来与西方对手持续抗衡。直到该世纪的最后十年，他们才被殖民工业所展现的结构性优势所超越，殖民工业本身也是为了对抗强势的中国贸易而发展起来的。正是为了挑战中国茶对于欧美市场的长期把持的局面，英国的种植园主求助于特例的政府立法来控制劳力成本，这些法律在阿萨姆的殖民过程中起到了决定性作用，我将在后两章中予以展示。因此，为了解释印度茶产业最终获得的商业成功，我们不仅需要看到备受诟病的中国茶叶贸易面临的诸多限制，更需要看到其背后的经济驱动力——徽州和武夷山精明的客商和勤劳的季节性劳工所造成的无情的竞争压迫，中国的外销茶贸易也就始于这两个偏远的边疆。

注　释

1. 例如，吴觉农，《中国茶业改革》（1922），WJX，第 43 页；Gardella, *Harvesting Mountains*, 7, 170–74; Huang, *Peasant Family*, 236–41. See also Elvin, *Pattern of Chinese Past*, ch. 17。

2. Brenner, "Capitalist Development," 33–41; Huang, *Peasant Family*, 311–12; Banaji, "Merchant Capitalism," 425; Perlin, "Proto-Industrialization and Pre-Colonial South Asia," 91; Sugihara, "Labour-Intensive Industrialisation"; de Vries, *Industrious*

Revolution, ch. 3. 虽然杉原薰使用了"劳动集约型工业化"这一短语，但我更偏向于"累积"这一概念，它更好地解释了资本主义早期商业、劳动集约型和后期资本集约型的扩张。

3. 彭慕兰最近在对劳动集约化概念化时指出了这一差别，一个是古老的，一个是现代的。Pomeranz, "Yangzi Delta," 122–26. 也可见彭南生，《半工业化》，第 134 页。此外，一旦我们提醒自己，所讨论的概念是相对的而非绝对的，劳动集约化作为传统与现代的问题就不那么令人烦恼了。对于马克思主义传统和杉原薰这样的经济学家来说，粗放型增长（相对剩余价值）的定义是基于给定时刻的集约型增长（绝对剩余价值），反之亦然。对于劳动集约型积累的中间过程来说，与其试图确定不同形式增长的起点与终点的确切轮廓，更有趣的发问在于它们深远的历史意义。这一新资料的含义在于，劳动集约，以前被视为一种粗放型增长，也可以被视为集约型增长的一种形式，或者用马克思主义的话说，是相对剩余价值创造的一部分。

4. Weber, "Protestant Ethic," 14; Thompson, "Time, Work-Discipline," 79–81.

5. 关于中国中部，见定光平，《羊楼洞茶区近代乡村工业化与地方社会经济变迁》，该地区是流经汉口的商品茶叶的主要来源，如罗威廉所述，《汉口》，第 122—157 页；《中国食盐制》，见自王廷元，张海鹏，《徽商研究》，第 232—233 页。

6. 林馥泉，《武夷茶叶》，第 8—9 页——感谢肖坤冰教授与水海刚教授帮助我拿到这本书的副本，感谢林仰峯先生授允我引用此书。Fortune, *Journey to Tea Countries*, 259.

7. 林馥泉，《武夷茶叶》，第 9 页；胡武林，《徽州人》，第 5 页。

8. Guo, *Ritual Opera*, 51; 王廷元，张海朋，《徽商研究》，第 7、582 页。

9. Shigeta, *Shindai Shakai*, 311–12.

10. Ibid., 315.

11. "Proclamation of Min County Magistrate," May 1853, Papers re: Fukien tea business, JM/H5/4/1, JMA; 凌大珽，《中国茶税简史》，第 119 页；Hao, *Commercial Revolution*, 177; Gardella, *Harvesting Mountains*, 50; Lin, *Wuyi Chaye*, 9。

12. September 1854, Private Letters: Foochow and River Min, JM/B2/9, JMA; F. B. Johnson, quoted in Hao, *Commercial Revolution,* 98; cf. 173.

13. October 1860; 14 May 1866; 6 June 1868, Private Letters: Foochow and River Min, JM/B2/9, JMA.

14. Fortune, *Three Years' Wandering*, 211, 论出口红茶的生产，见第 217 页；Fortune, *Journey to the Tea Countries*, 263; *Guangze County Gazetteer*, 引自水海刚，《近代

闽江流域经济与社会（1861—1937）》，第 59 页；"Letter from Ahee," May 1853, Papers re: Fukien tea business, JM/H1/57/2, JMA; Bruce, *Account of Manufacture*, 9。

15. 蒋蘅，引自彭泽益，《中国近代手工业史资料》（第一卷），第 430—431 页；Bian, *Bian Zhijun*, 11: 9; Fortune, *Journey to the Tea Countries*, 260-61；唐永基，魏德瑞，《福建之茶》，第 60、70 页。

16. 唐永德，魏德瑞，《福建之茶》，第 64—65 页；林馥泉，《武夷茶叶》，第 13、18 页。

17. Shigeta, *Shindai Shakai*, 316-17.

18. 王廷元，张海鹏，《徽商研究》，第 584 页。

19. 同上书，第 585、579 页。

20. 同上书，第 584—586 页。

21. Bell, *One Industry*, 46-64; Li, *Silk Trade*, 51-58, ch. 5; Walker, *Chinese Modernity*, ch. 4.

22. Shigeta, *Shindai Shakai*, 318.

23. 唐永德，魏德瑞，《福建之茶》，第 99 页。

24. Tōa Dōbunkai, *Shina Shōbetsu*, 9: 536; 12: 432-33; 14: 481.

25. Lu, "Beyond the Paradigm," 34; 李伯重，《从"夫妇并作"到男耕女织——明清江南农家妇女劳动问题探讨之一》，第 99—100 页；Bray, *Technology and Gender*, 236。

26. Reeves quoted in Ball, *Manufacture of Tea*, 377; Lu, "Beyond the Paradigm," 26-35.

27. 《奏请之持下出茶省份督抚严禁建厂雇用女工史》，光绪十四年，03-5513-042, FHA；比较胡武林，《徽州茶经》，第 163 页。

28. Li, *Agricultural Development*, 154.

29. 江文缵，见王廷元，张海鹏，《徽商研究》，第 584 页。

30. 唐尧卿，见王廷元，张海鹏，《徽商研究》，第 592、597—598 页。

31. 给江耀华的信件，见王廷元，张海鹏，《徽商研究》，第 597、598 页。

32. 江耀华，《焙茶流程》，见胡武林，《徽州茶经》，第 152—153 页。

33. 庾肩吾见 in Bedini, *Trail of Time*, 54。

34. Ball, *Manufacture of Tea*, 220. Cf. 225, 229, 238. 笔者不确定这个"che"具体指向，但有可能是度量术语"支"，用于表示如香的薄而黏的物体。

35. Thompson, "Time, Work-Discipline," 60.

36. Needham, *Science in Traditional China*, 131.

37. Ibid.; Landes, *Revolution in Time*, 23-25.

38. Postone, *Time, Labor*, 201-2.

39. Ball, *Manufacture of Tea*, 233.

40. 见胡武林，《徽州茶经》，第166页；范和钧，《屯溪茶业调查》，第121页；Postone, *Time Labor*, 214-15。

41. 范和钧，《屯溪茶业调查》，第121页。

42. Thompson, "Time, Work-Discipline," 75, 92; 马克思称"计件工资"为"最适合资本主义生产方式的工资形式"。Marx, *Capital*, 1: 694, 698-99.

43. 范和钧，《屯溪茶业调查》，第121—122页。

44. 同上。

45. 江耀华，见胡武林，《徽州茶经》，第199—203页；经胡武林许可引用。在此感谢康健教授授予的材料。

46. 林馥泉，《武夷茶叶》，第18页。

47. 同上书，第13—17、40页；唐永德、魏德瑞，《福建之茶》，第70—71页；李明珠在《中国近代蚕丝业及外销》第48、61、186页提及"包头"，对于20世纪90年代香港，见Leung, "Local lives", 184；关于"包"及"包工"词源学的历史，见Yang 1987, 15-18。

48. 林馥泉，《武夷茶叶》，第47、40页。

49. 同上书，第42页。

50. 同上书，第46、47、62页。

51. 同上书，第47页。

52. 同上。

53. 同上书，第83页。得到林仰峯授权引用。

54. 同上书，第47页。

55. 同上书，第59、82页。

56. Elvin, *Chinese Past*, chs. 9-13; Dirlik, "Marxist Concept of Capitalism"; Hartwell, "Social Transformations."

57. Wong, *China Transformed,* ch. 2; Perlin, "Proto-Industrialization," 34-51; 彭南生，《半工业化》，第125—137页。谢谢曾玛莉的推荐。

第三章 阿萨姆的一场古典政治经济学危机：从经济自由主义到殖民化理论（1834—1862）

　　茶叶出口在鸦片战争后的几十年持续繁荣。尽管英国消费者能够坦然接受自己对这一中国饮料的嗜好，但议会成员和东印度公司显然担忧英国会永无止境地依赖中国市场。就像英帝国的自由贸易者用"安全而不受限的贸易自由"来为其对中国采取军事行动辩护一样，东印度公司的官员也采用同样的说辞来支持在印度的茶叶种植试验[1]。印度总督威廉·本廷克（William Bentinck）最早在1834年的一份备忘录中提出了种植茶试验的想法，他为此提交了一封所谓"约翰·沃克"（John Walker）的来信，信中写道，印度茶可以"促进英国国货的消费，利于促进大英帝国在远东的繁荣，并且遏止中国的垄断"。[2]茶叶供给也因此成了一件"在国家层面极其重要"的大事，"它与我们的风俗习惯密切交织"，每年可以给政府带来400万英镑的税收。清廷"高度戒备的政策"限制了贸易，也给商业发展缚以枷锁。清廷充斥着"无知""傲慢""偏见"和"腐败"，但可通过竞争，我们就可以"轻易将之摧毁"。试图"解放"中国市场的好战说辞同样也为印度茶产业发展奠定了基础。

但阿萨姆毕竟不是中国。在广州，英国商人有赖于几个世纪以来逐步形成的发达的内陆贸易和专业化生产网络。相反，英国东印度公司在布拉马普特拉河谷面临的是一片"覆盖着巨型芦苇丛林的土地，这里只有野生大象或水牛可能穿过，从未有人类涉足，哪怕在当地人眼中，都弥漫着致病的瘴气和死亡的味道"。起初，东印度公司求助于中国制茶者，并雇佣他们到阿萨姆来"指导当地人"，以使"他们养成平和顺从的生产习惯"。本廷克亦承认，印度茶必须依靠"中国人的中介"。他批准了相关经费，用于在东南亚各地搜寻"正宗的茶树"以及"真正的种植者"。接下来的十年，由英国和孟加拉资本家组成的茶叶委员会雇佣了135人的员工团体，包括39名中国工人和76名"本地"学徒，英政府每年要为此花费43 000卢比。不过，既然鸦片战争的发起是以自由贸易之名，而大英帝国主导的意识形态又是经济自由主义，当地的官员自然也对英政府介入贸易的行为持模棱两可的态度。1840年，新任总督乔治·艾登（George Eden）便试图将土地转让给"私人企业"，因为试验种茶已"达到如此规模"，超过了"一个全面、公平、高效的试验"之限度。政府议会成员亨利·T. 普林塞普（Henry T. Prinsep）表达了他对于从中国和印度东部引进移民合同劳工的保留态度。他写道："政府应谨慎地避免开启这样一个劳动力转移的先例，尤其是考虑到其最终形成的模式可能难以轻易与正在毛里求斯及其他奴隶殖民地被强烈抗议的奴隶买卖区分开来。"[3]

站在 19 世纪末 20 世纪初的视角，艾登和普林塞普的话听起来透露出一股深刻的讽刺意味。毕竟在那个时候，印度茶产业已取得惊人的经济成功，"碾压了"它的中国对手，但这都是由于殖民地政府为种植园主提供了免费土地、税收优惠和一套契约劳工体系——这恰与普林塞普的警告相悖："一套和毛里求斯的种植园主完全相同的招工组织体系。"[4] 从 19 世纪 60 年代起，政府将刑事劳动合同合法化，这就让外地的印度工人因惧怕刑罚而不敢逃走。在 19 世纪的最后几十年，该体系招募了将近 50 万移民劳工来到阿萨姆，如此廉价、安定的劳动力恰是产业兴盛的关键。换言之，阿萨姆茶叶的成功是基于一套与其一开始就支持的自由主义原则背道而驰的经济策略。

大部分历史文献都将印度茶产业描绘为英国种植园主和殖民地政府之间通力合作下顺其自然的发展结果[5]。尽管这些学者对取得"经济效益成功"的人力成本持批判态度，但他们皆不自觉地强化了产业拥护者的刻板印象：将茶产业的成就归因于理念上一致的、完全"英国式"的资本主义工业道路。然而，若认真考量政治经济学的思想和实践，便会发现印度茶产业的源头充斥着矛盾和争议。最初，英国官员对产业的规划是学习中国的自由佃农，并称赞他们有"经商的天性"。然而，最终他们转向的刑事劳动合同，则被辩解为自由政治经济学原则的"例外"（exception），这也相当于变相默认了自由私有经济的诸多局限性。在接下来的两章，我将对这一政策上的逆转视为一段政治经济学的思想史，也是一段全球资本和地方劳动力的社会史来分析。

　　本章，我将描述阿萨姆的契约劳力如何在英属印度的政治经济原则出现危机的前提下产生。在19世纪30年代的初始试验中，殖民地政府尚且坚持古典政治经济学的教条，即自由市场和自由劳力这对孪生理想。英国官员表达了对中国社会的艳羡，因为作为一个中等规模的商业化农民组成的集合体，并无需过多依赖政府干预。因此，殖民地官员希望可在阿萨姆的本地人口中重塑这一模型。但是，种植园主一开始便大发牢骚，认为政府并未给予他们足够的与茶叶之重要性相匹配的支持。直到19世纪中叶的自由主义危机之后，殖民地官员才公开批评"不干涉主义"（laissez-faire）的教条，转而支持政府干预薪资劳工的招募。因此，阿萨姆的资本主义生产并非生发于英国的自由主义原则，而是诞生于英国资本主义的危机之中。[6]

　　接下来的第一部分，我将介绍阿萨姆殖民统治初期的政治经济哲学。在19世纪上半叶，大英帝国的经济学家都推崇以"私有经济"（private enterprize）取代政府干预。印度自由主义及功利主义改革的支持者——以本廷克为杰出代表——认为，人性是相通的，印度社会也应按英格兰的模型来塑造。根据一位加尔各答商人的说法："我们可以确定，在人性的买卖方面，坎普尔（Kanpur）和齐普赛街*（Cheapside）是一样的。"[7]自由主义改革者

———————————

* 坎普尔位于今印度北方邦，是英属印度的商业中心之一；齐普赛街则是伦敦金融中心所在。

整体上都是乐观的。在经济学领域，他们辩解道，商业价值并非来自土地，而来自劳动附加值，在市场机制中将被最大化。他们看重的是严苛的法律和明晰的产权。在阿萨姆，本廷克总督和艾登总督都预料到，茶叶种植会像在中国那样自然而然地在当地农民群体中普及开来，而非借由欧洲企业的垄断驱动。有两份官方信件都显示了这样的信念，其中一封是关于从中国引进"自由移民"到阿萨姆，另一封则是关于如何从政府赞助的试验转向私有的种植园。

劳动契约政策的出现，是与东印度公司既有的政治经济原则的决裂。下文的第二部分将阐释这样的决裂如何因殖民地政府的多重危机而出现。从 1857 年的"印度兵暴动"*（Sepoy Mutiny）开始引发的一系列政治叛乱，迫使英国官员开始质疑古典政治经济学的乐观普世主义。相反，他们眼中的印度社会是历史落后、文化独特的，这样的观点可见于亨利·梅因（Henry Maine）的作品中。契约制的支持者得出了同样悲观的论断，他们将劳动市场的失效归咎于阿萨姆人"落后的"习性。尤其是政府官员 W. N. 利兹，受殖民理论家爱德华·韦克菲尔德的影响，针对政府干预和契约，提出了完全自负且不容置喙的辩护。他遵循了其他一些自

---

* "印度兵暴动"指的是 1857—1858 年印度反对英国东印度公司殖民统治的一次失败起义，也称"印度民族起义""第一次印度独立战争"。起义平息后，原有东印度公司的商业和军事体制被废除，其领土移交给英国政府直接管理，史称"英属印度"，莫卧儿王朝亦正式覆灭。印度自此被并入大英帝国版图长达 89 年，直至 1947 年独立。

由主义批评者的论调：认为文化主义和历史主义应取代普世主义，实践经验应取代抽象原则，殖民化应取代自由市场。[8]

　　阿萨姆的官员诉诸刑事劳动合同以解决正在发生的劳动经济（economic）危机，但在此过程中，同样导致了在大英帝国全境引发地震的一般政治危机。本章，我将详述关于晚期帝国危机的既有研究，这场危机凸显了种族、宗教和性别差异，并展现同样的危机如何影响了劳动力政策的制定。同时，我会将阿萨姆丰厚的社会史置于经济思想史之中，阐明契约劳动如何不被视为帝国政策的范本，而只是一个特殊地区的例外方式，这也显然违背了孟加拉、英格兰或中国社会中看到的商业"常规"动力。

　　阿萨姆的例外地位会在本章结语部分得到更细致的分析，也会进一步凝练这段经济思想史的主要发现。在试图论述像阿萨姆、美洲和大洋洲等殖民地的特殊境况时，利兹、韦克菲尔德等学者通常否认早期存在的对市场的信心，但无论如何，他们都会反复强调一个政治经济学的核心信条：现代资本主义生产的基础是薪资劳动。虽然在英国，亚当·斯密对"价值理论"的发现反映了资本主义社会初期的持续发展，但置于阿萨姆和其他殖民地，同样的理论却成了政策变更的杠杆。由于殖民地官员无法在殖民前沿阵地觅得一个廉价劳动力的市场，他们便自己打造了一个，以此试图让阿萨姆屈从于宗主国的发展规律。

茶叶试验

茶叶试验前夕的阿萨姆和政治经济学

随着英国通过《杨达波条约》*（Treaty of Yandabo, 1826）兼并阿萨姆，大卫·斯科特（David Scott）——一位从 19 世纪初起便驻扎在此区域东北处的苏格兰官员——被任命为孟加拉东北前线的总督特派代理人。在大约半个世纪内，布拉马普特拉河谷因内战而满目疮痍，据估计，大约 80% 的生产用地都已荒废。分析斯科特管理该地区的最初尝试，可帮助我们大致理解早期英属印度政府盛行的管理原则及其局限。斯科特一开始试图改革税收体系，并在区域内界定明晰的产权；但他同时坚持最小干预和开拓本地商业活动的原则。他并未选择推翻阿豪姆王朝（Ahom monarchy），反倒恢复了普兰达·辛格（Purandar Singh）亲王的权力，由此推动行政体系的改革。在上阿萨姆地区，他延续了强迫劳动（khel）体系，即强制农民在每年三分之一的时间被迫劳动以作为税收。在下阿萨姆区，他的政府团队建立了与孟加拉地区类似的税收体系。尽管斯科特一开始非常乐观，但阿豪姆王朝的统治却充斥着腐败和舞弊，税收甚至无法支撑政府支出。逐步淘汰徭役（corvée）而转向现金支付的尝试放慢了经济活动的步伐，农民因依赖外来借贷者而陷入债务危机。在阿萨姆，市场活动并未促进

---

* 《杨达波条约》，第一次英缅战争（1824—1826）后缅甸被迫签订的和平协定，缅甸作出了割地、赔款等一系列妥协。

社会进步，反倒恶化了现有的营商境况。在 1831 年他突然去世之前，斯科特已经准备开始贯彻干预主义路径的若干计划。他建议东印度公司将税收重新投资于该区域，建立"养蚕示范农场"，并从当地农民手中购买鸦片和丝绸。斯科特对于这一政策延续的理由是，古典政治经济学只有在"政治社会的常规状态"下才能发挥作用。阿萨姆是个例外，政府不能再等待"偶发"的进步，而应积极培育它们，"意志坚定并一鼓作气"。[9]

　　斯科特提及的"政治社会的常规状态"，所指向的是英国在印度统治的基本信条。1765 年，当英国东印度公司获得孟加拉地区的特许税收权，其通行的治理策略可用埃里克·斯托克斯（Eric Stokes）的话来说为一个"权宜之计"。东印度公司最初是一家商业垄断组织，管理者认为他们的主要任务是税收，这使他们得以从孟加拉购买丝绸、靛蓝染料、糖和棉花等商品。以税收支持贸易是东印度公司"绝对优先的任务"，但其管理者并未计划对孟加拉地区进行彻底的社会改造。埃德蒙·伯克（Edmund Burke）在对第一任孟加拉总督沃伦·黑斯廷斯（Warren Hastings）的审判中（1788—1795）反复强调的政治关切，便彰显了辉格党人认为应对政府的"独断权力"进行检视的观点。这样一种保守主义论断，与英国和英属印度广泛流行并被接受的政治经济学思想相契合。亚当·斯密广受欢迎的著作《国富论》使得后续几代英国读者不得不学习并争辩这门被称为"政治经济学"学科的价值。到19 世纪，斯密关于个人自由的观点已成为"中产阶级信仰的经典论述"，而英国的中产阶级也构成了东印度公司主要的雇员群体。此外，东印度公司的领导层也在海莉伯瑞（Haileybury）的东印度学院的公务员培训计划中加入了社会及经济学原理课程。很多官员后来还自学经济学，而那个时代著名的经济学家的名字在公司高层往来的信件中也频繁被提及。政治经济学"成了当时统治印度的英格兰官员的灵魂组成部分"。[10]

斯密提出了这样一种乐观的构想，即个体在摆脱习俗和各种压迫的镣铐之后，会自然带来全社会的"进步"，即今天所谓的"经济增长"。他的观点中有两条最重要的信条，就是生产性劳动（productive labor）和自由市场（free market）。

斯密认为，最为"文明而繁荣"的社会，其特征就是"劳动生产力的提升"，即劳动分工。他支持的工业制造应基于对两种先存哲学的自觉抵制，即"商人体系"信仰和法国重农主义哲学。前者认为，价值藏于贵金属本身，应关注关税和贸易盈余。相反，斯密则强调由自由贸易促进生产的作用。18世纪的重农学派虽已认识到劳动的重要性，但只限于与土地相关联的劳动。他们认为，只有农业能够创造粮食和发挥原材料的实用功能〔即"使用价值"（value in use）〕。斯密将它们的价值类别扩展到所有能够具象化于某种商品的劳动类别，由此形成了商业利润〔即"交换价值"（value in exchange）〕。由此，他将价值由实体中抽象出来，从而具有了社会性特征。斯密十分注重商品的生产性劳动，由此确立了古典政治经济学价值理论的基础：生产性劳动既是社会中价值的源泉，也是价值的度量标准。这样的生产力要如何才能得到解放？斯密的答案是自由市场的扩张。通过交换，个体行动者能够将生产的三要素——土地、劳动力、"库存"（stock）或资本——联合起来，通过劳动分工，形成特定技术的专门化、资本积累和商品生产。这种"自动机制"背后的推动力就是人性本身。在斯密看来，"人性中存在某种天生倾向……去用一种物品交换（turck, barter, and exchange）＊另一种商品"。[11]

　　值得注意的是，斯密本人也强烈反对东印度公司的立场。他撰写《国富论》时，东印度公司还是一家主要借助垄断来盈利的贸易公司，对此他进行了猛烈批判。他的作品推动了对东印度公司垄断的抗议浪潮，并在 1813 年和 1833 年通过的法案中得到了体现。但东印度公司的官员回避了这些批评声音，宣称他们作为公司国家（company-state），确保了印度市场的开拓，让当地社会免受地主及独裁者的压迫。东印度公司的政治经济路径或许并未完全忠于斯密的所有构想，但他们还是选择性地采纳了斯密的某些观点，即基于贸易和后续进步的抽象发展理念。[12]

　　在其发展初期，东印度公司的多数官员都相信，"政府干预会阻碍人类的健全发展"，他们认为，国家的作用应是"最小化的、但并非不存在的"，只需要稳定提供"正确的制度性结构"：包括自由贸易、基础设施，尤其是动用法律力量来保护私有财产。在

＊　原文用了三个词 "truck" "barter" "exchange"，皆为 "交换" 之意，指交换行为的不同发展阶段。

19 世纪之交，后两者成了英属印度统治的坚定原则。两种最有名的税收模型——《孟加拉永久协议》*（the Permanent Settlement of Bengal，1793）和西印度的税收（ryotwari）系统，分别与重农主义和浪漫主义这两种哲学学派有关，但两者都将私有财产视为印度"进步"的基石。在阿萨姆的时候，大卫·斯科特试图保持和改良强迫劳动体系，也就遵循了类似的范式，即将本地结构重组为一种开放透明的私有财产和税收体系。在其他情况下，如历史学家阿姆比拉扬（S. Ambirajan）所言："（经济）不干预的理念是受重视并被追随的。"[13]

斯科特在阿萨姆面临的困境揭示了在一个历来缺乏资本的地区推行最小干预理念的危险。东印度公司一直以来的政策是禁止英国商人扎根印度，理由是它可能导致不受控制的欧洲压迫。但到 19 世纪初，官员和经济学家开始为加大政府干预及欧洲投资而辩护。毕竟，既然斯密如此强调扩大市场活动，那么限制资本的海外流动也就成了对自由贸易的冒犯。如杰里米·边沁（Jeremy Bentham）和詹姆斯·密尔（James Mill）等功利主义者都辩称，以直接的英国投资和管理为特征的"殖民"将会让双方受益。他们将英国经济的停滞归咎于资本和竞争过剩，而将印度视为这

---

* 《孟加拉永久协议》是由英国东印度公司和孟加拉本地地主签订的一份关于固定土地税收的协议，后推行至北印度的大部地区，成为东印度公司立法的重要组成部分。该协议创造了一个支持英国统治并为之收税的印度地主阶级"萨敏达"，这些地主为了每年上交固定税率，优先激励农民种植棉花、靛蓝、黄麻等经济作物，由此极大程度重塑了印度农业土地的生产结构和生产力水平。

种财富积累的出口。英国殖民将会把重要的"知识、道德、资本、技术和人事"推介给——如本廷克所言——印度"麻木的人民"。其中最热忱的支持者之一，是孟加拉改革家拉姆罗洪·罗易（Rammohan Roy）和德瓦尔卡纳特·泰戈尔（Dwarkanath Tagore）。他们基于种植靛蓝的经验而坚信，资本主义工业可以让普通的印度种植者致富[14]。欧洲的投资被写入 1833 年东印度公司的《特许法案》*（Charter Act of 1833）中——该法案与中国贸易自由化的法案相同，而英国主导的茶叶试种提案也很快跟进了。

　　殖民化的推动也反映了当地官员拥抱干预主义改革的缓和倾向。直至当时，印度还深受习俗和传统所累，而自由主义和功利主义的欧洲改革家则强调，政府的职责是为当地人摆脱宗教和封建主义的枷锁，让他们得以参与到交换、理性和个人自治的世界。正是因为东印度公司的治理较少受到英国不同派系选民的干扰，其管理层也就将印度视为"自由管理型政府的试验田"。本廷克自己就是功利主义改革的追随者。1827 年，在他走马上任前夕，据称他曾对密尔说："我就要去英属印度了，但我不会成为总督，你才是真正的总督。"[15] 在本廷克的领导下，东印度公司将娑提**（satī）列为非法（1829—1830），托马斯·麦考

---

* 《特许法案》是在 1833 年由英国议会通过的一项立法，以赋予东印度公司更大的皇家代理权。主要条款包括：任命孟加拉总督为印度总督；终结东印度公司对中国等远东贸易的专营垄断权，该公司成为一个单纯的管理机构而非贸易机构。

** 娑提，一种寡妇殉夫的习俗。娑提原为印度教司婚姻幸福的女神，为了控诉父亲达刹侮辱其恋人湿婆而投火自尽，她的灵魂转世为雪山神女并与湿婆再度结婚，这段故事后来演变为妇女在丈夫死后自焚殉夫以表忠贞的习俗。

莱*（Thomas Macaulay）也写出了臭名昭著的《教育备忘录》（*Minute on Education*, 1835）。和这些社会改革的尝试一起，本廷克的茶叶试验计划也变得可行起来，其目的是通过法律和自由贸易解放印度社会，并促进它的进步。

因此，阿萨姆的茶叶试验立于两个历史模式的交点。其一，全印度的管理者都将转向欧洲的投资，作为英国资本过剩的解决方案，同时也充当发展印度经济的有效工具。沃克在其早年的备忘录中写道，印度茶可以解决英国纺织品工业化造成的不平衡："曼彻斯特和格拉斯哥的棉线和棉布出口到印度，完全冲垮了印度市场，数千个本地织工失业，造成了极其严重的贫困，东印度公司完全不知如何为本地人提供合理的就业，促成他们养成平和的生产习惯。"茶叶就是一个理想的商品，因为"大多数印度人民除从事农业之外一无所长"，而"茶叶的种植和加工可以很好地契合他们热爱定居与平和的习性"。其二，阿萨姆的管理者所面对的是一个极其穷困、人口稀疏的区域，位于孟加拉的边缘地带。斯科特的继任者弗朗西斯·詹金斯（Francis Jenkins）便强硬地指出，当地需要欧洲人介入。詹金斯在任职之前就曾考察印度东北部地

---

* 托马斯·麦考莱（1800—1859），英国辉格党政治家。他是将西式教育体系引入印度的主要推动者。其 1835 年出版的《教育备忘录》囊括了他关于印度教育的主要观点，包括用英语取代波斯语作为官方语言、所有学校采用英语教学等。他推行的教育政策造成了印度本土文化的衰弱，尤其为人诟病的是，他一味强调西方文化的优越性，甚至在《教育备忘录》中写道："一家优秀的欧洲图书馆中的一个书架，就胜过印度和阿拉伯的所有本土文献。"

区，他写道："在我看来，鉴于本地居民处在如此无知与萎靡的状态下，携带资本的英国人定居在这片边缘荒地上，做什么都比当地人能快速实现美好的前景。"甚至在詹金斯听闻上阿萨姆地区发现野生茶树之前，他便已尝试各种策略以促进经济作物的种植，并支持用更高税率来迫使当地农民"将野生动物的排泄地与出没地开垦为种植蔗糖、芥菜、桑葚、虫漆、烟草和蔬菜的丰饶农田"。[16]

　　1834 年 1 月，本廷克提交了他的执政纲要。最初，他建议在尼泊尔和喜马拉雅地区试验种茶，却不知阿萨姆早在 1819 年便开始了若干尝试，试图寻找本地原生茶种。1834 年 2 月，本廷克委任了加尔各答的茶叶委员会；1834 年 5 月，詹金斯从阿萨姆写信说道，"在俾萨（Beesa）的辛颇人区域"，当地官员听说"有一种粗劣的茶树品种"，它"毫无疑问是原生的"。他建议指派"某位有能力的人"到印度东北来，"检验这种茶树所生长的泥土，并考察卡恰尔*（Cachars）至阿萨姆之间的山脉"。至圣诞夜，茶叶委员会在经年调查之后确认，"这里的茶树毫无疑问是上阿萨姆地区的原生茶种"，并补充道，"这一发现"是"大英帝国迄今为止所有与农业或商业资源相关事务中最为重要、最有价值的发现"。[17]在不到一年内，本廷克的茶叶试验便在阿萨姆铺展开来了。

---

* 卡恰尔，英属印度时期的卡恰尔地区，大致相当于今印度阿萨姆邦南部的三个县：底马哈撒县、卡恰尔县和海拉坎迪县。殖民前，这里是由本地人建立卡恰尔王国（又称底马撒王国），是阿萨姆地区历史上的重要王国，曾与明朝有政治往来。"Cachar"也得名于土地上居住的卡恰尔人（Kacharis）。

不干涉主义开发的试验

前几代的历史学家不无道理地指出，"在阿萨姆的英国私企并非不干涉主义政策的产物"。[18]1834—1839 年，茶叶委员会在萨迪亚 *（Sadiya）创立了试验茶园，从中国进口了数千株茶树，不仅从当地人中招募工人，还从中国和东南亚招募了数百名制茶工。试验的目标是生产出可供英格兰销售的茶叶；此后，茶叶委员会的成员继承了试验茶田，将其所持份额转化为有限责任公司，在几十年内仍多少享有产业垄断的地位。但在 19 世纪 30 年代，殖民地官员持续表达了其对政治经济学最小干预原则的坚持。他们不得不反复违背原则，这也成了殖民地官员与私人种植园主之间张力持续的来源。在寻求薪资劳力供给的问题上，这一潜在冲突最终浮出水面。本节接下来将展现的历史问题，并非阿萨姆的经济政策是否真的是不干涉主义——显然它从来不是，而是不干涉主义理论与干预主义实践之间的张力如何生产出新的政治经济学世界观，并催生了一度难以想象的契约劳动政策。

为了更好地理解这一意识形态断层，接下来我将考察两组来往信件，其中叙述了一批未能实施的政策建议，却揭示了东印度公司运营哲学中的不稳定特征。首先，总督乔治·艾登酝酿了一项推动中国茶农"自由移民"至上阿萨姆地区的计划，期待这些移民带动当地人开始从事茶叶种植，而阿萨姆也会"自然而然地"

---

* 萨迪亚，阿萨姆东北端城市，位于布拉马普特拉河上游的喜马拉雅山地区，紧邻中国西藏和云南，历史上亦与中国有贸易往来。

走上类似孟加拉或中国这些亚洲商业社会的道路。然而，这些政策到了世纪之交却沦为笑谈，因为中国茶原始而不卫生的加工方法受到嘲讽。其二，在茶叶试验结束之际，艾登总督及其他官员亦反对将政府的茶田移交给阿萨姆茶叶公司的政策，认为这会造成垄断局面。

　　茶叶委员会的试验是由茶文化主管查尔斯·布鲁斯（Charles Bruce）领导的。他在萨迪亚建立了一处引进中国茶树的培育所，后又迁至迪布鲁伽（Dibrugarh），两地皆位于阿萨姆河谷的上游山区。他同时在周边地区搜寻野生茶树，后来在"马塔克人"（Muttucks）及辛颇人的领地找到了成片茶田。1839年，他向加尔各答政府汇报，已在上阿萨姆地区编目约120处茶田。在这些植茶试验中，殖民地官员试图培育不同本地族群的进取心。1836年5月，詹金斯写道，普兰达·辛格亲王——正是他在几年前引导东印度公司发现了野生茶树——"迫切地希望保留一半的山地用来继续种植茶树……政府管理者应指导他们如何管理茶树并生产茶叶"。10月，布鲁斯建议"放弃苏迪亚*（Suddeeah）的茶树，将茶树分发给当地酋长或其他愿意接管的人"。詹金斯还在如此早的年代便补充提出："我认为政府能做的无非是向人们展示在我们的领土上生产出可市场化的茶叶的可能性，因此可以断定，政府越早放弃计划中的茶叶种植，并移交给私人企业，结果就会越好。"一

---

* 此处可能为信件中使用的地名旧称，即萨迪亚。

位陪同詹金斯走访茶田的传教士内森·布朗（Nathan Brown）补充道："茶叶贸易将会给这片乡村带来巨变——这里将拥有稠密的人口，那些几乎无法穿越的丛林也将变成产业兴盛的热土。"这些轻浮的预言很快便在殖民地现实中碰壁。一年后，也就是 1837 年，詹金斯转述了布鲁斯"对辛颇人之冷漠的抱怨"，他还补充道，关于国内劳力移民的讨论"在当下阶段"尚不成熟。布鲁斯反复重申，希望辛颇人能够变成勤劳的工人。他在 1839 年写道："如果我们鼓励茶叶种植，阿萨姆的罂粟种植有所停歇，那么阿萨姆人一定可以成为伟大的茶叶种植者和生产者。"[19]

　　与此同时，茶叶委员会的首要优先级是牢固掌握茶叶种植的技艺。他们制订计划，从广东签约引进中国茶工，这项计划本身也困难重重。1836 年，政府颇为不易地与四名来自武夷山附近的江西茶工达成协议，布鲁斯正是从他们那里学到了乌龙茶*制作的基本步骤（图 3-1）。后来的若干年间，陆续又有多批（分别为 50 名、64 名、247 名）中国**茶工从马来西亚各地来到加尔各答。这项试验最后被一些民间俗语所调侃，如一份当地报纸所写："每个有辫子的男人（指清朝男性的标志性发型）应该都会种茶、做茶和泡茶。"还有一位观察者写道，茶叶委员会"仿佛坚信，每个

---

*　英文原文为"black tea"，但实际上当时武夷山产区主要生产的茶类是乌龙茶，英国人尚无法辨别乌龙茶与红茶的差异。

**　此处的"中国人"（Chinese）泛指海外华人。根据史料，早期印度茶工中的"中国人"可能大多数是从东南亚就近招募的华人，他们甚至从未接触过茶叶制作。

图3-1 茶叶委员会的茶园主管查尔斯·A. 布鲁斯绘制的制茶工序图，他从来到
阿萨姆的中国江西茶工那里了解到茶叶制作技术。图中的制茶工序包括：
① 晒青架；② 托盘棒；③ 晾青架（阴干）；④ 炒茶铁锅；⑤ 小推车；
⑥ 中国茶工教授的手工揉茶法；⑦ 焙茶笼；⑧ 茶篦子；⑨ 筛分篓。

来源：Ukers, *All About Tea*, vol. 1, 464, based on drawings from Bruce's original report (1838).

中国人都必定是茶叶种植和制作的专家……因而将他们能够找到
的所有中国鞋匠或木匠都从加尔各答的科西托拉（Cositollah）巴
扎等地被引诱至阿萨姆；这些人几乎都来自天朝帝国的港口城市，
很多人甚至一辈子都没见过茶树"。然而，官员们还是乐观地相
信，可以从这些引进的工人之中找到理想的、具有自由和创新精
神的中国农民。1839年，艾登总督对外宣布："如果有中国人自
愿定居到此以种植茶叶为生，将享有一切可能的激励措施。对于
阿萨姆省而言，没有什么比引进勤劳手巧的中国佃农更有裨益的

事了。"但詹金斯曾抱怨，这些来自中国的合同工人昂贵又不守规矩。相反，艾登曾则提到那些种植者会自行解决自己的定居问题。不用政府花费一分钱，移民佃农便会受到极大的鼓舞来改善茶业。这些理想的茶叶生产者可代表一类典型的、极其节俭的商人阶级，他们是政治经济学意义上社会"进步"的基石。[20]

作为对艾登的 1839 年决议的回应，茶叶委员会提交了一份信函，其中提到一名来自中国的福建人"廷客"（音，Ting Kwoe），他自愿到阿萨姆植茶。这一信函的作者是普鲁士的传教士、东方学家郭士立*（Karl Gützlaff），他在鸦片战争期间曾担任英国政府的翻译。郭士立和英属印度政府间的中间人是怡和洋行，该公司已签下了 13 名来自福建的华工，并把他们送往阿萨姆[21]。郭士立向政府介绍，他推荐的人"是一名善良的福建人"，"长期从事茶叶种植与制作，希望以个人的名义带着茶籽去孟加拉植茶，唯一要求的先垫资金只有 200 元"。廷客提出，准备带着他的兄弟和儿子"去建立一片自由的茶叶定居点"，郭士立补充道，"鉴于这是自由移民至印度茶区的第一个范例，马地臣（Matheson）先生认为予以鼓励是明智的选择，这样才会吸引更多的人效仿"。艾登对

---

* 郭士立，原名卡尔·居茨拉夫（Karl Gützlaff），普鲁士人，1826 年被派至爪哇传教，拜华人为师学会中文，闽南语、粤语、客家话等方言，加入南洋郭氏宗亲会后取此中文名。1827 年开始在中国沿海城市布道，长期担任英国驻华商务监督的翻译，对于上海、香港的开埠及英国发动的鸦片战争皆有推动作用，曾在宁波、香港等地担任官员，最后于香港逝世。1834 年，他曾陪同东印度公司的植茶问题专家戈登深入武夷山产茶区，访求栽茶和制茶的专家，并购买茶籽和茶苗，带回许多茶籽栽植于印度大吉岭。

"这个案例带来的可能性表示满意，即由中国家庭以定居和植茶为目的，自发地移民至阿萨姆省"。"对此类信函"，他已"尽可能准备好一切可以在法律上的支持"。[22]

不幸的是，廷客的表态最终被证明是一场骗局。他拿到郭士立的预付款之后，却没有在约定好的那天乘船前往加尔各答。政府文件冷静地指出："看起来郭士立牧师牵涉的这起中国家庭自主移民的案子，是场诈骗。"此外，"这名假装的移民者"以 200 元价格出售给东印度公司的茶籽也被发现"完全无用且无法播种"。[23]

英属印度政府并未气馁，继续从其他途径寻觅来自中国的"自主移民"。在很多年间，政府官员一直提议雇佣郭士立穿上"中国长衫"，"从广东一路穿越云南前往阿萨姆"，"探索中国的腹地，查清中国与加尔各答之间存在通信设施的可能性"。此外，茶叶委员会官员还极力劝说英属印度政府雇佣一名中国翻译，认为他"或许比任何人都更能胜任这项工作，可以快速在阿萨姆引进一批勤劳手巧的中国佃农，没什么比这对阿萨姆更有利的了"。[24]

这些提案的话语皆透露出一种潜在的政治意识形态，赞赏一个专为天生"勤劳手巧"的工人而设的自然而然的、自由的市场。在很多人看来，欧洲管理者及资本的引入只是权宜之计，是中国或阿萨姆农民能够自行经营茶产业之前的过渡状态。尽管历史学家指出，英国殖民地的"自由主义规划是建立在……一种共通的人性之上，试图将印度人转变为英国人"，但在这个特殊案例中，艾登及其同僚却试图让印度人接近"勤劳手巧的中国农民"。殖民地官员对中国移民的赞赏并非基于种族逻辑，而是建立在对中国人在商业活动中表现出的行为习惯的观察之上。1834 年，本廷克的一份备忘录如此记载，他向东旅行，看到了"中国人冒险者的性格"，总结道，"他们旺盛的精力、勤劳的品格、投机的精神以及对利润的算计"，都"能够与欧洲的民族相提并论"。本廷克和艾登的想法呼应了早期现代欧洲思想家业已建立的观点，像莱布尼兹（Leibniz）、伏尔泰（Voltaire）、魁奈（Quesnay）（见第五章）等皆对中国深表崇敬。亚当·斯密也曾写道，中国和孟加拉一样，是"丰饶的自然发展"的"杰出范本"，将农业、生产及商贸各自的贡献完美融合。这些描述无疑只是推断，但他们的观点到了该世纪末发生了剧烈转变。但无论如何，本廷克和艾登的观点仍展现了这些官员共有的一种乐观主义，即认为非欧洲人，无论在阿萨姆或是中国，都和其母国子民一样拥有实现经济发展的潜力。在印度茶业的早期阶段，英国官员对中国茶工的巨大兴趣不仅仅因为中国人是茶叶制作方面的专家，还因为这样一种社会观念：淡化政府角色的重要性，并倡导所有族群，无论是英国人、中国人还是阿萨姆人，都具有进行产业改良的同等能力。[25]

1839 年，即廷客骗局的同一年，伴随着布鲁斯试验结束之后政府茶田何去何从的争议，呼吁自由市场的声音再次出现。茶叶委员会致信加尔各答，建议由他们继承东印度公司的茶田，并将其作为"私营企业"来运营。尽管政府最初便有计划将土地打包销售给私人资产，但茶叶委员会提出的请求还是让艾登吃惊，因

为他们希望获得整个上阿萨姆地区的茶田，同时通过兼并来扩张
其 5 000 镑的初始资产。起初，艾登断然拒绝了这一提议，认为这
有悖于扩大而非限制市场活动的原则。他"强调必须捍卫市场绝
对的竞争，反对引入任何可能垄断土地所有权与耕种权的行为"。
此外，他并不希望仅仅让"三四家大企业"来"瓜分整个阿萨姆
省"。六个月后，艾登再次强调政府的立场始终如一，即"茶叶的
种植和生产"将会"更直接地选择一条商贸和产业常规发展中健康、
安全的道路，并尽力将经营利益留在当地社区"。这意味着，需要采
取"特定的保护措施以排除任何在第一波大规模投机中出现垄断的
风险"。艾登矛盾的立场也彰显了英属印度政府在早期茶业发展中对
永久干预的抵触。用普林塞普的话来说，整场争论可以归结于一个
政治经济学的核心问题，即究竟"政府主导的试验应何时终结，私
人的投资应何时开始"。艾登相信，政府应将茶叶生产移交给开放
的私商群体，这一理论将在后来几十年被持续检验，而"劳工问
题"也将成为初创的阿萨姆茶叶公司面临的最迫切挑战。[26]

阿萨姆茶叶公司的头十年

　　1840 年，茶叶委员会和殖民地印度政府达成了妥协。殖民地
印度政府同意移交约三分之二的茶田（包括 16 万棵茶树，年产茶
叶 4 000 磅），同时继续由政府主导试验，并鼓励其他公司进场。
茶叶委员会改名为阿萨姆茶叶公司（Assam Company），在 1840
年 1 月成为英国法律框架下最早入股的公司之一，有 80% 的股份

都在伦敦。该公司的创立标志着阿萨姆背离了艾登一度试图复制中国中小型家庭农场的模式。在接下来的十年，任何有关中国组团茶叶制作的呼声逐步从阿萨姆消退了。直至19世纪50年代末，阿萨姆茶叶公司都是印度唯一的茶叶种植商；当时的印度已停止从中国引进茶工，剩下的要么客死异乡，要么被遣送回国。当地的负责人自行继续试验，有意识地采用"科学的"茶叶种植方法——摒弃了中国的扎堆种植模式，转而采用以列播种。最难以置信的是，阿萨姆茶叶公司还放弃了引进中国茶树，转而采用阿萨姆的原生茶种。[27]

随着阿萨姆茶叶公司对自己的种植技术愈发自信，他们也意识到，更加严峻的问题是如何找到充足的劳工。早在19世纪40年代，茶园管理者就在信件里写道，茶园的"失败归因于茶树过小和劳工不足"。那么，招募工人最紧迫的问题又在哪里？首先，无差异地招募中国工人的尝试已经以惨痛的失败告终。其次，当阿萨姆茶叶公司转而招募周边地区的"山区苦力"（Hill Coolies）时，这些工人又成了潜逃回乡的惯犯。如果没有更强有力的合约束缚，那么招募就变成空付定金，但却无力保证后续其工作表现是否持续符合需求。第三个问题来自其他雇主的竞争。由于印度政府也正在阿萨姆当地招募工人来修建基础设施，阿萨姆茶叶公司提供的薪酬无法与之匹敌。还有一些潜在可招募的工人，却忙于种植不同的农作物，而农忙季节恰好与茶叶旺季重合。1847年9月，一名靛蓝种植者写道，只要等靛蓝收获季结束，"（孟加拉

的）比尔布姆（Beerbhoom）和布尔德万（Burdwan）有很多劳工
及其家庭……只要每年 11 月中旬之后就要多少有多少"。然而，
茶叶种植季恰好是在春夏时节。

　　这些个体问题最后都归结于同一件事：工人拥有其他更为诱
人的选择。当阿萨姆茶叶公司的伦敦董事会提到，"孟加拉苦力"
都因过量工作而逃逸时，当地主管回应道："事实并非如此，这些
卡恰尔人是因为降薪而离开的。"那么，给他们加工资又如何？主
管担心，这会引发"更多要求"，并宣称他"宁愿将这场战争进行
到底"。种植园主愿意付多少钱呢？对此董事会成员进行了激烈争
论，一位伦敦股东"非常强硬地宣布，说劳工供给不足是不切实
际的——他自己就在印度生活了 15 年，可以负责任地说，那里一
定能够找到足量的劳动力"。他"警告其他股东，除非他们更为谨
慎行事"，否则"公司的种植园将很快变成荒莽的丛林"。作为回
应，阿萨姆分公司的领导人讽刺地说道，这位股东应该"大发慈
悲地指出，我们应采取怎样'正确的方法'来确保足量的、满足
需求类型的劳动力供给，并且在阿萨姆茶叶公司可承受的经济范
围内"。他们还补充道："如果开销不成问题，我们可以招募任意
数量的、不一定合适的工人。"[28]

　　此般言论表明，"劳工问题"的本质并非劳动力的绝对短缺，
而是相对短缺。这一观察将引发多种分析结果。首先，它彰显了
英国种植园主的经营策略，即扩大生产而压低劳力成本——或所
谓"将战争进行到底"，这也是第四章将分析的阿萨姆种植园体

系一以贯之的特征。很多历史学者都曾怀疑劳动力短缺究竟有多严重，转而暗示可能只是种植园主过于吝啬。其二，正如种植园全球史学者所指出的，"'劳动力短缺'这一概念具有特定的政治意识形态内涵"。它通过让工人的自由流动显得反常而不足（"短缺"），而让薪资劳力的雇佣显得常规而自然，以此来赋予强迫的、自由受限的劳动以某种合法性。阿萨姆茶叶公司面临的问题并非劳动力实体的缺乏，而是缺乏能够迫使当地人签约低薪酬工作这样一种社会环境。后一个问题——政治经济学理论中预设的发达自由劳力市场的特殊历史条件——也将在这个世纪剩余时间里在阿萨姆持续显现。[29]

至 1850 年 5 月，随着种植园经理逐步掌握茶叶种植和制作的操作原理后，阿萨姆茶叶公司的官员宣称，公司扩张的唯一障碍就是廉价劳动力的缺乏。公司备忘录记载："股东对于公司管理层的信心第一次建立起来。"这种信心也放大了调动适宜劳动力的惨淡前景："关于劳动力问题，公司现在或处于前所未有的不利位置。"1853 年，持续的劳动力问题在时任主管 H. 布尔金杨（H. Burkinyoung）的退休信中得到了清晰阐释。他对公司的发展方向进行了哲学思辨，由此写道，过去的十年为政治经济学提供了新的经验："在所有的案例中，一度被认为是首要因素的资本，却成了次要问题；所有企业的首要诉求就是资本应用的实际效能。"他进一步解释："应用，就意味着劳动力的供给。"在布尔金杨看来，在茶叶经济中，劳动力是比资本本身更重要的"首要"问题。他总结道："没有什么地方比阿萨姆茶叶公司更能体现这一令人震惊的现实，坐拥 200 万英镑的资本，却无法实现任何实质性的成果。"[30]

阿萨姆茶叶公司持续发现，"劳动力问题"限制了它从作物和土地中生产价值的能力。布尔金杨得到的经验也在其他官员身上不断印证。例如，公司总管就曾写道："我相信，只有从孟加拉稳定流入的劳动力，才可以帮助公司顺利地扩展其业务。"伦敦董事会回认，公司面临的"巨大阻碍"就是"当下不充足的劳动力供给"。在后来的十年，随着更多企业加入茶叶贸易，伦敦董事会又致信孟加拉政府，"阻碍茶叶种植更快扩张的首要关键因素是省内劳动力的紧缺"。亚当·斯密曾设想，劳动分工及随之而来的社会"进步"一直受到市场发达程度的限制；那么阿萨姆茶叶公司的处境则显示了相反的说法：阿萨姆当地人不愿签约成为茶叶工人的事实，限制了市场经济活动。在 19 世纪 40 年代的多年歉收之后，"茶叶公司已在倒闭的边缘苟延残喘"。即便在它逐步复苏并支付股息之时，生产规模依然不大，且公司使用的手工生产技术无异于那些独立小农。因此，"直到 19 世纪 60 年代之前，茶产业并未兑现任何工业革命的果实"。[31]

古典政治经济学的历史主义批判

自由主义的危机

1857 年 5 月，被称作"印度兵"（sepoy）的孟加拉军队将刀刃指向印度北部城市密鲁特（Meerut）的英国居民，并一路剑指德里，试图推翻英国人的统治。噩梦般的"印度兵暴动"源于对社会的多重不满——从高税收到对印度本地精英的贬低，它也引发了印度中北部地区的一系列叛乱，直至 1859 年受到镇压。莫卧儿王朝终究走向覆灭，皇帝巴哈杜尔·沙（Bahadur Shah）被放逐至缅甸，英国议会将印度政府的权力从东印度公司转交至英国皇室。阿萨姆也卷入了社会动乱。1857 年秋，阿萨姆和孟加拉的知识界精英密谋推翻英国在印度东部的统治，并计划依靠阿萨姆茶叶公司工人的支持——根据一份报告，这些工人相信"欧洲人'将被彻底击垮'"。然而这些计划从未落实，英国军队很快作出反应，在次年逮捕并处决了密谋者。[32]

对于布拉马普特拉河谷更加意义深远的，是伴随这些暴动而引发的大英帝国政治思想的深刻转变。英国官员摒弃了早期自由主义改革的乐观想法，转而采纳一条更为严苛、傲慢的政治路线。印度的暴动，与几乎同期发生的爱尔兰、牙买加和新西兰的叛乱一起，逼迫着当地官员质疑他们的若干假设——包括社会进步的可行性、印度自由主义改革的接受程度，以及英国人与印度人共通的人性。卡鲁纳·曼特娜（Karuna Mantena）提出："1857年标志着英帝国意识形态变革的一个重要转折点……从普世主义者（universalist）转向一种文化主义者（culturalist）的立场。"受亨利·梅因作品的启发，英国官员转而强调文化差异的不可驾驭，这种差异基于宗教和社会习俗，依托于一系列历史演变的逻辑。

他们非但没解放印度社会，反而愤世嫉俗地坚信印度仍深陷于地
方传统的枷锁。[33]

　　研究 19 世纪印度的史学家长期关注 1857 年之后印度的文化
主义议程，在于强调那些涉及种族、种姓、部落、信仰和性别问
题应纳入法律的政策。官员也将文化差异的观念作为推行更有力
的帝国统治的辩护理由或"托辞"。正如安德鲁·萨托利曾阐释
的，习俗和文化在很多殖民地官员看来，也在理性的政治经济学
计算的范畴内。同样地，我认为，后暴动时期的历史主义思想也
被动用来为新的经济干预政策辩护——尤其是让阿萨姆的刑事契
约劳动合法化。与此同时，关于文化特殊性以及历史落后性的理
念开始在政界获得越来越多的拥趸，东北部的官员曾正式发表过
相同的言论，以将带有父权式、非自由主义色彩的政策合理化。
19 世纪 60 年代的帝国意识形态的混乱使人们开始质疑政治经济学
的乐观假设及其对个体自由和市场交换的强调。文化主义的政治
学理论和家长作风的政治经济学的联姻，于加尔各答官员利兹的
论著中完全展现，正是在他的促成下政府通过了阿萨姆的刑事契
约劳动移民法规。[34]

"最温和形式的奴隶制"：
威廉·拿瑟·利兹的殖民化理论

　　威廉·拿瑟·利兹原是受雇于加尔各答威廉堡学院（Fort
William College）的一位东方学家，名下有数十本翻译阿拉伯语及

波斯语的文献。他也是一位业余的政治经济学研究者。在美国南北战争造成的"棉花饥荒"期间，利兹开始研究在印度种植美国棉花的可能性，偶然了解到阿萨姆茶产业陷入困境的消息。受此吸引，他将个人积蓄投入几家小型茶种植园。用他自己的话来说，他"既有来自殖民定居者……的眼光，又高于此"。1863 年，利兹发表了一部结构松散的政治随笔集，论述印度的茶叶试验，却出乎意料地受到了广泛阅读和积极评价，很快再版。1864 年，新任印度总督约翰·劳伦斯爵士（Sir John Lawrence）邀请他共进早餐以征求建议，这意味着，利兹"同时受到茶叶种植园主和政府的待见"。利兹的文集出版时间，正巧赶上了阿萨姆的投机泡沫及土地收购热潮。从 1854 年开始，政府放开了土地购买的条件；到 19 世纪 50 年代末，该区域便出现了 51 座私人种植园。1861 年，新颁布的法律规定，阿萨姆的土地出售应赋予绝对所有权，这一改变用拍卖机制取代了原有的固定地租费率，造成了疯狂的投机潮。随之而来的"茶叶热"让投资者花费了数百万英镑，并逼迫政府直面该地区的"劳动力问题"（详述见第四章）。不过，即便在经济泡沫的最高点，利兹还是预料到，如果不能解决非干预主义路径的问题，阿萨姆的发展依然是不容乐观的。[35]

利兹对于茶叶史的贡献是，他采用政治经济学的理论话语论述了当前发生的劳动力问题。他捍卫政府"殖民化"路径的论点，预示了 19 世纪六七十年代对契约劳动的支持将被广泛接受。和几十年前的本廷克一样，利兹认为加大英国投资能够给英

国资本提供出口，同时有利于发展印度制造业。而当时便是亟须
此类措施的特殊时刻。茶叶问题也折射了全球原生棉寻求新供给
来源的问题，对此，一位观察者在 1861 年致信《英格兰人》（*The
Englishman*）杂志写道："在我看来，这就是当下的首要话题。"恰
巧在地球两端同时爆发的战争，使得棉花和茶叶的供给都受到了
威胁。关于棉花问题，利兹写道："由于美利坚'不合'众国（dis-
United States of America）的可悲境遇，母国制造业的利益正深陷
随时可能湮灭无存的危机之中。"来自美国南部的生棉"只能由印
度的"取代。同时，发展印度茶产业也已成为国家性的紧迫事务，
因为中国的太平天国运动"让数千英亩的茶叶良田荡然无存"，因
此，"棉花产业的危机也可能出现在茶产业"。[36]

　　利兹辩驳道，在印度种植棉花和茶叶只需要"政府干预本身"
就可以实现。他的政论文集真正的攻击目标是"不干涉主义"学
派的经济思想，即"将政府干预视为对国家发展的伤害和最大阻
碍"。棉花和茶叶面临危机时，还是这种态度"无异于告诉一位遭
遇海难的人不许抓住旁边的人"。"在现在这个时刻，谈及'首要
原则'几乎是荒诞可笑的"，他抱怨道，"但如果这些人一定要鼓
吹这种思想，并依此行动，就像是假设经济学的药典里包含了可
以医治贸易所承袭的所有疑难杂症的处方，并顽固地忽略了这样
一个事实，即商业世界的市场正遭遇着超出一切经济学规律框架
下的困境对此将毫无助益。"然而，利兹的论述并不只是反智识的
碎碎念。在对茶叶问题的讨论中，他也全面、抽象地分析了古典

经济学及其对于人性的若干假设。[37]

　　利兹援引亨利·梅因的思想，后者是对于"塑造 19 世纪大英帝国的实践事业"最具影响力的人物之一。梅因作为一位法学学者，因在其著作《古代法》(*Ancient Law*, 1861) 中提出的理论而闻名，曾担任印度总督的顾问委员会成员，也为大英帝国在 19 世纪下半叶面临的"自由主义的危机"出谋划策。在梅因看来，没能提前预见印度、牙买加、爱尔兰的叛乱，终究是一场"认识论"的失败。只要英国的政策制定者对人性仍抱有普世主义的观点，他们便无法对地方文化及社会的真正秩序提出疑问，而这些在印度是受宗教和"种姓情结"控制的。在梅因的逻辑中，印度始终停留于很早的状态，管理者不应将在英国适用的原则推行至亚洲社会的治理之中。他提出，法律史可以视为一场"从身份转到契约"，与此同步进行的是由公有资产转变至私人财产的运动。在现代社会，原本由家族和家庭持有的资产，最终划分至个人持有。由于印度社会依然是社群性的，殖民地政府试图让个人财产权制度化便是一个错误。利兹在梅因的论述基础上，采取类似的分类法对印度生活进行了描述。他写道："即便在加尔各答这座英属印度的大都会，像牛顿和培根、莎士比亚和弥尔顿所熟悉的'日常生活词汇'所描述的那样，在这个世纪逾四分之一的时间中……当地绅士即便在英式教育下成长起来，仍无法舍弃伴随其出身而继承的所有利益和财产——因为这就是他们国家的风俗。"[38]

　　关于殖民政策，利兹和梅因有多个类似的关键性结论。首先，他们都挑战了认为人性具有普遍可塑性的假设。他们反对自由主义乐观的论调，而强调即便在英国统治一个世纪之后，印度依然停滞于较低的"文明阶段"，这是气候和地理差异造成的结果。"在印度，"利兹写道，有些地区被"野兽"占据，其他地区则被"半野蛮人种"和"半原始部落"占领。总体而言，印度"或可以说仍处于农业文明阶段"。在阿萨姆，这种落后于欧洲的状态更加显著，那里的人甚至"不像印度斯坦人，也不像与他们近邻的孟加拉人"。其次，他们都认同，将生发于英国经验的政策强加于印度，并不匹配当地的社会机理。在利兹看来，"当我们考虑到这个地区、人口、种族和语言的数量及多样性、种姓的区隔、不同省份和地区之间教育与文明水平所处的不同阶段，还有无数印度与英格兰截然不同的境况"，那么"如果将在彼处适用的法律……适用于此处，将会造成令人不安的后果，这足以扰乱最为精确的、完美平衡的计算公式"。在两人看来，1857 年的暴动表明，改造印度社会的努力已经失败；他们认为，印度兵对于英国人所带来的教育和法律恩惠不知感激。"如果印度人并不是那么无知和迷信，"利兹写道，"1857 年的暴动绝不可能发生。"最后是第三点，自由主义改革的根本性错误是方法层面的。梅因批判政治经济学过于依赖抽象推导，总是从人性的一般规律开始，而不是更多关注差异带来的"摩擦"。类似地，利兹写道，政治经济学并非"一套可推行于不同文明阶段的任何民族的、基于无懈可击的原理的标准，或是某个不偏不倚的法则"；相反，两人强调一套"科学的"

世界观——依托于不同人类发展"阶段"的历史进化和横向比较，以及以"文化"的作用，它可能会让狂奔的政治经济学把车刹住。[39]

利兹调用以上的文化主义和历史主义理论，以支撑阿萨姆茶业的劳工招募政策。他首先提问，要如何创造经济繁荣？为何政府政策无法实现它？在《孟加拉永久协议》和西印度的税收体系这样的奠基性政策中，他批评了早期政策对固定土地税率的倚重（约1790—1810）。但《孟加拉永久协议》并未让整个国家富裕起来，而只是养肥了"萨敏达"这个人数极少的阶层，他们并未将积累的财富重新投资到土地中。它将英国模型误用于孟加拉社会，那里的本地人缺乏教育、逃避税收、斤斤计较。紧接着，利兹亦否定了增加欧洲人投资的功利主义政策（约19世纪20年代至40年代），认为这些政策仅是"穷途之策"，并再次指出种族差异造成的难题："只要存在一个种族是外来的，"他写道，"两者之间的利益必然在很大程度上是对立的。"在分别排除了以土地和资本为中心的政策可行性之后，利兹进而转向了古典经济学中的最后一个生产要素："首先值得我们关注的，远比土地的资产权属更为紧要的，"他写道，"就是劳动力。"如此一来，利兹的论点也批驳了亚当·斯密重农主义和商人主义理论，其将价值阐释为一种人类活动的产品。[40]

利兹相信，殖民地官员忽视了政府应承担的监管劳动力的职责。他也呼应了布尔金杨及阿萨姆茶叶公司的说法，即在欧洲资本改造阿萨姆的肥沃土壤之前，劳动力招募必须先行。"人最有价值"的原因在于，"如果没有劳动力，资本便如这之前的荒蛮一样，是封闭的、无用的"。阿萨姆茶叶公司的"资本仿佛径直倾倒在泥土上，等待着腐烂"。利兹进而赞同，孟加拉政府有必要认识到事情的先后顺序，或者说"这些因素之间的关系"。阿萨姆的问题不应被殖民地官员视为"劳动力和资本的问题"，而应是"殖民化的问题"。由于劳动力是经济发展如此基础性的问题，政府的"干预"也就很有必要。"殖民化的奥秘"在于，那"要生养众多，遍满地面"*的神圣法则应颠倒过来："除非母国的种子可以在新的土壤生根发芽……神圣法则的目的便尚未完全达成——世界的财富也不会成比例增长。"[41]

　　19 世纪的殖民理论借着批评市场动态来解决劳动力短缺问题。就此，利兹援引另一位当时颇为显赫的理论家——爱德华·韦克菲尔德，这位英国政治家是制定澳大利亚和新西兰殖民政策的关键人物。和梅因一样，韦克菲尔德认为政治经济学不能只有理论推理；它应将特定的、地区性的差异纳入考量，尤其是不同领土下土地和劳动力之间的比例。"不干预主义"经济学假设背后的根基站不住脚，即市场机制会像对资本和商品一样作用于劳动力。但与金钱和货品不同的是，人并不必有往高处走的需求。韦克菲尔德写道，边沁、密尔和李嘉图的著作中的推理都存在一个"不

---

* 来自《圣经·创世记》。

合理推论"（non sequitur）。他们一开始皆假设资本是财富创造的基础，因此，生产性活动受限于可用于投资的资本量。然而，他们的错误推论在于：正因为只有资本可以雇佣劳动力，所以资本就必然可以找到可雇佣的劳动力。在 19 世纪 30 年代的阿萨姆，弗朗西斯·詹金斯也曾表达过类似信念，即"没必要从政府层面采取措施来劝诱（外国劳动力的）移民。茶叶种植的快速进展可带来的利润，将足以激励投资者将劳动力带来阿萨姆"。韦克菲尔德认为这是一个逻辑谬误："并非所有资本都能雇佣劳动力。这样说几乎就是颠倒黑白。资本的增长并非总是伴随着劳动力雇佣的增加。"这种"政治经济学的不合理推论"是一个导致自由主义经济学思想失效的致命疏忽，这样的发现也预示着，需要在其劳动力市场失灵之地采取非市场化的措施。[42]

利兹采纳了同样的论点来支撑阿萨姆的契约劳动。他以两条政策建议来进一步诠释他的立场。首先，茶产业需要绑定合约，因为潜在的印度移民并不是会自行寻觅雇佣机会的自由、理性主体。尽管印度的很多地方都"人口稠密"，但还是有些区域"人口极度稀疏"。阿萨姆是个极为不幸的例子，因为那里的土地"几乎可以盛产任何作物"，但"怠惰而恶劳"的本地人导致"土地的旺盛生产力""几乎完全陷于沉睡"。利兹的言论让人想起早期殖民者对于阿萨姆本地人的失望之情。然而，潜在的移民劳工都是社会中的"穷人"，没有能力自行移民。他们需要从种植园经理那里拿到预付款，而经理也会要求确保工人留下来："由此就让契约法律变得不可或缺。"其次，这样的合约也需政府匹配相应的法规，因为经验显示，移民劳工在当前体制下时常受到欺骗。利兹批评了前任孟加拉总督，后者就在1860年提到，"引进劳工"的管理"并不是政府的事，而是与那些阿萨姆茶叶种植园的利益相关者的事"。这句话虽只是一条"抽象原则"，却让"金钱和流血"付出了"实践"代价，"旅行者可以在阿萨姆的任何一个角落看到它造成的恶劣影响"。近些年来，茶叶种植园主用最低的价格雇佣包工头。作为"规则"象征的包工头实行合约起来是"不讲情面的"，因为"只要他能赚到钱，他才不会在乎面对的是人类还是田野中的野兽，奸诈与残忍毕现也不会让他产生任何心理负担"。包工头专门掠夺"老幼病残"，"即便是那些病入膏肓、行将就木之人，也被强行加入这毫不留情的劳动服务之中"。如果没有政府的监管保护或医学检查，这些雇工会置身于极不卫生的工作环境中，在这样的"屎溺"中"滋生着瘟病的细菌"。与"奴隶贸易的恐怖"相比，造成这种局面的责任在于政府官员以及他们"对'健全原则'的空洞讨论"。[43]

利兹的父权主义观点，实质标志着对自由派改革的普世乐观主义的背离。"印度本地人尚处于幼年状态"，他写道，他们可能"受谎言引诱而背井离乡"。他们"亟须保护……就像那些用来保护未成年人的法律一样"。至于个体自由的问题，利兹承认，在刑事契约体系下，"自由的劳动者被剥夺至一种受奴役的状态"。他的理由是，原则也需要妥协，放在印度社会的状态下，牺牲一小点利益就能得到丰厚的回报。他指出，刑事劳动合同本就存在，将印度苦力引诱到毛里求斯和留尼汪岛等地。尽管普林塞普早在1840 年就敦促阿萨姆茶产业不要遵循海外殖民地糖业的先例，国内劳动契约至少有利于将劳工维持在印度政府的管辖范畴之内。"生活在英国法律的保护之下，"他写道，"这里的奴隶制的形式也将会非常温和。"[44]

利兹针对阿萨姆的劳动契约进行了最详尽的辩护，但他并非唯一一个这么做的人。随着 19 世纪 60 年代新的立法得到通过，很多官员都在日常信件及法案中不断重复与利兹相似的理念。类似的论断还可在关于印度政策的其他探讨中看到。例如，针对棉花贸易，《经济学人》的一位作者便拥护政府采取行动促进棉花贸易，他认为在印度"无法找到政治经济学的基本前提"。印度的供货商都是"不讲信用又目光短浅""极其冷漠的"村民，他们身处一个"诡谲的社会状态"，在那里，"一般的假设"起不到什么作用。这篇文章总结道："给一个缺乏一般经济能力的国家推荐一般的政策，就像给一位聋哑儿童推荐一般的教育方法一样荒诞可笑。"[45]因此，利兹的论著的历史意义并不在于他独特的精神，而在于他的思想最终在殖民地管理体系中居于霸权——几乎成为一种常识。如果说阿萨姆转向刑事契约的做法是针对该地区问题的特殊解决方式，那么把它放在更广阔的、针对整个帝国视阈的自由主义危机中同样可行，因为殖民地官员开始从文化主义和家长主义的视角看待印度社会，并使用政治经济学的论据来为政府干预辩护。由此带来的实践后果是，阿萨姆几乎在利兹论述的同时，就开启了政府支持的茶业劳动契约体系。

结论：价值理论的历史特定性

在继续分析刑事契约系统的实际操作方式之前，本章最后的部分将进一步探讨殖民理论，及其对于古典政治经济学的重要意义，以及如何将不断重现的"价值理论"（theory of value）作为一个历史分析对象。利兹和韦克菲尔德提出的殖民策略是基于对经典理论的批判。在利兹最严酷的批评中，他挑战了斯密的论著作为科学"真理"的地位，转而将其放在斯密之前的一系列思想者中予以审视。利兹"并无轻蔑之意"，因为神化斯密会更具侮辱性，那仿佛暗示了"文明的欧洲"在 18 世纪以后就"停滞不前"。[46] 无论如何，利兹和韦克菲尔德仍承认，政治经济学在较宏观的议题上是一门显学。尽管殖民理论挑战了某些古典经济学假设，但还是给它们增添了历史和地理深度，基于对这样一个事实的反思：相比于大多数经济学学者所关心的 18 世纪欧洲的经济增长问题，更关注一些原本处于全球市场之外的社会未来资本主义的发展，如新西兰、澳大利亚、阿萨姆等领地。

韦克菲尔德提出的殖民理论指向了古典政治经济学核心的一个历史难题。尽管斯密及其追随者提供了关于市场如何在理想条件下运行的令人信服的分析，但他们还是忽略了各种历史上的可能性条件。在《国富论》中，斯密论述了关于"预先"积累的问题，这份积累构成了第一笔可作为资本的财富，但他并未详述这些前期过程是如何进行的。在资本积累的逻辑下，流通的先决条件是生产，生产的先决条件又是资本，资本的先决条件又是流通和生产。正如马克思后来所评价的，"这整个运动好像是在一个恶性循环中兜圈子"。[47]斯密关于前期积累的问题，在马克思的理论论述中被称作"原始积累的秘密"，他的论著大约作于利兹文集的同一时代。和同代人利兹一样，马克思在韦克菲尔德的论述中看到了关于经济学理论中的劳动力的作用。

马克思在《资本论》的第一卷总结道："韦克菲尔德的巨大功绩，并不是他关于殖民地有什么新发现，而是他在殖民地发现了关于宗主国的资本主义关系的真理。"* 韦克菲尔德观察到，"在殖民地，拥有货币、生活资料、机器以及其他生产资料，而没有雇佣工人这个补充物，没有被迫或自愿出卖自己的人，还不能使一个人成为资本家"。因此他发现，"资本不是一种物"，并不是先前的经济学派所坚信的货币或土地。相反，资本是"一种以物为中介的人和人之间的社会关系"。马克思所谓的社会关系意味着，资本的扩张依赖于薪资劳动的供给和雇佣。尽管韦克菲尔德挑战了市场交换的自然属性，但他还是承认了斯密的基本论点，即商品所彰显的价值并非源于市场需求，亦非来自土地，而

---

* 关于马克思引文的中文翻译参见《马克思恩格斯文集》（人民出版社，2009 年）。

只能来自有生产力的薪资劳工的工作。例如在阿萨姆这样一个
没有活跃的自由劳动力市场的"荒地"，资本主义生产是不可能
实现的。[48]

　　若像韦克菲尔德所辩驳的，古典价值理论只能在特定的社
会条件下才能运行，那么究竟是怎样的历史情境，让斯密一开始
将它理解为自然、一般的法则？斯密成年后一直居住在苏格兰的
商业中心——格拉斯哥和爱丁堡，有时居住在牛津和巴黎。在这
段时期，格拉斯哥商人得益于其在跨大西洋烟草贸易中的优势地
位，其触角已扩展至多个工业部门，包括煤矿和铅矿、纸、玻璃、
铁、纺织品和棉花。在他 1763 年的系列讲座中，斯密提到了"谢
菲尔德、曼彻斯特或伯明翰，乃至苏格兰的某些城镇中提供新就
业"的"济贫院"（work houses）和"制造厂"。他的周遭环境带
来了一种早期资本主义的增长，由广阔的商人资本网络结合劳动
集约型生产而推动——无异于前一章所描述的中国茶叶的生产世
界。正如历史学家所推测的那样，18 世纪苏格兰结合了看似原始
的高地与"看似较发达的低地——在那里，基于市场和自由劳动
的社会关系与较老的社会组织形式残余并存"，这一切都驱使斯密
那一代学者思考发展的不同"阶段"。在这种混合劳动形式的背景
下，《国富论》的卷首看似是矛盾的，以至于斯密所呈现的理论看
似是永恒的、自然的，仿佛有人愿意不受胁迫地持续贡献劳动力。
然而，到了《国富论》第八章关于薪资的部分，斯密承认，独立
的生产者不再"如此常见"，"在欧洲的各个角落，20 名学徒工共

同在一位师傅手下学习，只有一名能够成为独立工"。因此，斯密对于商业社会的描述，也就是薪资劳动迅速成为普遍情况，只能基于欧洲的特定背景。值得注意的是，这并不是个资本集约型技术创新造就的世界；不过，它可以称为一个社会和经济革命的世界。[49]

在更理论的层面，斯密将"生产性劳动"作为价值的来源及标尺的定理式描述，包含了多个关于经济生活的假设，而这种生活却属于现代薪资历史的特定时代。斯密对于重商主义和重农主义的摒弃——亦见于利兹对殖民地政策的批评——在此非常重要。在早期经济学派学者的眼中，价值寄身于金属或谷物等实体之中，而斯密却认为，价值是无形的、社会性之物，是一种根植于商品中人类劳动"量"之物。他以抽象的方式来描述劳力，视其为一种可在行动间"互换"的财产。有人认为，漠不关心的态度揭示了斯密对于现实世界的体力劳动者的居高临下。[50] 然而在概念层面，斯密的言语的抽象性和非特定性对应了薪资工作本身的特质。人们发现人力越是成为市场上售卖的商品——与通过家族、种姓或为个人服务而获得劳动力恰恰相反——越是发现他们可以受雇于任何行业，不光是农业，还有采矿业、纺织业或玻璃制造业。随着薪资劳工的社会形式逐渐一般化，劳动的内容本身也变得愈发抽象，脱离于任何具体活动。英国政治经济学的价值理论所反映的正是这样一种社会现象。在马克思的历史笔记中，他诚挚地写道，斯密的理论直抵资本主义社会的核心：

> 对任何种类劳动的同样看待（即劳动一般），对应于
> 这样一种社会形式，在这种社会形式中，个人很容易从
> 一种劳动转到另一种劳动……这里，劳动不仅在范畴上，
> 而且在现实中都成了创造财富一般的手段。[51]

马克思并非像某些粗暴的"基础和上层建筑"模型，暗示观
念是外部现实的附带产品。[52] 相反，意识本身就和社会实践一样真
实（real），两者是内在关联的。就历史意义层面，斯密对于价值
理论的主观阐述与他所描述的客观社会形态同样重要，并具有历
史对应关系。在经济思想史框架内，这揭示了与资本主义的扩张
相适应的观念产生了。

当然，如何摸清这种实践层面的薪资劳动和理念层面的古典
价值理论之间"对应关系"的确切轮廓，依然困扰着历史学者。
我对于经济思想背后的社会境况的重建，并不意味着生活在资本
主义社会中的任何人都会不可避免地抵达亚当·斯密推导的同一
结论。相反，它意味着资本积累的过程在历史上便构成了这类观
念所需的可能性条件：古典价值理论只能对居于资本主义社会中
的人产生意义。处于伦敦和格拉斯哥这样的工业中心的观察者会
认为这一理论是可理解的、可信的，因为这与他们所处的社会环
境产生共鸣，尤其是制造业的经济力量在快速扩张，而效率创新
是当时最让人兴奋的话题。而且，就像我们将在接下来的章节中
看到的，商业化的中国和孟加拉的观察者同样受到这一理论的吸

引，因为他们也看到了同一种快速蔓延的现象——由依赖市场的工人所驱动的商业化生产。

然而，这一理论与19世纪中叶阿萨姆的联系却远没有那么紧密。在那里，劳动力的作用成为核心的政治问题，这并非由于薪资劳动的普及，而恰恰源于薪资劳动的不普及。在亚洲边缘地带建立资本主义工业意料之外的困难，布尔金扬和利兹等人修正了古典政治经济学的普世原则。他们将其构成要素分解，直至提炼出最原始的要素。于是，政府管理者开始制定一个合理摹本，这将以临时的、非自由的刑事契约体系的形式出现。古典价值理论在阿萨姆的作用并非作为对现存社会关系的凝练，而是作为撬动变革的杠杆。这一景象并非独一无二的。它折射出黑奴解放后的加勒比、美国南部和欧洲殖民地的种植园主面临的普遍问题，这将在本书第六章予以讨论。从比较视角来看，阿萨姆的茶种植园主与远在中国的直接竞争者并无太大差异。就像阿萨姆的种植园主需要锁住移民契约劳工一样，广东的行商和徽州及武夷山的客商也要提前借款给农民，并通过私人网络来雇佣季节性临时工。正如下一章将展示的，在中国和阿萨姆各自的劳动集约型生产体制之间，存在很多其他的共性。然而，最终推动印度茶产业在商业上走向不同道路的是一套种植园体系——它基于政府支持的殖民化理论，并与最初流行的经济自由主义愿景完全背道而驰。

注　释

1. James Matheson, quoted in Greenberg, *British Trade*, 232.

2. The following Bentinck and Walker quotes come from "Papers Relating (63)."

3. M'Cosh quoted in Barpujari, *Days of the Company*, 11; Greenberg, *British Trade*, 183; "Minute by the Right Honble the Governor General," 22 February 1840, p. 266; "Minute by the Honble HT Prinsep Esqre," 25 February 1840, pp. 293–95; "Papers Regarding the Promotion of Tea Cultivation in Assam, Vol. 2," IOR/F/4/1882/79965, IOR.

4. RALEC, 135.

5. Behal, *One Hundred Years*, 9, 141; Bagchi, *Private Investment*, 161–63; Guha, "Big Push," 202–4; Bhattacharya and Chaudhuri, "Eastern India," 270–331, 325.

6. 感谢茱莉亚·斯蒂芬提议我以此角度切入。

7. Bracken quoted in Stokes, *English Utilitarians*, 39.

8. 这一趋势可以被视为 19 世纪 "历史主义者对斯密主义体系的反革命" 的一部分。Rothschild, "Political Economy," 751; 相比之下，这段历史与里图·比拉的经济生活法律史相似，其中以自由和公共 "经济" 实践原则为基础的经济法标准化，同时产生了私人的、古老的 "文化" 类别。在这些类别上，持续的胁迫行为是合理的。

9. Barpujari, *Days of the Company*, 23–29; 49–51; 81–83; Guha, *Early Colonial Assam*, 142–43; Scott quoted in Guha, 148.

10. Stokes, *English Utilitarians*, 1; Marshall, *East Indian Fortunes*, 104–36; Stokes, *English Utilitarians*, 81; Metcalf, *Ideologies of the Raj*, 18–23; Ambirajan, *Classical Political Economy*, 11; Webb quoted in Ambirajan, 15.

11. Smith, *Wealth of Nations*, 12; 456–80; 718–46; 14; Ambirajan, *Classical Political Economy*, 214, 221; Stokes, *English Utilitarians*, 58–59. 亚当·斯密并不是第一个阐明以劳动为前提的价值理论的人，但他可能是对此最有力及最明确的支持者。Meek, *Labour Theory of Value*, 11–81.

12. Sen, *Empire of Free Trade*; Ambirajan, *Classical Political Economy*, 221.

13. Ambirajan, *Classical Political Economy*, 25, 221–22.

14. Kolsky, *Colonial Justice*, 42; Bentinck quoted in Ambirajan, *Classical Political Economy*, 47; Bhattacharya, "Indigo Planters," 56–61.

15. Metcalf, *Ideologies of the Raj*, 29; Bentinck in Stokes, *English Utilitarians*, 51.

16. Walker quoted in "Papers Relating (63)," 11 – 12; Jenkins, *Report on the North-East,* 35 – 36; Jenkins quoted in Barpujari, *Political History*, 52; cf. Guha, *Early Colonial Assam*, 148 – 55.

17. Jenkins quoted in "Papers Relating (63)," 30 – 34; cf. Griffiths, *Indian Tea Industry,* 36 – 41.

18. Guha, *Early Colonial Assam*, 172; cf. Bhattacharya, "Laissez Faire," and Behal, *One Hundred Years*, 141 – 86.

19. Bruce, *Report on the Manufacture*, 3, 7; Griffiths, *Indian Tea Industry*, ch. 4; "Papers Relating (63)," 70, 86, 92; Brown quoted in Sharma, *Empire's Garden*, 44.

20. *Friend of India*, quoted in Griffiths, *Indian Tea Industry,* 64; J. Berry White, quoted in Griffiths, 50; "Resolution from the Government of India," "Transfer of the Tea Plantations Established in Assam to Private Enterprise," 15 June 1839, Nos. 1 – 10, p. 73, Revenue Agriculture Branch, Home Department, NAI; for a more detailed analysis of these ventures, see Liu, "Noble Tea Country."

21. "Employment Contracts," 1839 – 1840, JM/F11/2 – 13, JMA; cf. "Original Consultations," 1840, Tea Department, Board of Revenue—Agriculture, WBSA and "Papers Regarding the Promotion of Tea Cultivation in Assam, Vol. 2," pp. 541 – 86, IOR/F/4/ 1882/79965, IOR.

22. Letter from the Revd C. Gutzlaff to Wallich, 13 December 1839, pp. 559 – 61, emphases added; Letter from Grant to Wallich, 27 January 1840, 562 – 563, "Papers Regarding the Promotion of Tea Cultivation in Assam, Vol. 2," IOR/F/4/1882/79965, IOR.

23. Letter from Wallich to Maddock, 17 February 1840, "Papers Regarding the Promotion of Tea Cultivation in Assam, Vol. 2," p. 577, IOR/F/4/1882/79965, IOR.

24. "Papers Relating (63)," 44 – 45; Letter from Wallich to Grant, 18 July 1839, "Papers Regarding the Promotion of Tea Cultivation in Assam, Vol. 2," pp. 399 – 400, IOR/ F/4/1882/79965, IOR.

25. Metcalf, *Ideologies of the Raj*, 34; Bentinck in "Papers Relating (63)," 5; Arrighi, *Adam Smith,* 57 – 58.

26. "Resolution from the Government of India," "Transfer of the Tea Plantations Established in Assam to Private Enterprise," 15 June 1839, Nos. 1 – 10, p. 72, Revenue Agriculture Branch, Home Department, NAI; Minute by the Governor-General Eden, 22 February 1840, pp. 268 – 69; Minute by Prinsep, 25 February 1840, pp. 293 – 94, "Papers Regarding the Promotion of Tea Cultivation in Assam, Vol. 2," pp. 293 – 94, IOR/F/4/

1882/79965, IOR.

27. Antrobus, *Assam Company*, 45−47; Sharma, *Empire's Garden*, 71; Letter from Jenkins to Grant, 19 January 1849, "Sanctions the Deputation of Lum Ping Yung to Promote Resort of Chinese Merchants into Assam," 19 May 1849, Nos. 15−17, p. 7, Home Department, NAI; on the fate of the Chinese workers, see entries from 4 May 1848 and 9 June 1854, "India (Calcutta) Committee Minute Books," MS 9925, vol. 5, 128; vol. 7, 144, ACA.

28. Entries from 1845 to 1848, "India (Calcutta) Committee Minute Books," MS 9925, vol. 1, 871, 1014−15, 1136, 1190; vol. 5, 111; vol. 11, 276−78, ACA.

29. Sen, "Commercial Recruiting and Informal Intermediation," 6; Behal, *One Hundred Years*, 236−37, 255; Bernstein and Brass, "Introduction," 17, 31n38.

30. Entries from 1850 and 1852, "India (Calcutta) Committee Minute Books," MS 9925, vol. 5, 143; vol. 6, 134, ACA; Burkinyoung quoted in Antrobus, *Assam Company*, 477−78.

31. G. Williamson, quoted in Antrobus, *Assam Company*, 485; Entry from 18 September 1854, "India (Calcutta) Committee Minute Books," MS 9925, vol. 7, 204−5, ACA; Antrobus, *Assam Company*, 99, 67; Guha, "Colonisation of Assam," 305.

32. Guha, *Planter Raj*, 3−4.

33. Mantena, *Alibis of Empire*, 1−2.

34. E.g., Cohn, *Colonialism and Its Forms*; Mantena, *Alibis of Empire*, 179−88; Sartori, *Liberalism*, chs. 2−3.

35. Lees, *Tea Cultivation*, 211; Lees, *Land and Labour*, iv, 84−85; Lees, *Memorandum Written*, 1−2; Lees, ed., *Resolutions, Regulations, Despatches*, 1−2; Edgar "Tea Cultivation," 17, 13; Money, *Cultivation & Manufacture*, 2−3.

36. *The Englishman* quoted in Beckert, *Empire of Cotton*, 251; Lees, *Tea Cultivation*, 93, 2, 97.

37. Lees, *Tea Cultivation*, 105, 130, 95, 108.

38. Mantena, *Alibis of Empire*, 3, 49−50, 119−21; Lees, *Tea Cultivation*, 261−62.

39. Lees, *Tea Cultivation*, 113−16, 320; Lees, *Memorandum Written*, 7; Maine quoted in Mantena, *Alibis of Empire*, 147; Mantena, *Alibis of Empire*, 2; Metcalf, *Ideologies of the Raj*, 68.

40. Lees, *Tea Cultivation*, 299−305, 314−21.

41. Ibid., 354−55, 29, 345−46.

42. 利兹在其文本其他地方同意了韦克菲尔德的设想。Lees, *Tea Cultivation*, 349; 论韦克菲尔德理论在印度的接受，见 Ambirajan, *Classical Political Economy*, 45; Wakefield, "England and America," 500–503, 515, 517; Letter from Jenkins to Halliday, 20 April 1840, "Grant of Lands for the Cultivation of Tea in Assam," 8 June 1840, Nos. 1–6, p. 53, Revenue Branch, Home Department, NAI。

43. Lees, *Tea Cultivation*, 323, 326, 348, 331–32, emphases added, 337–44; Lees, *Memorandum Written*, 6–7.

44. Lees, *Tea Cultivation*, 359, 349, app. iv–v.

45. *The Economist* cited in Beckert, *Empire of Cotton*, 254.

46. Lees, *Tea Cultivation*, 110–12.

47. Smith, *Wealth of Nations*, 300; Marx, *Capital*, 1: 873.

48. Marx, *Capital*, 1: 932.

49. Devine, "Scotland," 394–401; Muller, *Adam Smith*, 16–20, 23; Smith, *Lectures on Jurisprudence*, 351; Meek, *Labour Theory of Value*, 54; Smith, *Wealth of Nations*, 75.

50. Perelman, "Adam Smith's Pin Factory," 22–24.

51. Marx, *Grundrisse*, 104.

52. Sartori, *Global Concept History*, 61.

大崩盘之后：
茶叶热、海外资本和
阿萨姆的劳动集约化

1895 年，印度茶叶协会（ITA）给美国杂志投送了一篇广告，字幕是："锡兰和印度茶叶完全由机器加工，消除了由赤裸黄种人茶工汗流浃背带来任何污染的可能，并保持了它天然的香气、滋味和纯粹。"广告中心的插图是"一家中国茶厂的室内，正在进行手工揉捻的过程"，图中的中国工人"裸露上身"。（代理人补充道："对此并无任何冒犯之意。"）[1] 尽管这个广告因为图像和用语过于"无礼"而被拒稿，但它还是用最粗俗的话语捕捉到了印度茶叶协会在世纪之交广告宣传的背后，可见于无数其他广告之中（图 4-1）。放在当时新兴的中国落后的语境下，印度茶叶协会建立起的意象是，印度茶叶的突然崛起和中国茶叶的相应垮台可以简单地用劳动集约型和资本集约型生产、人力和机械力之间的对比来说明。从卫生、口味到强度，印度茶产业的代理人不遗余力地称颂机械生产的茶叶。

印度茶叶协会是一家总部位于英国和印度的代理公司，成立于 19 世纪 70 年代晚期，目标是促进海外茶叶销售的同时，管理阿萨姆的劳动力和生产力问题。很快，在人力和机械力生产的技术

A Second Story about Tea From the Tropical Paradise of Tea Growing

CEYLON was famous for its spices long before Tea became its staple product.

INDIA is the native country of the tea plant, as it is found growing wild there.

Virgin soil, and a sub-tropical climate, with careful culture, favor rapid growth of leaf, thus enabling the trees to yield frequent "flushes" of fresh, juicy and succulent leaves. Two tender leaves and bud are all that's used; these contain the concentrated essence and vigor of the whole plant, for Ceylon and India tea.

The growth and manufacture of this tea is conducted under skilled management, directing native labor, and it is prepared for the market entirely by machinery in the most careful and cleanly manner. It is this scientific manufacture or preparation which gives the teas of these two countries their uncontested superiority over those made by the hand labor of Mongolians in China and Japan.

On account of this exceedingly careful attention it costs a little more than cheap, ordinary teas, *but* as it is double strength it is the cheapest in the end.

DAY'S WORK DONE AND CHECKED

Imported into North America 1894 5,379,542 Lbs. 1895 9,283,144 Lbs.

图 4-1 《淑女之家》杂志（1896 年 11 月刊）刊登的一则印度茶叶协会广告，将手工制作的东亚茶叶和假定更高贵的由机械生产的南亚茶叶对立起来。

问题中机械必胜的信念开始占上风，东西方文明的文化对立性也开始交缠起来。我们可以回忆种植园主大卫·克罗尔的陈词，即印度茶叶的商业成功代表了"西方在花香之地上萃取出了胜利"，这来源于"西方人"的"智慧、科学和研究"。讽刺的是，这一关于文化与资本主义关系的假设也出现在后代经济史学者的论述中。这些学者不认同阿萨姆的种植园是资本主义的，但他们皆认可，其文明化的行为体现了资本主义特征。他们关注阿萨姆对劳动契约下的就业，提出殖民时期的亚洲种植园可视为前资本主义的，因为它们不同于大都市的工厂，受限于"不自由性"的"矛盾"。一座雇佣不自由的工人的种植园，将无法对市场波动作出反应，且"不自由带来的低薪酬"将导致"其采取劳力取代技术性的动力很低"，因而他们也就"不会获得生产力水平的提升"。[2]这些历史学家和印度茶叶协会一样，在思想上将资本主义和自由联系在一起：首先，资本主义发展源于欧洲，尤其是英国文明，其自由的政治理想与亚洲的未开化与不自由恰恰相反；其二，资本主义发展的独特之处是，技术发明的到来将工人从劳动集约型方式中解放出来。

　　本章我将挑战这两种说法背后的假设。19世纪末，印度茶叶最初的繁荣并不是因其恪守文明与自由的理想，而恰恰得益于它所仰仗的薪资劳动的特例体系。在专注于口味和卫生的广告攻势背后，英国种植园主将印度茶叶的崛起归因于契约带来的较低的生产成本。克罗尔承认："这归功于印度和锡兰茶叶的价格低于中国茶叶，而且是极大的价格削减。"[3]

　　从1865年开始，印度殖民地官员为阿萨姆茶产业定制了一套井然有序的劳动力招募和刑事契约劳动体系。其特征是对工人流动的限制、不间断的监管，工资由法律锚定而不受市场影响。契约合同法不仅给种植园主提供了一群规训好的移民劳工，而且通过法律免罚让生产过程变得更为严苛。在政治层面，契约劳动的争议在于它与非洲黑奴制度的相似性。用现代标准来看，它无疑是"不自由的"。但在商业层面，它却取得了令人瞩目的成就。在19世纪的最后30年，随着数十万工人被带至印度东部的种植园，英国种植园主新开垦了超过17万英亩土地，而茶叶年产量也剧增

6 000 多万磅。到了 19 世纪末 20 世纪初，印度茶叶出口超过竞争者中国，茶叶生产力也开始领先世界。

不自由的劳动力体系带来可观的经济效应，给当时的学术界带来了诸多挑战。近期研究已质疑了"自由劳动"和资本主义生产的起源之间的假想联系。就像本书第二章讨论的商业资本的理想状态一样，自由劳动的理想状态源于政治经济学的经典理论，应被视为一种抽象的简化假设而非具体的经验事实。如新近研究所彰显的，在"19 世纪最发达的自由市场社会"，即西欧和美国北部，"薪资劳动用现代标准来看，也同样是不自由的劳动"。无论如何，工厂和殖民地的奴隶制种植园的雇主都是借助劳动纪律来榨取巨大的生产效能。如果说工业生产的源头，如法学专家罗伯特·斯坦菲尔德（Robert Steinfeld）所言，与经济力之外的胁迫密不可分，那么"对于自由劳动的崛起的经典叙述不啻为一种倒退"。[4]

阿萨姆茶叶的故事也迫使我们重新思考在理解"资本"概念时所涉及的范畴。阿萨姆的劳动契约体系，产生于 19 世纪 60 年代被称作"茶叶热"（tea mania）的投资泡沫灰烬之中。在投资泡沫崩盘之际，一类名为"管理经纪行"（managing agencies）的新型商业机构接管了茶产业，巩固了加尔各答和伦敦的资本，将其投入于基础设施的改良，从土地、建筑，最终才到被他们视为流动差的固定资产——契约下的劳动力[5]。这一分析导致了多个推论。首先，要理解直到 19 世纪末不自由劳动中持续存在的矛盾，必须同步考察商业形式的转型，即从独立种植园转型至管理经纪行。其次，我们不能再简单地认为中国和印度的茶叶生产代表了传统与现代、野蛮与文明的两极对立。相反，应将两地的茶产业视为一个复杂光谱上的离散点——这一光谱汇聚了一系列分离却又交叠的劳动实践，它们皆统筹于为流动的跨国资本实现资本积累的总体目标之下。阿萨姆的茶产业首次开始由贸易导向的管理经纪行重新组织，它引领着茶产业从商业面向走向了工业面向。随着契约法律将越来越多的工人带到阿萨姆，茶产业最初的生产力爆发主要依赖的是劳动集约型而非资本集约型的方法。就像在中国一样，印度种植园主和经理通过身体胁迫、时间规训、劳动力的性别和种族分工的方式来管控那些自由受限的劳动力。

从技术视角，人力和机械力的差异无疑是巨大的。本章的要点并非要抹除这一差异，而是暗示资本集约型和劳动集约型工业化在历史上是互相依存的。英国种植园主直至 20 世纪初数十年的劳动集约型增长之后，才收获了机械化进步带来的收益。机械化不能全部替代资本主义史，而应重新置于更广阔、朝向生产力提升的社会动力之中。它并不是社会转型的动因，而是结果。

在接下来的第一部分，我将详细叙述 19 世纪六七十年代契约劳动体系建立的过程，展现利兹所提出的理论问题如何在 19 世纪 60 年代被称作"茶叶热"的土地投机热潮的实践条件下发生作用。尽管若干研究都曾记载过"茶叶热"，却都忽略了它隐含带来的"后茶叶热"时代的政治经济学。公司日志和个案研究共同展现了茶产业如何重组为大型的、公司支持的、被称作"管理经纪行"的机构，后者进而推动建立了更有利的招工法令。在第二部分，我会借助不同于常规技术至上视角来阐释印度茶业成就的时间线，从而分析这个茶叶劳动体制。借助历史学家拉纳·比哈尔（Rana Behal）收集的数据以及来自技术史的概念，我提出，尽管种植园主可以采用机器来提升生产力，但这些设备并未完全取代劳动力，对于劳动力的需求直至 20 世纪仍在持续增长。在最后一部分，我会讨论劳动集约化如何真正帮助解释节约劳动力的机器的出现与兴起。劳动分工已开始将工人视为一种非人的机器，这反过来让替代劳动的工具成为可能：这是一种互换性，反映在种植园主将机器称作工人和将工人称作机器的实践操作之中。

契约体系的创建（1861—1882）

茶叶热

19 世纪 60 年代初，利兹便用理论话语清晰阐述了阿萨姆充沛的廉价土地和资本与其缺乏的薪资劳工之间长期存在的张力。然而，只有到 19 世纪 60 年代末的植茶土地投机热之后，这些问题才赤裸裸地展现在所有人面前。茶叶热的源头是在 1861 年 10 月由印度总督查尔斯·坎宁（Charles Canning）推行的新规。基于欧洲人所有权能够加速"进步"进程的逻辑的确立，坎宁宣布，阿萨姆的所有土地可按极低的固定价格出售，每英亩介于 2—5 卢比之间。

外界评论皆抨击这一新规，认为它过分自由主义，将会纵容不诚信的投资。在拍卖所内，植茶土地被誉为"印钞机"。很快，"一场堪比南海泡沫*的疯狂投机开始侵蚀所有人的大脑"。助长这一疯狂行动的原因是，关于可售土地的确切消息十分匮乏。荒地法案规定，在正规投标启动前，代理人必须先考察每一块土地。然而，殖民地官员发现，"世界上鲜有其他地方像阿萨姆和卡恰尔的雨林那样难以划界和调查"。于是，申请者甚至可以仅凭一张关于"几乎想象出来的土地"的"粗糙钢笔速写"就可来参与投标。种植园主爱德华·莫尼（Edward Money）回忆道，代理人可能会在宣传时将土地的实际尺寸夸大五倍。有时候，得标者甚至发现他们拍下的茶园根本不存在。还有些茶田被"混在三四块劣等雨林地"之中，售价远超其"实际价值"。还有时，土地上可能已居住着阿萨姆的本地族群，这时候政府会伙同新到的欧洲业主一起将本地人赶走。[6]

茶叶热并不利于真正的种植活动开展。在"热潮期间"，种植园主为"野莽的林地"支付了"近乎荒唐的价格"。很多人都决定，与其真的去开垦土地，不如在土地价格涨到最高值时将其抛售套现。1863年，阿萨姆长官的初级秘书 J. W. 埃德加（J. W.

---

* 南海泡沫（South Sea Bubble），一场 1720 年春天至秋天发生在英国的经济泡沫，欧洲早期最著名的经济事件之一，"经济泡沫"一词即源于此。得名于南海公司——一家专营英国与南美洲贸易的特许公司，其在夸大业务前景并进行舞弊的情况下使其股票大受追捧，全民疯狂炒股，最终政府颁布《泡沫法令》驱退炒股热潮，很多人血本无归，致使大众对政府的信任破产。

Edgar）考察此地时发现："种植园主们口头流传着一句话：制茶是否赚钱尚不可知，但开垦茶园是一定能发财的。"种植园主只需清理土地，种上一批不能食用的作物，然后就能按原价七八倍的水平将土地转手。新的茶园如此迅速地涌现，以致获得了"蘑菇公司"的代称。据某项统计，到了 1865 年，茶园总数已从最初的若干家增加至 92 家。很快，有经验的茶园经理也变得供不应求。莫尼写道："新的茶园开设在近乎无法种茶之地，管理茶园的经理……甚至分不清茶树和卷心菜。"这些经理中很多都是"刚从英格兰来的年轻男性"，对于阿萨姆的生活尚未做好准备；其他则是"一群退役或被解雇的军官、医生、工程师、兽医、蒸汽船长、药剂师、各类小店主、驯马师、退役警察、店员，天知道还有些什么人！"简而言之，"那些在其他事务上一事无成之人，都被认为有能力来管理种植园"。[7]

为这场热潮火上浇油的，还有殖民地印度新颁布的一套有限责任法。根据报纸报道，在这场"危险的大流行中"，那些发现自己"很难靠开店赚钱的人"开始以有限责任公司的身份"投资股票市场"。回头来看，注册管理者和审判者将这类投资评判为一座"空中楼阁"或"谎言大厦"。阿萨姆长官亨利·霍普金森（Henry Hopkinson）曾哀叹道，在阿萨姆，"茶叶始终没变"，但公司及其员工"却每个季节都在变化"。尽管多数茶园尚未生产出可销售的茶叶，但这些公司的行为"就像一条尚未完工的铁路线"，依然能给股东分红 5%—15%。受限于加尔各答的谣言和传闻，产权拥有者、投资者和银行都深信这样一个理念，即每座茶园都是"一个名副其实的黄金国*（El Dorado）"。[8]

1863 年底，股价涨到了最高点。历史学家希亚姆·朗格塔（Shyam Rungta）认为，茶产业的崩盘将发生在 1866 年 5 月，并指出，两个月后，75 家茶叶公司中已有 58 家在打折销售股权。1866 年底，有 10 家公司倒闭，接下来的三年内又有 33 家。总体上看，57% 在"茶叶热"期间注册的公司都在 19 世纪 60 年代末宣告破产。大约有二分之一的茶叶总投资付之一炬。莫尼将这场衰退称为"大崩盘"（the great smash）。投资者很快一百八十度大转向。"购入时价值数十万英镑的茶园，如今以几百英镑的价格抛售，"莫尼回忆道，"'茶叶'一词几乎让整个商业界避之不及。"[9]

茶叶热的褪去主要有两个值得注意的重大后果。其一，它让殖民地官员更深切地感受到薪资劳工的长期短缺问题，最终让他们下定决心以立法促进阿萨姆的移民。一份政府调查指出，"无论是投资者还是真诚的茶叶种植者，他们在茶叶热期间都从阿萨姆发出同样的呼声：'工人，更多工人。'"和利兹一样，政府也认为工人的招募条件过于严苛，这不仅伤害了移民者，也损害了雇主的利益："跛子、瞎子、疯子、病入膏肓的——实际上，市场上被遗弃的人几乎都去了阿萨姆……在极端情况下，茶园中的死亡率

---

* "黄金国"的传说源于一个神秘古老的南美部落，据传位于今哥伦比亚境内。据说在部落仪式中，酋长会在身上涂满金粉以到圣湖中沐浴，祭司和贵族则将黄金和宝石投入湖中献祭。这一传说引发了西班牙殖民南美期间的大寻宝。"黄金国"也成为后来很多文艺创作的蓝本。

如此之高，以至于经理不得不让去世者横尸荒野。"[10] 其补救方式就是政府管控下的移民体系。

其次，茶叶热为阿萨姆最终殖民化的道路清除了障碍，那里聚集了大量英国支持的高度资本化的被称作"管理经纪行"的机构。管理经纪行的扩张远比第一代公司要更有侵略性，它们清理土地、建设基础设施，引进"成群"的新工人，并为大规模的种植和生产设立运行标准——这类措施将为此后数十年茶叶生产的爆发式增长奠定了基础。

管理经纪资本的扩张与集中化

为了回应种植园主对稳固劳动力的需求，英属印度政府通过了一系列契约劳动法案：最初是在 1863 年，此后又分别在 1865 年、1870 年、1873 年和 1882 年提出了修正案。根据此类法律，茶种植园的雇员若违背合约，将会被视为刑事犯罪并遭到惩罚，可能遭受监禁或强制执行措施。这类法条从属于大英帝国境内的一套所谓"主仆"法律先例，通过强制劳动、监禁乃至更恶劣的措施，将不合作的工人定罪。印度法律的特殊之处在于关于从孟加拉和印度中南部的农村地区招募劳工另有规定。殖民地官员以阿萨姆的地处偏远和缺乏"沟通"来作为立法的理由，而不是"主仆"法律先例。[11]

从一开始，殖民地官员就认识到，每部新法都是"一部阶级的法律"。社会学家马克·斯坦伯格（Marc Steinberg）曾辩驳道，主仆法案凝聚了"法律的物质性"：法律和政治体制并非与经济进程无关，而是与其密切交织。18—19世纪，在北大西洋工业社会萌生之初，法律制定者就为雇主提供了相应法律工具以帮助他们形塑一批适宜的劳动力。在英格兰，和在美国南部一样，这些法律"经过巧妙设计创造了这样一个劳动力市场：更廉价、更守纪律、比其他市场较'不自由'"，有一种"让人留守在工作地的方式"。[12] 这套逻辑同时也驱动着阿萨姆的茶叶种植体系，不过，种植园主首先需要和殖民地政府讨价还价。

　　最初，对这类法律的监管力度很大。种植园主必须雇佣政府认证的招工者，当地人称之为"阿卡第"*（arkati）。这不仅提高了成本，而且置种植园主于不苟情面的掮客之摆布。至19世纪70年代末，种植园主成功游说政府放宽了这类法条以支持"自由移民"，如此他们便可雇佣非职业的包工头，名为"萨达"（sardar）。1882年的《一号法案》（Act I）撤销了对于招工系统的限制，同时将合约从三年延长至五年。这是一部"分水岭式"的立法，面临着价格下跌和工人流失的茶产业迎来了振兴。《一号法案》的通过，反映出种植园主阶层在茶叶热之后的数十年里巩固了自身的势力，并不断壮大的规模和影响力。

　　1867年开始，茶产业逐步从大崩盘中复苏。到了1869年，据报道："几乎所有老茶园……都依然存在，不仅处于精心管理的状

---

* "arkati"并非印度本地语言，而是英语词"招工者"（recruiter）的拟音词。

态下，还能给其所有者盈利。"1873 年，阿萨姆长官报告，茶叶"不再是一种投机行为，而是一个能带来真金白银的产业"。同时，埃德加在 1874 年观察到，"存在大量由承包中介运作的公司"。这些"承包中介"开始在 19 世纪后期主导印度茶产业。茶叶热之前，阿萨姆的茶园是由个体管理的——只有阿萨姆茶叶公司和约霍（Jorehaut）茶叶公司这两个例外。经济泡沫破裂后，中介机构逐步接管茶园管理，有时甚至拥有产权。在 1860 年以前，茶叶与中介毫无关系；但在 1875 年后，66 家茶叶公司之中有 56 家都是由中介管理或持有的。[13]

管理经纪行源于在 18 世纪伴随东印度公司来到加尔各答的第一批私有欧洲"代理商"或"受托公司"。这些公司提供类似银行、航运和保险的服务，但其首要关注点只是依托承包关系买卖商品。19 世纪 30 年代，他们开始监管生产环节，将资金投资于固定资产。大多数机构都在该世纪中叶茶叶繁荣之前就已存在了，管理涉及靛蓝、虫漆、黄麻、棉花和丝绸的投资组合。从形式上看，管理经纪行并非英国独有。桑贾伊·苏拉马尼亚姆（Sanjay Subrahmanyam）和克里斯·贝利（Chris Bayly）曾提出，"在某种意义上这是亚洲组合式投资的世袭谱系"，前殖民时期印度洋世界由政府主导的商业世家。臭名昭著的是，这些人曾作为"港脚商人"，在鸦片战争之前的数十年就已臭名昭著，持续将印度鸦片走私到中国并换取茶叶。很多大型茶叶中介都以身为贸易中间商而发迹，这支撑了班纳吉和佩林的论调，即在工业资本主义的早期阶段，商人是生产和贸易过程之间的整合力量。尽管英国中介最终介入到了生产环节，但这是在他们反对固定投资数十年之后方才实现的，这一模式无异于中国的客商。这种理念上的矛盾性在特定案例研究中十分明显。[14]

管理经纪行通过多种模式巩固了阿萨姆茶园。其中一种模式是，那些挺过了茶叶热的老牌公司雇佣中介机构来代表股东管理茶园，其中的代表就是最古老的茶企——阿萨姆公司。在 19 世纪 50 年代末，随着有经验的种植园主另立山头，伦敦的董事会只能依赖一批鱼龙混杂的、毫无经验的管理者。这家公司最初是当地唯一的玩家，却只能"依靠吃老本"勉强熬过了 19 世纪 60 年代。加尔各答的董事会建议公司雇佣一家当地管理经纪行来接管阿萨姆，于是在 1867 年，他们选中了肖恩与基博恩联合公司（Shoene Kilburn & Co.）[15]。竞争对手约霍茶叶公司也在 1862 年雇用了中介——贝格与邓洛普联合公司（Begg, Dunlop & Co.）。在两个例子中，金融事务依然由母国操控，而管理经纪行则负责由伦敦至阿萨姆的中间地带。

另一种模式是管理经纪行先进入茶产业，然后再开始购置产业并自主管理。19 世纪 70 年代中期的观察者写道，茶园"在恐慌期间被低价买入"，随即就产出"巨大的利润"。这种模式的典型代表是渣甸与斯金纳联合公司（Jardine Skinner & Co.），其创始人大卫·渣甸（David Jardine）便是设在中国的怡和洋行的创始人威廉·渣甸（William Jardine）的侄子。渣甸与斯金纳联合公司的加

尔各答办公室在茶叶热鼎盛时期便试图购买茶园，在 1862 年购买
了茶种，并竞标阿萨姆茶叶公司的运营权[16]。就在同一年，加尔各
答办事处表达了对购买新茶田的兴趣，但伦敦办事处却反对：

> 我相信你们不会如此莽撞地进入此行业——在彻底
> 了解土地、气候对于茶文化的决定性之前……
>
> 我还记得锡兰的咖啡种植热——当时各路人马争相
> 进场，投入大量资本来备耕土地，最终却发现这些土地
> 完全无用！……
>
> 现在摆在眼前的何其相似——彼时的咖啡热与当下
> 在印度茶叶热——人们似乎仍对以前的事实熟视无睹的
> 样子，而已投身新事物中热火朝天。

当茶叶热逐步降温，他们警告，"这个时刻迟早会到来，接着
将会有剧烈震荡，'魔鬼埋伏在最后'，所有人都会争先恐后地逃
离！"但在茶叶价格崩盘之后，伦敦办事处同意继续持有土地，他
们最终在世纪末产出了适销对路的茶叶[17]。只有在内部产生激烈的
分歧后，中介才开始对生产本身负责。

管理经纪行涌入茶产业，部分原因是海外投资从英国流向印
度。20 世纪 60 年代，阿马伦杜·古哈（Amalendu Guha）对阿萨
姆的开创性研究提到，"茶产业的总投资中仅有很小一部分是源于
英国本土的储蓄"。古哈的判断是基于阿萨姆茶叶公司和约霍茶叶

公司的记录，但两者皆属例外情况。相反，新一代的管理经纪行利用了英国市场历史性的资本外流。1865—1914 年，英国海外投资的名义资金量逾 40 亿英镑，占所有募集资金的 60%，这也是帝国史上的峰值。其中约有 8%，即 3.17 亿英镑在印度落地。聚集在伦敦金融城的金融业已经取代了围绕着土地买卖、手工制造的传统行业，成为经济中最具活力的部门。英国银行界在帝国对航运、保险和资本的"隐形出口"中得到了"充足的补偿"。这个上升中的金融阶层，如巴林家族（Barings）和罗斯柴尔德家族（Rothschilds），构成了英国的"绅士资本家阶层"（gentlemanly capitalist class）。在印度，绅士金融资本最大的私人投资对象就是茶叶。到了 20 世纪初，茶叶已巩固其作为印度最大的私人投资部门（如果要加上之一）的地位。1911 年，注册茶叶公司的数量（927 家）要多于棉花（681 家轧棉机厂和 168 家纺织厂）、煤炭（331 家）或黄麻（109 家轧麻机厂和 50 家纺织厂）。1914 年，茶叶公司从英国及印度的股票市场吸收了 2 260 万英镑的投资，这个数字远超其他竞争行业。印度茶叶已成熟发展为殖民经济中最强盛的部门之一。[18]

　　这种模式——由英国资本支持的中介机构收购较小的茶园——的典型代表是另一家机构：芬利与穆尔联合公司（Finlay Muir & Co.）。这家来自格拉斯哥的公司发迹于棉花与纺织工业，还有部分合伙人参与到 19 世纪初试图开放广东贸易体系的政治游说中。在介入丝绸、保险和黄麻业之后，该公司涉入茶产业。在茶叶热时期，他们向多家公司提供贷款，但并未直接参与管理。该公司的档案记录者回忆道："一开始，公司只是纯粹、简单的商人。"就像渣甸与斯金纳联合公司一样，母国的合伙人"对于深入投入这项诱人却高风险的投机活动抱以谨慎态度"。然而到了1870年，他们在加尔各答开设了第一个办事处；到1875年，又在其投资组合中新增了两家茶园，"从单纯的中介转型为持有者"。[19]

芬利与穆尔联合公司为了弥补错过的时机，在激进地建立新种植园的同时，也积极收购现有的私人茶园。在帕特里克·布坎南（Patrick Buchanan）的个例便展现了这一策略。1863年，他属于那类在茶叶热期间17岁"刚毕业就来到印度的男孩"。19岁时，他晋升为经理；25岁已在锡尔赫特 *（Sylhet）拥有了茶园，并雇佣芬利与穆尔联合公司来管理。布坎南因其"有使不完的劲"而闻名，他总"焦虑"是否有"充足的营运资金"。19世纪90年代，他邀请芬利与穆尔联合公司作为合伙人入股，他的茶园也成了"芬利集团"茶园的一部分。至此，芬利与穆尔联合公司成为种植面积最大的管理经纪行，据茶史学家的说法，该公司的野心众所皆知，那就是在印度创立一个茶叶"帝国"。20世纪20年代，芬利与穆尔联合公司高居管理经纪行业的生产力之首，几乎是第二名的三倍，其利润也让它成为全印度第四大的商业集团。[20]

---

* 锡尔赫特，紧邻印度阿萨姆邦，拥有类似的雨林气候和地貌，有制茶、火柴、榨油厂等，今天仍是孟加拉国最大茶产地。

基于以上对茶叶资本源头的分析，可得到多个结论。首先，它佐证了斯坦菲尔德的论点，即 19 世纪看似更加自由的市场却悖论地依赖于并积极促成了不自由的劳动体制。阿萨姆茶叶的历史彰显了，母国的资本大力支撑了殖民地契约劳动的产生，基本类似于近期文献指出的伦敦和北美银行如何资助了美国南部的奴隶制[21]。其次，资本的涌入强化了印度种植园主的权力，以推动更友好的劳工法。1878 年，管理经纪行建立了印度茶产区协会（Indian Tea Districts Association，简称"ITDA"）——这是印度茶叶协会的前身，他们联名起草了一份备忘录提交至印度政府，要求修正劳工法案：

> 茶叶种植本身——除了其他产品——就能够得到近乎无限的扩展。土地和资本可以充足供应，对于其持续增长的唯一阻碍，就是保障其可盈利雇工基础上的充足劳动力供给。对于进步的阻碍……来自招工和交通的过高成本；在所有茶叶种植者看来，这很大程度上源于劳工法案的严苛。[22]

这份备忘录的语言和逻辑呼应了利兹在 20 年前关于茶产业政治路径的态度，它也开启了一场政府内部关于契约劳动改革的辩论，最终导致了 1882 年的《一号法案》——这不仅让劳动力招募重获新生，并且让茶产业得以持续扩张至 20 世纪。

阿萨姆茶园中的劳动集约型资本积累

从技术中心到社会中心的历史阐释

采取机械制茶的倡议可追溯至 19 世纪 30 年代的第一批试验，但揉茶机和分选机的出现要等到 19 世纪 70 年代。关于印度茶叶崛起的标准叙述往往将技术创新作为阿萨姆茶业独特性的关键因素。如历史学家罗伯特·加德拉（Robert Gardella）所写："从 1860 年至 1900 年，一场工业革命席卷（印度）茶园的工厂，蒸汽驱动的资本化设备，如红茶萎凋机、揉捻机、烘焙机和分选机，逐步取代了原先各道工序的熟练工人。"相反，深陷泥潭的中国茶叶贸易则"没有经历类似的工业革命"。关于印度茶的工业革命的讨论可追溯至 19 世纪末 20 世纪初时种植园主为了推广产品而发起的政治运动。1910 年，印度茶叶协会主席说道，在印度，"手工劳动已被彻底舍弃"。而在同期中国，"手工揉茶的传统工序依然保留……中国劳工在双手劳累时，就会使用双脚揉茶"。关于卫生条件的论断也与生产力相勾连。如种植园主所声称的，由于印度茶的生产效率提升了，中国的茶经理则不得不降低质量标准。克罗尔写道，阿萨姆"更廉价的生产"意味着"中国人不可能以接近于此的价格供应同等级或质量的茶叶"。[23]

这样的解释孤立地专注于茶叶机械的技术性能，却忽略了机械引入背后所依托更广阔的社会经济环境。他们恰恰体现了大卫·艾杰顿（David Edgerton）在技术史研究中所谓的"以创新为

中心的（innovation-centric）创新与应用的融合"。他写道，传统
史学过分强调激动人心的新奇"创新"，却忽视了实际操作层面
的"应用"历史。如果我们将创新从应用中剥离，那么关于阿萨
姆工业革命的故事就不那么站得住脚了。首先，茶叶生产的天性
意味着它不可能实现完全的自动化。1878 年印度茶产区协会的备
忘录就承认："茶叶种植的独特性……如此鲜明，以至于对手工
劳动的需求始终难以显著降低，它也始终是生产成本的决定性要
素。"1883 年，种植园主乔治·巴克（George Barker）写道，伐木
机、犁地机、修枝机、除草机和采茶机都"难以在不损坏植栽的
前提下使用"。十年后，克罗尔又写道，室外工作"几乎完全无法
借助机械完成"。[24]

　　其次，尽管节约劳力的机械最终是有效的，但它们引入过晚，
也无法快速解决实际问题，不足以解释 19 世纪末 20 世纪初印度茶
叶的崛起。机械最有助于茶生产的三个工序：揉捻、烘焙和分选。
但这些机械最有效的型号直到 19 世纪 80 年代末才被引进，且在数
十年之内未得到较好的调适。根据巴克的说法，"有太多漏洞百出
的实验性机械被送到乡村，大部分在真正投入使用前都需要重新调
试"。克罗尔也指出，当时的茶行业遇到了瓶颈，因为"在大多数
工厂，现存的器械只能处理略高于平均水平的茶叶量，因而当茶
叶'热潮'出现时，茶厂不得不倾尽资源，甚至负担过度"。[25]

　　最后，此般轶事又与拉纳·比哈尔收集并勾勒出过去两个世
纪茶产业生产力的数据相吻合。尽管在 19 世纪 70 年代，茶种植

园主声称茶园的产量可以轻松达到每英亩 700 磅；但政府数据显示，这一生产力峰值在很久之后才出现，因为直到该世纪末，茶产业的平均亩产只有 300 磅到 400 磅——这个产量大约等同于同期的中国武夷山的茶叶产量。直到 20 世纪的前十年，亩产量才跃升至 500 磅到 700 磅的范围，这一飞跃作为一个滞后的指标，展现了新技术广泛传播之后的效益。这个数据也显示了，每个工人的生产力在 19 世纪 80 年代至 20 世纪头十年之间一直处于相对停滞的状态。无论如何，即便我们承认对于资本集约型机械的普遍采用的确最终使得 1910 年之后的生产力有了跃升，但印度茶叶早在数十年前就已经将中国的竞争者甩在了身后（图 4-2）。[26]

图 4-2　阿萨姆地区布拉马普特拉河谷的茶叶平均亩产及人均产量（1872—1920）

来源：The data encompassed Darrang, Kamrup, Lakhimpur, Nowgong, and Sibsagar. Behal, *One Hundred Years*, 353-59.

那么，究竟是什么让印度茶产业在那些胶着的岁月超过了它的竞争对手？作为出发点，我们应该意识到，阿萨姆的种植园早已在 30 年内实现了令人惊叹的近七倍的生产力增长，同时保持着相对稳定的生产率。由于新种植园的茶树必须在种植四五年之后才能达到平均产量，种植园主必须通过在现存成熟茶树收获更高的产量来平衡幼小茶树的低产能。即便没有生产效率的跃升，持续稳定扩张的规模也使得新茶涌入了英国及全球的市场，导致了茶叶价格降低，并迫使中国和印度的生产者压低成本。例如，印度茶的价格就跌至原来的一半以下。在这样的条件下，无论哪个地区性的茶产业，只要能够保证在不太影响质量的情况下降低成本，便可以成为中国和印度之间这场茶叶战争中的胜利者。"当下的竞争如此激烈，以至于在多数情况下，利润遭到了大幅削减。"克罗尔写道："任何一位希望赢取成功的茶园经理都必须保证，在每个细节都确保获利，同时节约劳力和时间。"巴克补充道，"即便在最小的细节上都要讲求经济效益，只有恪守这一原则，才能让茶园获得足够的收益。"[27]

种植园主对于廉价生产方式的追求自然导致了两种迥异策略的结合。其一，他们通过更好的"管理"来提升劳动生产力：既包括更有效管理的聪明手段——例如使用更好的种子和肥料、让茶树种植得更紧密、更利于修剪枝叶、卖掉较老的和产量低的土地以聚焦产量最高的土地——还有以体罚的生理恐惧胁迫劳工。[28]

其二，茶种植园主有契约劳动法案的支持，可简单通过给雇员降薪来削减成本。经济学家常说，技术创新的出现是对高用工成本的回应，这一情形则从反面解释了，为何相对廉价的劳动力将抑制创新。然而在历史上，提高生产力和"血汗"劳动两者之间并非互斥的选择。阿萨姆的种植园主便同时使用两种策略以削减成本。很多种植园主通过扣除预付款、低产量惩罚、无视加薪条件、提升工人购米价格等方式来非法克扣工资。阿萨姆的行政总长亨利·科顿（Henry Cotton）发现，"毋庸置疑，雇主一直在竭力以牺牲劳动力为代价提升生产的经济效益"。除了以上的非法行为，政府本身也刻意压低工资水平，固定在男人每月 5 卢比、女人每月 4 卢比。这样名义工资一直维持至 20 世纪，但实际工资一直到 1926 年都还在下降。以此作为评价基础，我们不妨考察阿萨姆其他领域自由农业工人的工资。1894 年，评论家查尔斯·道丁（Charles Dowding）牧师声称，种植园主支付的工人工资只有市场标准的一半，这一数据在 20 世纪初的官方报告中得到了佐证。因此，道丁写道，茶产业享有一种"虚假的价值"，因为"它获得了最邪恶的保护形式，即特例法案，使其以低于公开市场水平的价格而获取劳动力"。这些数据的重要性可谓影响深远。随着茶叶价格持续走低，但劳动力成本仍占据种植园支出的大部分时，劳动力价格的折半显然就对盈利或亏损起着决定性作用，从而使种植园主采用一套在自由劳动体系下不可能实现的、更具侵略性的扩张政策。在这关键的几十年里，血汗薪资和技术发明一样，对于所谓文明化的阿萨姆茶叶的崛起叙事同样起着至关重要的作用。[29]

尽管新的茶种和机械化带来了适度的增长，但种植园的发言人还是操之过急地夸耀茶叶机械兴起后已可以"彻底摈弃"手工劳动了。但劳动力数量从 19 世纪 70 年代末至 20 世纪初仍一直在逐年增长。实际上，正如比哈尔所揭示的，关于茶产业不可持续的劳动强度最确凿的证据之一，即人口死亡率一直高于出生率，官方将这一现象解读为繁重的工作压力所致[30]。种植园主并未诉诸真正的工业革命，而是倚赖极端的策略，这几乎无异于同期在中国贸易中可以观察到的劳动集约型积累。在本章的剩余部分，我将探索机械化与手动劳工之间的关联，首先要考察劳动集约化最关键的策略，包括：身体胁迫、时间规训和计件薪资，还有种族化、性别化的劳动分工。最后我将展现，这些劳动集约型积累的实践也将有效解释为何到了 20 世纪，节约劳动力的机械化最终得以主导一切。

身体胁迫

胁迫劳动并非只现于阿萨姆茶产业，因为契约劳动法案便是以曾引进印度移民劳工的英国海外殖民地在非洲黑奴废除后的法律为蓝本的。20 世纪以前，较广义地说，几乎所有形式的劳动在不同程度上都存在胁迫。欧美工人很少符合新古典经济学和正统马克思主义经济学中关于劳工的常规定义——在后者的定义中，个体自由人从家庭、资产或主人那里脱离，自由地在劳动力市场投身于雇佣。相反，大部分工人都身处另一套系统组织——社会学家麦克·布洛维＊（Michael Burawoy）所称的"父权制"或"家长制"：受雇工人完全依赖于特定的分包人或雇主，后者通常来自同一家族或社区，往往是更年长的男性。这一特征类似于第二章所介绍的武夷山地区的劳动体系下的"包头"负责从江西将季节性劳工带到福建，他们站在工人的立场与雇主协商，并负责对每日的工作安排进行监督。为了让劳工按时完成任务，"包头"依赖的策略包括迷信、习俗和直白的侮辱。"包头"这个词也意味着一种家长制，因为工人"受到特定雇主的密切监管，同时又有赖于包头"。[31]

　　在阿萨姆，类似职责大部分是由"萨达"所承担的。源于波斯语的"萨达"一词基本对应中文的"包头"，最初意味着"领导者"，例如村中长老；但到了殖民时代，"萨达"的职责变成了劳工管理和招募（在 20 世纪，当中国改革者描述印度的劳动体系时，他们同样使用了"包"和"头"两个词——"承包者之苦力头"，或者说是"契约苦力的领头人"来描述萨达）。清王朝对经济的干预相对微弱，而阿萨姆对茶产业的管制却依赖于司法力量，这是两者的区别。刑事契约法为种植园主提供了正式的条文和司法的震慑力，从而防止工人罢工、暴乱或背弃雇主。种植园主对这些管理举措的描述非常隐晦委婉，如"管控苦力""苦力管理""鞭策苦力"等。就像利兹一样，种植园主巴克也采取历史主

＊　麦克·布洛维，美国"社会学马克思主义"的旗帜性人物，始终坚持"阶级"分析的视角，主张将阶级带回社会学研究的核心。

义者、文化主义者的主张来为契约劳动辩护。"看管欧洲的和东方的劳工需要两种截然不同的方式，"他写道，"也没有任何理论有能力打破本地人在过去 150 年来遵循的顽固行为习惯。"克罗尔曾将阿萨姆茶工的管理类比于"美国南部种植园主用来管控棉花和烟草种植园中奴隶劳工"。[32]

　　法官对于受雇工人最常见的判罚是"强制监禁"。一份 1883 年的报告指出，"成年茶叶苦力"的监禁率是普通人的三倍。在茶工的脑海中，监禁［称作"帕达克"（phatak）］已成为整个种植园系统的隐喻。即便不上诉地方法官，种植园主还可借助无处不在的萨达及管理者［称作"楚吉达"（chowkidar）］来稳固其劳动力。1873 年，阿萨姆官员埃德加记录到，"楚吉达被安插在苦力行动路线上任何可能的出口，有时候在这些出口还会围起很高的围栏，不允许苦力在夜间出行"。[33]

　　未经报道的案例要远多于实际记载的此类纠纷，雇主往往绕开法律流程，直接处罚受雇工人。种植园主悬赏 5 卢比给任何抓住并押回"逃逸苦力"的人，他们雇佣"残暴的山民"作为赏金猎人，甚至放出猎犬追捕。最初，雇佣赏金猎人［被称作"奴隶俘虏"（black-birders）或"苦力捕手"（coolie-catchers）］是非法的。然而，1865 年的法案授予私人逮捕权，理由是阿萨姆的行政和法律配套体系并不完善。巴克写道，在花园里，"欧洲老爷（sahib）就是法官和陪审团"。多位地方法官在报告中记载，茶园经理"擅自使用法律"来操控和鞭策他的工人们。[34]

埃德加在 1863 年第一次访问茶产区时曾记载，当苦力没有完成被分配的"每日工作量"时，就会被"捆绑起来鞭打"，这种做法"几乎是普遍存在的"。1865 年法案提出了定期视察的要求，但类似的情况仍持续浮出水面，这也说明，体罚就发生在所有人眼皮底下。并非所有种植园主都认为有必要对此小心谨慎。亚林茶园（Allyne Garden）和迪尔科什茶园（Dilkhosh Tea Garden）的代表就直接致信卡恰尔的地方行政长官，要求将"鞭刑"合法化以达到所谓纪律震慑的目的。尽管他们的要求从未得到满足，但政府亦未采取有效措施来抑制这类现象的发生。[35]

阿萨姆行政总长科顿是一股难得的清流，1900 年，他猛烈抨击了刑事契约，呼唤自由劳动体系。说实话的代价，就是科顿被政府解雇了，但他关键的报告还是成为种植园极度恶劣的标志性证明。例如，一位卡泰尔先生"被指控非法监禁一名楚吉达苦力的妻女，并对其殴打"，因此被罚以 150 卢比的罚金。在普尔巴里茶园（Phulbari Garden），"一位逃逸的女性苦力被抓回"，并"在茶园经理 T. J. 沃克先生的命令下，当着所有劳工的面被处以最残忍的鞭刑，施刑者是种植园的三名劳工"。对此的罚金是 500 卢比。在上阿萨姆地区的西布萨加尔（Sibsagar），一位格雷格先生对报告的回应是他的"苦力一直在偷柴火"，于是他惩罚了这名工人，用"棍子在他头上敲了几下"后苦力倒地后当场毙命。格雷格却逃过了司法审判。正如伊丽莎白·科尔斯基（Elizabeth Kolsky）所指出的，在这一体系下，种植园主"得到了法律本身的庇护而非法条带来的保护"。[36]

这些案例说明，体罚从经济效益的视角来看很难说是理性的选择，这会使得种植园主所倚赖的劳动力群体因此受损。然而，种植园主却为体罚辩护，认为这是维持茶园经济运转的必要手段。巴克认为使用暴力是为了针对那些"处心积虑"地"逃避"工作的工人而采取的措施。因此，他建议推行"多种形式的惩罚措施——从一顿鞭打，到强制工人将同一工作重复多遍"。克罗尔盘估，茶种植园主借助更强有力的管理，可以从雇员身上榨取更高的劳动效益。他写道："在上阿萨姆地区，如今苦力所需完成的工作量要远多于二三十年前。例如锄草这样的日常工作任务，对于苦力的要求比之前提高了25%—30%。"就像在中国的茶产区一样，英国的种植园主在竞争压力下也围绕着时间和生产力这些抽象概念来组织安排茶叶生产。[37]

薪资和时间规训

到了19世纪80年代，种植园主制定了一份针对日常工作的劳动管理时间表。一个时间单元即克罗尔提及的"尼里克"（nirikh）（意为"产率"或"价格"）。完成1个尼里克，工人就将得到法定工资：1个"哈兹拉"（hazri/hazira）。这些抽象的时间单元就是建立这套时间规训体制的一砖一瓦。茶园经理通过定时敲锣的方式来组织安排任务和分配薪资，执行人是楚吉达和萨达。如巴克所描述的：

在雨季，每天早晨 5 点，第一遍锣声准时响起；6 点左右的第二遍锣声响起预示着一天的工作正式开始，在此之前工人可以吃些东西……11 点是表示午饭的锣声，在此之前工人几乎什么也吃不上。此时，女工采摘的茶菁统一收集过秤，大多数男工此时已经完成了一天的工作，他们回到小屋吃早餐，然后十分懒散地度过一天剩下的时光……那些需要在茶厂工作的不幸工人除外……下午 2 点，女工再次出门采茶……傍晚 6 点锣声再次响起，她们把茶菁*送去过秤并摊晾，一天的户外工作才就此结束。[38]

正如同中国，印度的茶园经理是会确保工人不间断地工作，但阿萨姆的体系还融入了地方习俗。孟加拉的社会小说《苦力生活素描》（在第六章将具体讨论）再次提及了巴克所描述的锣声制度，但有所改编：

茶园中央的锣声"叮咚"响起，宣告着 6 点的到来。在几乎每一座茶园，6 点都是下工的时间。然而，锣声响起的时间并不完全是 6 点。在这片地区，更常见的情况是，锣声在太阳落山的时候便响起。因此，6 点的锣声响时（有时相当于下午 5 点），苦力就把盛满青叶的竹篓顶在头上，从茶园中鱼贯返回，进入茶厂。[39]

---

* 在林馥泉的文献中写作"茶菁"，但当代人一般称为"茶青"。

该小说的作者拉姆库玛尔·维迪亚拉特纳是少数有机会在上阿萨姆地区的茶园长期生活的作家。维迪亚拉特纳所谓6点"并不完全是"6点，指的是茶园的时钟与印度其他地方皆有所不同。这一实践模式被称作"茶园时间"（garden time），其原理类似于今天的夏令时系统：为了最大化利用太阳落山前的工作时间，茶叶公司把时钟往前拨1小时，这样工人便可以提前完成任务。政府直到1906年才建立了统一的印度标准时间；在此之前，印度的时间是由火车站、通信公司和政府办公室设定的。茶园管理者绕过了这些机构，建立了自己的茶园时间，这反映了他们如何将自己视为拥有独立法律，乃至独立时区的特异空间。工人阶级并非不知道这些举措背后意味何在。几乎同期，孟买也施行了试图延长工作时间的举措，便遭到棉花厂工人的抗议和罢工。而在阿萨姆种植园的高压环境下，这样的抗议是难以想象的。[40]

种植园主还采用了一套与密集工作日程表相匹配的薪资体系来最大化地提升生产效率，类似于中国茶业所使用的计件薪资体系。茶产业的官方史学家记载，一名茶工完成一套任务可获得1个哈兹拉，这一任务"根据其勤勉程度不同，一般需要4—5个小时"。实际上，要是把哈兹拉体系解读为保护茶工而出台的政策，那便是一种刻意误读。1865年的法案规定，工人基于每天9小时的工作，应确保得到一份固定薪资。种植园主重新诠释了这一法案，将这个数字转化为一套体系，即工资多少完全取决于个体任务的完成度。"哈兹拉"一词的本意是"出席"，在法律语境下，哈兹拉指的或许是这样一种薪资体系：工人只要"出席"，无论生产力如何，都应确保得到一份薪资。然久而久之，种植园主开始使用哈兹拉来指代个别的、特定的任务，直到任务完成后才能获得相应报酬。因此，"哈兹拉"的原本语义就被转化为与第二章描述的"具体时间"和"抽象时间"类似的关系：尽管过去工人的收入是取决于工作时间而非产量，但如今他们的薪资却是由产量而非时间决定的。[41]

这一体系的目的是督促工人以高于平均的速度完成任务，一旦普及开来，就准许种植园主提升平均日工作量，以重置完成工作量所需的周期循环。普殊同将其形容为生产报酬的"跑步机效应"（treadmill effect）。克罗尔开诚布公地指出，种植园主将 1 个尼里克的工作量比起初提高了 25%—30%；而阿萨姆的医疗军官 J. 贝里·怀特（J. Berry White）估计，在 1887 年，"锄草和采茶的工作量比十年前提升了五分之一"。另一名观察者指出，种植园主"用尽一切办法缩减开支"，其方式就是"最大限度地加大苦力的工作量"，有些情况下甚至将工作量加倍。工人的薪酬低于法律规定的最低工资，种植园主对此并不否认，实际上还称赞其为一种提高工人勤奋度的激励措施（图 4–3）。[42]

维迪亚拉特纳的小说还揭示了，哈兹拉体系如何通过限制工人完成工作，以达到使其无法履行工作合约而滞于此处的目的。例如以下这幅场景，一名试图逃跑的茶工被抓回，他的解释是在雇主操控下的哈兹拉体系，使他一直负债于茶园：

图 4-3　阿萨姆的植茶工人在清理土地以供大规模耕种

来源：*Assam Tea: A Pictorial Record* by Balmer Lawrie & Co., Ltd., ca. 1950s. Berkshire Record Office, U.K.

　　（萨达）指着一片土地告诉我："看，这块地就是你今天要锄草的。如果你能完成，就算是一天的工作量。如果你可以在 2 个普拉哈（prahar，即 6 小时）之内完成，你就可以得到一个哈兹拉，也就是相当于一整天工作量的报酬。如果你可以做得更多，甚至可以得到'双份哈兹拉'。"

　　……然而在我完成之前，我已感到精疲力竭，几乎无法再工作，全身感到疲惫不堪。我还能怎么样？……
在 11 点的午餐锣声响起时，我只完成了四分之一哈兹
拉。下午，我做完另外四分之一哈兹拉。一整天的工作
已经让我汗流浃背，但只是完成了半个哈兹拉。换言之，
基于我每天能够完成的工作量，我估计能得到 5 卢比的
月薪，或者每天 5 币萨（paisa）（相当于百分之一卢比）。
但在阿萨姆，少于 10 币萨大概什么也买不到。因此，第
一天工作我就欠下了 5 币萨的食住债务。我的债务一天
天地累计。当我的合约到期，老爷算出我大概欠债 30 卢
比到 40 卢比。理论上，当苦力完成合约，他们就可以回
到家乡，但在这里是不可能实现的。[43]

计件工资体系还代表了另一种身体限制形式，提供了将工人
绑定在茶园的法律托词。不同的劳力规训体制相互交叠、彼此强
化。前两种劳动强化方式基础上又叠加了第三种策略：种植园主
通过种族和性别的社会分类来组织劳动力。

种族化和性别化的劳动分工

19 世纪 80 年代，巴克写道，种植园主雇佣的唯一阿萨姆本
地族群是卡恰尔人，他们来自布拉马普特拉河谷的东南地区。巴
克称赞他们是"强壮的男人和坚毅的工人，更与众不同的是，他
们极其喜爱意外之财"。就像武夷山的"江西佬"一样，阿萨姆茶

种植园中的不同族群逐步表现出其天性所适合的特定工种的名声。就炒茶而言，卡恰尔人似乎天生就要比孟加拉人胜任："即便是最优秀的孟加拉人也难以在茶叶制作上与阿萨姆人相媲美，后者似乎天生就适合干这行。"[44]

这套种族分类学中最重要的对象，是从印度中部招募的、殖民地官员所称的"丹加尔人"（Dhangars）。从 19 世纪 60 年代开始，殖民者厌倦了难以驾驭的当地劳工之后，开始激进地从焦达那格浦尔（Chota Nagpur）和桑塔帕加纳斯（Santhal Parganas）招募劳工，这两个地区位于孟加拉管辖区*（Bengal Presidency）西侧，也就是今天的贾坎德邦和恰蒂斯加尔邦。1885—1905 年间，共有 690 076 名移民劳工被带至阿萨姆，其中 43% 来自以上两个地区，在 19 世纪 80 年代末最高甚至达到 60%。据某些数据，焦达那格浦尔的兰契地区（Ranchi），有 20% 的人口都移民至阿萨姆。克罗尔写道："焦达那格浦尔是招工者最大的狩猎场。"因此，"苦力工人"就和英国种植园主"一样成了外来者"。[45]

在人类学家考希克·高什（Kaushik Ghosh）看来，丹加尔人在阿萨姆的历史只是一部更复杂的阿萨姆史的一部分——殖民地官员试图在劳工追逐报酬的过程中将种姓和文化的类别编码化。

---

* 孟加拉管辖区是英属印度的一个地区，大约始于 1765 年英国东印度公司与莫卧儿帝国签订条约。全盛时期范围包括印度次大陆北部的所有英国领地，包括今天的孟加拉国全境、印度的西孟加拉拉邦、阿萨姆邦、比哈尔邦、奥里萨邦、北方邦、旁遮普邦等，以及巴基斯坦和缅甸的部分地区，也是英属印度的政治中心所在。

殖民地官员对于丹加尔人的最早记录出现在 19 世纪的头 25 年，将其视为某类史前即存在的土著，试图将他们引进到奴隶制被废除后的美国和印度洋的糖种植园。1837 年，詹金斯建议为了阿萨姆茶叶得"去到焦达那格浦尔招募最勤劳的民族"。在英国官员的观念中，丹加尔人没有种姓，这就意味着雇佣他们不像其他印度农民那样会面临节食或体力劳动的限制。这些官员推测，丹加尔人习惯于身体处于高压状态，不太可能会对种植园的严格纪律表达不满。因此，丹加尔人被想象为完美的工人。他们最终在阿萨姆劳动力群体中占据了主要部分，也进一步强化了这一族群天生适合茶业工作的声誉。"对于廉价劳动力的需求以及种族和原始主义的话语很快将丹加尔人拜物化，他们成为解决种植园劳动力危机的最佳方案，"高什写道，"丹加尔人越是被拜物化，对他们的需求也就越高。随着这样的需求增长为'一种狂热'，拜物便更深地固化在殖民主义的意识之中。"[46]

这样一种循环回路导致原始主义被实在地赋予了一种商品价值（图 4-4、图 4-5）。移民劳工因其"极其黝黑"的皮肤和"羊毛式的头发"而遭到另眼相看。种植园主常常漫不经心地称他们为"黑人"。这些招募来的劳工被认为"头脑简单"，但身体"强壮耐劳"。一名工人越是符合这样的刻板印象，种植园主越是愿意出钱雇佣。"种植园主以一种粗暴却快速的方式——皮肤深度——来判断苦力的价值。"克罗尔写道。尽管"丹加尔人"这一类别在 19 世纪末便消失了，但后来对其称呼转变为"土著"或"部落"

图 4-4

图 4-5　约卡伊（阿萨姆）茶叶公司的茶园中的劳
　　　　工。照片名强调了他们是从印度中部的"土
　　　　著部落"及"原始族群"中招募的"人种"，
　　　　摄影师也将他们作为可展示的民族志对象。

来源：*Assam Tea: A Pictorial Record* by Balmer Lawrie & Co.,
Ltd. ca. 1950s. Berkshire Record Office, U.K.

等当代词汇。就像在世界上的其他地方一样，这样的种族划分在历史上就是由于不同地区和族群之间不同的劳动社会分工所致的。[47]

类似模式也出现在阿萨姆女工的招募中。茶种植园中发展出一套基于性别的劳动分工：在户外，女人采茶而男人锄草；在室内，女人分拣茶叶而男人焙茶并负责打包。在 19 世纪，印度茶业劳动力群体中近 50% 是女性，这一比例高于中国茶行业、海外殖民地和印度的其他工业部门。在 19 世纪 30 年代的茶叶试验初期，殖民地官员认为移民劳工最好全是单身男性；但很快种植园主就意识到，应该营造出适宜农民家庭生活的环境，这样才能确保茶园人口的自我增殖。为此他们制定一套新的招募体系，面向"拖家带口的群体"，因为这样雇工才更有可能定居阿萨姆。种植园主无法复制像加尔各答的黄麻作坊那样的模式，即男人从农村到城市来打工，而女性继续在老家借助副业补贴家用。在阿萨姆这样专门化的茶产区，茶就是经济的全部，整个家庭都依附于它的生产。[48]

这样一种鼓励提升生育率的政策，意味着要为生育的母亲提供福利和特殊奖励。招募来的工人时常被迫进入临时组成的"中转站婚姻"，中介不顾种姓或偏好随意配对。种植园主会辩解说婚姻是自由且自愿的。克罗尔写道："苦力女性因婚姻得到解放，就像在世界上任何其他地方一样。"[49]

在此我们看到了另一个与中国茶产区的相似之处，即薪资劳动让女性从家庭责任的重担中重获自由的观念。然而再一次，这样的定论需要我们进一步考察工作的具体情境。在阿萨姆，殖民地官员发现，劳动的商品化既未带来性别平等，也未将女性从家务职责中解放出来。例如，1906 年的一次调查警示了茶叶种植园女性的低生育率。调查者发现，女性之所以都在寻求堕胎，是因为她们想要避免茶园工作和子女养育的双重负担——而男性并无需承担后者。调查报告建议增加母亲的福利，包括"每周为怀孕女性游行"，同时惩罚堕胎者的政策。正如萨米塔·森所说的，这样的双重负担无异于大部分印度东部的女性劳工的普遍境遇。在那里，高种姓价值观强调女性的家庭职责，这不仅加重了女性劳工的负担，还贬低了她们劳动的价值，认为女性不适于文明社会。因此，女性劳工所得的薪资更低，被随意遣散，且被认为技能不足。[50]

技能性别化等级也鲜明地体现在种植园主制定的茶园时间的日程安排中。女性的薪资比男性的低 20%，理由是她们的工作较轻便简易，且反过来说，女性天生适合女性化的工作。巴克将女性采茶工描述为"手指纤柔的人"。克罗尔认为，采茶是一项"无须任何体力强度"的"轻松活"。到 20 世纪，这种女性和茶叶生产之间的联系成了现代印度茶叶广告宣传的核心话语，推动并建构了这样一种形象的建构："皮肤黝黑的底层女性"，头戴头巾，手指"灵活"，"腕戴手链"，天生就适合服务于欧洲的消费者。当然，大量反向证据表明，性别与任务分配之间没有天然的联系。在阿萨姆，种植园主面临茶青"短缺"时也会让男性"在必要的时间内接管所有其他工作，从而实现全天采茶"。[51]

最终，女性的工作亦遭到拜物化，这无异于丹加尔人的遭遇。女性起初就被安排了适合女性的工作，久而久之，这些任务便完全由女性承担，并在思维上强化了两者间的关联。这样的循环回路反映出这样一种表象，即采茶是女性天生的、内在的天赋。女性的这种劳动倾向也同样走向商品化，因为她们能通过有效完成此任务而获得社会价值。克罗尔记录道："一些优秀的女工可以在旺季赚到两倍的工资，因此这些女性便会成为男性苦力的热门求婚对象。"在阿萨姆茶业的迅疾崛起的过程中，女性对于茶产业的盈利率扮演了关键角色，因为她们不仅占据了劳动力的半壁江山——这也是茶产业的最大开支，但同时也是更廉价的选择。到了19世纪末20世纪初，即阿萨姆成为世界茶业龙头的时刻，布拉马普特拉河谷的种植园中的女性员工的数量第一次超过了男性。[52]

劳动集约化和机械化

至此，我的观点是，印度茶叶之所以赶超了竞争对手中国，并非源于技术创新，而在于其劳动集约化的独特体制。最后这个部分，我会将这两个地区的历史进程放在一起讨论，因为劳动集约型积累的历史——以及更广义的一个始于劳动分析的框架——也可以帮助解释20世纪资本集约型技术发明的最终崛起。劳动集约化不仅在时间上早于自动化生产，而且为茶叶机械的发明和使用打下了社会基础。要理解这层关系，我们首先需要超越机械化历史的技术维度。

在对商业技术史的分析中，社会理论家哈里·布雷弗曼*（Harry Braverman）认为，应区分机械化的"工程"（engineering）路径和"社会"（social）路径。前者强调的是，处于独立的、脱离社会文脉状态下的不同技术如何比手工生产成倍提高工作效率的。例如，在19世纪的最后数十年，种植园主夸耀新的茶叶精制模式将生产力相较于手工时代分别提升了4倍（19世纪70年代）、10倍（19世纪80年代）乃至30倍（19世纪90年代）。然而，这类技术分析是不完整的，因为这些将技术创新与社会文脉割裂的学者，是在将人类发明的历史"物象化"，从而高估了机械的能动性。在"工程路径"之外，布雷弗曼还支持"社会路径"，将机械"与人类劳动联系起来"看待，即将两者在概念上产生连续性与交叉性。他所考虑的是工厂车间的社会组织和劳动分工现象，这要早于工业化生产并促成了后者的产生。例如，政治经济学最早的拥趸并非将"工业"等同于节约劳动力的设备，而是在一种协作语境下对于专门任务进行合理安排。这些学者并未将新机械的出现视为新的历史阶段或新的生产方式，而是作为专门化分工现象的"同行者"。[53]

这一愿景也与阿萨姆种植园主对茶叶生产演化的理解产生了共振。最早的印度茶园继承了中国茶叶的制作方法，因而从一开始就有赖于劳动分工。阿萨姆种植园主也证实了专业化分工及更

---

* 哈里·布雷弗曼，美国工人活动家，马克思主义经济学家。

高生产力和技能提升随之而来的恩惠。"在一两个茶季的实验后，"克罗尔写道，"工人就在直觉上知道一片茶叶是否适合'加热'，无论是依靠对天气的判断，还是通过对茶叶的直观感受。这一知识只能从实践中获取。"英国种植园主的贡献是进一步拆解了茶叶的制作流程。种植园主的手册中详细列举了数种方法，通过减少冗余步骤或压缩无用的空间和无谓耗费的能量的方式来提升生产效率。在种植园主的脑海中，从简化手工技术到劳动替代型机械的发展在性质上是进化的，是从原始向现代技术的"朴素自然的发展"。[54]

任务的分工进一步促使种植园主用当时最先进的机械取代人工简单的操作。经济理论家和阿萨姆种植园主手册皆认同，此般分离过程之所以成为可能，是因为种植园经理和监管者已将工人贬低为某种不完整的人。在阿萨姆，种植园主不仅将机器称作工人，同时也将工人称作机器。这两个比喻揭示了某种根本性的认知，即工业劳动过程中人类和技术之间的连续性。

首先在个体层面，将复杂任务分解为较简单的任务，有助工程师设想出用自动化设备模拟简单动作的方法，这被经济学家称作"迂回生产"（roundabout methods of production）。由于茶叶精制流程过于复杂，难以由单一机械替代，种植园主便将其拆解为多个独立环节，由此再从局部进行替代。工人只需进行简单的手动操作——如在不同的制作环节进行摩擦、揉捻、弯折、摇晃和按压即可。随着种植园经理将劳动分解为"跨行业和职业边界的简单动作"时，他们也会将劳动本身视为"可替换的部件"，更容易为工具所取代。例如，烘干和筛分茶叶的机械也同样用于咖啡、矿物以及农业和化学产品的制作中；只有揉捻机是专门为茶叶发明的。随着劳动变成一个衡量价值的抽象单位，工作本身的内容也变得愈发抽象，脱离了茶叶的具体特性。因此，19世纪60年代发明的第一代揉茶机只是将茶叶加工到适合最后一步揉捻的程度，仍需要依赖人工操作。直到1887年的杰克逊快速揉茶机（Jackson Rapid Roller）的诞生，才彻底消除了手工揉捻的环节。一旦种植园主将工人减化为一系列简单、可分离的动作，那么用自动化机械取而代之的好处就显而易见了，尤其在种植园主仍抱怨工人的懒惰、不从和逃工的情况下。难怪巴克将揉茶机称作一名"心甘情愿的劳动者，以十倍的速率高效完成工作"。[55]

其次，在合作与协调的集体层面，人与机器在操作中的可互换性使种植园主得以构想一种规模化的设备，当单个个体设备能整合为相互衔接的部件时，就可取代工人作为生产流程核心的地位（图4-6）。将制作过程分解为简单任务之后，种植园主又将其重新制定一系列附属动作，同时保持对整个流程的控制。劳动分工也强化了对生产力的要求，因为每个个体需要互相依赖以达到设想中的生产进度。"茶厂工作的任一环节都无法改变，"巴克写道，"整套流程不间断地进行。"[56]

在工业化进程的早期，劳动分工的这种阴暗面是摆到台面上谈论的。到了19世纪20年代，欧美政治经济学对于劳动分工的

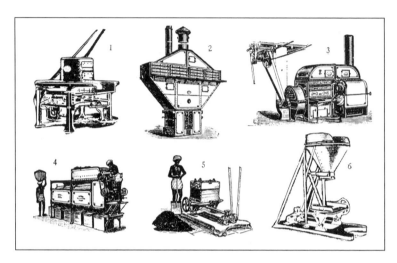

图 4-6　19 世纪末萨缪尔·戴维森发明的早期茶叶生产机械，包括① 揉茶机、②③ 烘干机、④ 分拣机、⑤⑥ 包装机（画面将机器绘于中央，工人置于附属位置，体现了在发明者设想中，机器将替代人力在生产过程中的核心地位。）

来源：Ukers, *All About Tea*, vol. 1, 481.

描述开始从一幅积极乐观的图景——如《国富论》描述的，自愿、理性的自由劳工协调地共同工作——转向一幅阴暗的图景。维多利亚时期的作家，如狄更斯（Dickens）和盖斯凯尔（Gaskell），就批判工业化让工人退化为简单的"双手"。受到热力动力学和物竞天择学说发展的影响，自然主义哲学家预想了机器完全取代人类劳工的噩梦景象。人类和机器部件之间的隐喻也穿插在查尔斯·巴贝奇（Charles Babbage）、安德鲁·弗格森（Andrew Ferguson）和安德鲁·尤尔（Andrew Ure）的分析之中，他们不带讽刺地将工厂描绘为"一座巨大的自动机，由数不尽的机械和智识部件构成，共同不受干扰地配合工作"。这一描述也吸引了马克思的注意，认为这种描述切中了资本主义劳动分工的根本逻辑。[57]

同样地，阿萨姆的茶种植园经理竭力将种植园塑造为这样一类"由人类零部件构成的生产机器"。[58]阿萨姆的一名种植园主萨缪尔·贝尔顿（Samuel Baildon）写道：

> 劳动力是伟大的机器，茶园因此而富有价值；它同时也是昂贵的机器，尤其对阿萨姆的茶种植园主而言。如今，没人会愚蠢到花重金购买一架机器又肆意将其毁坏；同样地，茶种植园主也不会如此对待他们的劳工。

贝尔顿进一步扩展了这一论点，写道："一切工业所依赖的伟大机器就是劳动力。"与利兹的观点遥相呼应，他也宣称，给种植园主土地而不给劳动力"就如同不给稻草而让人制作泥砖"。另一方面，抨击工业的道丁写道，茶园看起来是一个"类机器的机构"，却掩盖了其对于节省劳动力流程的依赖。"当我们听到，茶厂中的机器连续几个月日夜不停地转动，"他写道，"我们或许会钦佩这样的组织，但我们也可以完全确定，为了给这些机器供给鲜叶，需要让整个茶园持续处于高压工作之中。"这种情形"无疑直接导致了高死亡率"。[59]

即便是劳动分工的支持者也承认，它对于参与者具有蚕食性的影响。亚当·斯密写道，劳动的专门化将工人转变为"人类可能成为的最愚蠢无知的模样"。在阿萨姆，巴克将不用机器的手工揉捻称作"永无止境的苦差"。因此，尽管评论者在两个世纪以来都将工业劳动的客体化经验归因于技术的逐步发展，但早期工业化的旁观者还是认为，在引入机械自动化之前早已出现了非人化工作的现象，这甚至为机械自动化奠定了社会基础。[60]

或许最有说服力的证据是，这种非人化工作也可见于同期的中国茶厂，但那里的劳动过程远远没有阿萨姆这般机械化和自动化。研究者林馥泉在 20 世纪 30 年代考察武夷山区时，将揉茶和焙茶的过程描述为一场合作劳动的奇观。"工作虽极紧张，"林馥泉写道，"但分工合作，先后次序，丝毫不乱。"每一篓茶叶都需要炒干和揉捻两次，并按照炒、揉、炒、揉的次序。管理者将工人分为两组炒茶工，每人一口锅，旁边另配有更替者。每个炒茶工对应两组揉茶工，后者轮流将揉好的茶送到炒茶工这里。茶叶大师掌管的流程大致如此：

> 甲组接一炒锅之菁，进行初揉。乙组已将一炒锅之菁，揉毕送回二炒，行二次揉之新菁又入锅初炒。菁炒好时，正为乙组复揉已毕，送入焙房，遂即接初炒菁揉捻，此刻甲组初揉已毕，送回复炒。先后时间之衔接，有如机械。

林馥泉延续了长久以来一批经济思想家的观察，认为劳动分工和机械化在其共享的社会动力中是具有连续性的。同步工作需要有一种将个体部分统合为一个整体的时间和节奏观念："'起锅！'（即菁炒工人决定菁炒适度，通知揉捻工，持揉茶栀接菁之叫声）和'接焙！'（即茶菁揉捻完毕，由送茶窗送入焙房烘焙，通知看焙工人接入之叫喊）之声，不绝于耳。"在茶厂内，"时亦随揉茶动作之节拍"。工人为了渡过长夜、赶上日程，"彼此山歌互应"。[61]

或有人可以提出反对，即从经济史的"工程路径"来看，中国和印度茶业的技术能力依然差距悬殊，后者最终也在纯粹生产力上完全超过了前者。然而，若从"社会路径"来看，两地的劳工同样受制于一套劳动分工、专门化和再整合的客体化动力。因此，二者的差异只是量的差异，而非历史学著作中通常看到的传统和工业之间的质性对立。尽管印度茶业节约劳力机械不可辩驳的技术优势最终让中国改革者羡慕，但这些设备却不是印度茶业崛起的源泉，而是劳动理性化的"社会技术"（social technology）的结果——整个亚洲植茶区都在践行。

结　论

20 世纪初，英国茶产业在全球茶叶贸易中的统治地位已看似不可撼动，这样的地位也导致了对印度和中国茶叶贸易财富差异的简化解释。1914 年，《泰晤士报》的一篇文章称颂了印度茶种植园的"科学文化"，认为它帮助"全世界享有比起单独依赖中国茶叶而言更大量的、更廉价的茶叶供给"。文章总结道："印度茶叶在世界茶叶市场中占据的巨大份额源于其便宜的价格。"[62] 这样的解释或许有道理，尤其考虑到印度茶叶崛起是受到削减生产成本的驱动。然而，竞争的过程远比压低产品价格要更为复杂（图4-7）。

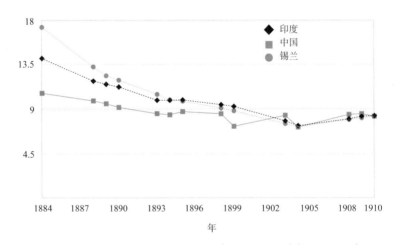

图4-7　从亚洲进口至英国的茶叶价格（1884—1910）（单位：英镑）

来源：British House of Commons, various "Tea and Coffee" Reports, 1900, 1903, 1908, and 1910.

　　业界人士很早就意识到，光有爱国主义宣传而没有更好的技术的话，对于消费者的吸引力仍是有限的。不过，产品价格降低本身亦无法解释印度茶崛起的时间点，因为印度茶叶产品的平均价格直至20世纪初都比中国的竞品要昂贵。印度茶叶的一个主要有利因素是消费者对不同产区的主观认同，使它在市场中具有了独特的定位。19世纪80年代，印度茶叶和锡兰茶叶的高速扩张让茶叶价格瞬间腰斩。贝尔顿写道："贸易中的竞争如此白热化——几乎到了不计后果的地步。"作为回应，中国的茶叶种植者在已然达到最大生产效率的情境下，只能选择牺牲品质。英国和清朝的观察者都记录了当时中国充斥着"假茶"和"作弊茶"，将枝干、尘屑乃至非茶叶植物混入，在表面覆盖一层蓝绿色染料以欺骗消费者。当然，如埃丽卡·拉帕波特所指出的，不卫生的工作条件在南亚的生产者中同样普遍存在。不过，同时期的英国种植者可以通过提高工人生产效率的方式予以回应。到了19世纪末20世纪初，在茶叶脱水、揉捻和烘焙环节中出现伟大的机械创新——也包括土壤养护和施肥的技术进步——终于成功"会师"，引爆了生产力的飞跃增长。由此，印度茶叶获得了高品质奢侈品的地位，而中国茶叶却愈发被视为廉价的次品。这样的分级对于英国种植园主是十分有利的。[63]

从19世纪80年代开始，英国的市场营销人员开始鼓励消费者拼配印度茶叶和中国茶叶，以抵消前者的高价。贝尔顿记载："食品商告诉我，他们如果只卖昂贵的印度茶叶，那几乎可以关门大吉了。"印度茶叶最初是奢侈的商品，但和咖啡、糖及中国茶叶的传播路径一样，它也逐步从贵族阶层下沉至中产和工薪阶层，这主要得益于中国茶叶的低价。食品商的策略就是"在消费者能够承受的尽量多的优质印度茶叶中，搭配放进品质较弱的中国茶叶"。[64]

拼配的目的不仅是中和印度茶的高价格，还要平衡它的浓郁口味，因为它在单独冲泡时味道会过重。印度茶叶协会的广告宣称，印度和锡兰茶"在冲泡时只需中国茶叶或日本茶叶一半的量"。"但如果拼配在一起，"贝尔顿写道，"这种茶叶就没有市场了。"如果这种说法准确，就可以解释为什么南亚茶可以在价格上竞争超过每磅价格较低的茶叶。然而值得注意的是，英国种植园主本身看不上拼配茶，他们担心英国消费者永远不能欣赏南亚茶的独特口味。但如今他们别无选择。讽刺的是，正是中国的制茶者促成了印度竞争者的崛起。"他们不应因其清淡、纤弱和不洁而鄙夷中国茶叶，"贝尔顿写道，"相反他们应该对于中国茶叶的粗劣品质心存感激，因为这才让印度茶叶获得了稳固如山的地位。"[65]

到了 19 世纪末 20 世纪初，对于中国茶叶的贬低蔓延至消费大众。欧美消费者开始看不起中国茶叶，也包括日本茶叶，同时还刻意针对其产品背后的整个种植和加工体系。这一态度标志着，他们背离了最初创立印度茶产业的信仰——建立在对正宗的中国方法的崇敬之上。在 19 世纪八九十年代，印度茶叶的崛起让中国茶叶的销售直线下坠，原先投资在中国市场的海外资本也转移到了包括阿萨姆在内的其他地方。随着一处的产业兴起，另一处就不得不走向瓦解。这一过程彰显了地理学家尼尔·史密斯 *（Neil Smith）关于"资本的跷跷板式移动"的恰当比喻：一个地区的发展同时会造成另一个地区的不发展的不平衡状态[66]。然而，这是一

---

* 尼尔·史密斯（1954—2012），世界知名的人文地理学者和马克思主义地理学家。

个抽象的变化进程，让中国商人摸不着头脑，他们能做的只是继续尝试各种方式来压低成本，以应对不断被压低的价格。清廷官员面临着自身盈利危机的重担，不得不在 19 世纪 90 年代，与十几年前深陷危机的印度殖民地官员一样，他们开始重新评估自己的普遍原则，以理解经济生活运行的基本规律。

注　释

1. Blechynden quoted in ITA Report (1897), 218; 印度茶叶协会在美国广告宣传详情可参见 Griffiths, *Indian Tea,* 579–91。

2. Rappaport, *Thirst for Empire*, 162; Crole, *Tea*, 6, 42; Bernstein and Brass, "Introduction," 9, 26. 我对这一点的分析得益于杰鲁斯·班纳吉对布拉斯其他作品中"自由"类别的评价。

3. Crole, *Tea*, 39.

4. Banaji, "Fictions," 137–39; Steinfeld, *Coercion, Contract*, 234; see also Baptist, *Never Been Told*, 111–44; Beckert, *Empire of Cotton*, 98–136; Mintz, *Sweetness and Power*, 19–73.

5. "因为当贸易前景不好时，茶园的前景比任何普通的制造业企业都要差。一家轻工业工厂或是一家工厂可以裁员，或再坚持一段时间，或有必要的话暂停生产一段时间以等待更好的时机。但茶园必须持续运营，在一定程度上来说，它能限制其生产或减小其运营成本的必要性非常小。关闭茶园意味着连同把企业的投资都一并抛弃；而且茶园的劳力成本如此之高以至于任何劳力上的损失都意味着一部分的资本损失。" ITA Report (1920), 3.

6. Money, *Cultivation & Manufacture*, 2–3, 8; Griffiths, *Indian Tea Industry,* 96; Edgar, "Tea Cultivation," 16, 34, 18; Rungta, *Business Corporations,* 98; *Report of the Commissioners Appointed to Enquire into the State and Prospects of Tea Cultivation in Assam, Cachar and Sylhet* (1868), 1869, p. 18, Home Department, NAI.

7. Money, *Cultivation & Manufacture*, 3, 178, 2; Edgar, "Tea Cultivation," 14; Rungta, *Business Corporations,* 95.

8. Rungta, *Business Corporations,* 71; *Friend of India* quoted in Rungta, *Business Corporations,* 94; cf. Memorandum from Charlu, "Bill to Amend the Law of Partnership in India," February 1866, no. 20, pp. 64–66, Legislative Branch, Home Department, NAI; Letter from Ghosh, n.d., and letter from Mullick, 17 November 1881, "The Bill for Incorporation, Regulations, and Winding-Up of Trading Companies," February 1882, File 794, pp. 303–307, Judicial Department, WBSA; Letter from Hopkinson to Government of Bengal, "Eastern Bengal Railway Communication with Assam," November 1873, File 12, nos. 20–21, General Department, NAI; Crole, *Tea,* 37.

9. Rungta, *Business Corporations,* 101–4; Money, *Cultivation & Manufacture,* 178–79.

10. Campbell quoted in Edgar, "Tea Cultivation," 34–35. Cf. Rungta, *Business Corporations,* 100.

11. 关于这项立法的历史，见 RALEC, 135–47; Hay and Craven, "Introduction," 1–2; "The Report of the Commission on the Labour Districts Emigration Act," August 1881, Progs. 1–9, A, p. 4, NAI。

12. Letter from J. Crerar to Government of India, June 1922, "Workman's Breach of Contract Act 1859," IOR/L/E/7/1339, File 1142, IOR; Hay, quoted in Steinberg, "Marx, Formal Subsumption," 201.

13. Edgar, "Tea Cultivation," 36, 15; Rungta, *Business Corporations,* 116; "Resolution," "Annual Report on the Province of Assam for 1872–1873," 8 September 1873, File 1, no. 81, p. 2, General Department, NAI.

14. Greenberg, *British Trade,* 145–48; Chapman, "Agency Houses," 240–43; Bayly and Subrahmanyam, "Portfolio Capitalists," 422.

15. Antrobus, *Assam Company,* 126, 152–54.

16. 从其他部门转移过来的管理经纪，见 Bagchi, *Private Investment,* 124, 162, 177; Money, *Cultivation & Manufacture,* 180; C. B. Skinner to C. H. Brown, 9 October 1863, JS/10/6, JSA; cf. entries from 30 December 1862 into 1863, "India (Calcutta) Committee Minute Books," MS 9925, vol. 13, 18, 26, ACA。

17. C. B. Skinner to C. H. Brown, 26 February 1863, and C. B. Skinner to C. H. Brown, 9 September 1863, Extracts from Letters to Calcutta, JS/10/6, JSA; see also letters from 10 June 1863 and 17 July 1863. In April 1866, memos began to appear that outlined the inventory of shipments from "your tea gardens" and "tea companies." 下一年，1867 年，代理商又收购了两家茶叶公司。See letters from 26 April and 19 December 1866, Letters to Calcutta, JS/1/112; and 11 February 1867, JS/1/113, JSA.

18. Guha, *Early Colonial Assam*, 189; Stone, *Global Export of Capital*, 4–6, 82–91, 381. 欧文·斯通（Irving Stone）记录了"资本需求"，这些需求由投资者承诺的只有一小部分预付款。Cain and Hopkins, *British Imperialism*, 171–72; Bagchi, *Private Investment*, 161–71, 182–83; Chapman, "Agency Houses," 248–50.

19. Jeffrey, "Merchant Capital," 242; *James Finlay*, 102–4; "Retrospective typescript History of Calcutta branch Finlay Muir & Co, Calcutta 1870–1900," UGD91/11/6/1, JFA.

20. *James Finlay*, 104; "Office notes on Upper Assam Tea company Limited," 28 August 1953, "Correspondence, notes, drafts and other papers concerning Sir Percival Griffiths' History of the Indian Tea Industry," p. 2, MSS EUR/F174/2073, London archives of the Indian Tea Association, IOR; Jeffrey, "Merchant Capital," 242–43.

21. Steinfeld, *Coercion, Contract*, 9–10; Baptist, *Never Been Told*, ch. 7.

22. "Memorial from the Indian Tea Districts Association, London, Representing the Present State and Prospects of the Tea Industry in India," March 1880, Progs. 20–23, p. 3, Emigration Branch, Home, Revenue, and Agricultural Department, NAI.

23. "Papers Relating (63)," 11; Griffiths, *Indian Tea Industry*, 487; Gardella, *Harvesting Mountains*, 128, 54; Buckingham, *Indian Tea*, 25; Crole, *Tea*, 39–40.

24. Edgerton, "Innovation, Technology, or History," 689–93; Edgerton, *Shock of the Old*, xi; "Memorial from the Indian Tea Districts Association, London, Representing the Present State and Prospects of the Tea Industry in India," March 1880, Progs. 20–23, p. 3, Emigration Branch, Home, Revenue, and Agricultural Department, NAI; Barker, *Tea Planter's Life*, 238; Crole, *Tea*, 50.

25. Griffiths, *Indian Tea Industry*, 493–94; Ukers, *All About Tea*, 474–79; Barker, *Tea Planter's Life*, 238; Crole, *Tea*, 126–27, 59, 149.

26. Money, *Cultivation & Manufacture*, 171; Gardella, *Harvesting Mountains*, 118; Behal, *One Hundred Years*, 353–58; cf. productivity rates in Antrobus, *History of Jorehaut Tea Company*, 47–48; Antrobus, *Assam Company*, 408–11.

27. Money, *Cultivation & Manufacture*, 170. 根据贝里·怀特称，伦敦茶叶的价格从1878年的一先令九便士降至1886年的一先令。White, "Indian Tea Industry," 741. 克罗尔声称，1893年的价格比1881年的低45%。Crole, *Tea*, 39, 40, 108; Barker, *Tea Planter's Life*, 117–18, 231–32, 237.

28. Barker, *Tea Planter's Life*, 119–21.

29. Allen, *Global Perspective*, 25–57; Beckert, *Empire of Cotton*, 65; Baildon, *Tea Industry*, 141; "Report on Labour Immigration into Assam for the Year 1900," p. 10,

IOR/L/PJ/6/584, File 2118, IOR, hereafter cited as the "Cotton Report"; Behal, *One Hundred Years*, 199-226; Dowding, *Tea-Garden Coolies*, 33-34. 劳动力是最大的支出，这在业内是一个不言而喻的事实。See, for instance, ITA Report (1916), ii-iii; ITA Report (1920), iii.

30. Behal, *One Hundred Years*, 356-57; 82-87.

31. Burawoy, *Politics of Production*, 88-102; 97-98.

32. Sen, "Commercial Recruiting and Informal Intermediation," 3-4; 全国经济，《印度锡兰》，第 56 页; cf. Barker, *Tea Planter's Life*, 136, 171, 154; cf. Baildon, *Tea Industry*, 162; Crole, *Tea*, 7。

33. "Report on Inland Emigration, Bengal/into Assam, 1881," February 1883, Progs. 22-26, p. 364, Revenue and Agricultural Department, NAI; Behal, *One Hundred Years*, 124; Edgar, "Tea Cultivation," 23.

34. Edgar "Tea Cultivation," 23; Dowding, *Tea-Garden Coolies*, 9; RALEC, 99; cf. Baildon, *Tea Industry*, 169-70; Barker, *Tea Planter's Life*, 171; "Report on Labour Immigration into Assam for the Year 1890," December 1891, Prog. no. 4, A, pp. 70-71, Emigration Branch, Revenue and Agricultural Department, NAI.

35. Edgar, "Tea Cultivation," 23, 49-52; Behal, *One Hundred Years*, 112; cf. Vidyāratna, *Kuli Kāhinī*, 26, 36; Ganguli, *Slavery in British Dominion*, 10, 33.

36. "Cotton Report," 23; cf. Behal, *One Hundred Years*, 167; Kolsky, *Colonial Justice*, 158.

37. Barker, *Tea Planter's Life*, 131; Crole, *Tea*, 49.

38. Barker, *Tea Planter's Life*, 134-35; cf. Crole, *Tea*, 60.

39. Vidyāratna, *Kuli Kāhinī*, 33.

40. Behal, *One Hundred Years*, 64-65; Ogle, "Whose Time," 1383-90.

41. Griffiths, *Indian Tea Industry,* 298-99; Behal, *One Hundred Years*, 65-66.

42. Postone, *Time, Labor*, 289; White, "Indian Tea Industry," 742; Ganguli, *Slavery in British Dominion*, 11; cf. Crole, *Tea*, 63.

43. Vidyāratna, *Kuli Kāhinī*, 75-76; cf. Barker, *Tea Planter's Life*, 132. 亨利·科顿也谴责"只得到四分之一哈兹拉的可恶做法"为"劳动的汗水"。"Cotton Report," 10, 17-19.

44. Barker, *Tea Planter's Life*, 126-28, 146-47.

45. Behal, *One Hundred Years*, 269; RALEC, 14; Ghosh, "Market for Aboriginality," 31; Crole, *Tea*, 191.

46. Jenkins to Tea Committee, 20 February 1837, "Papers Relating (63)," 92; Ghosh,

"Market for Aboriginality," 21-28.

47. Barker, *Tea Planter's Life*, 131; Baildon, *Tea Industry*, 153-54; Crole, *Tea*, 194; Ghosh, "Market for Aboriginality," 32. 例如，芭芭拉·菲尔兹（Barbara Fields）将美国式科学种族主义的原始意识形态的力量置于美国南方种植资本家和非洲劳工之间的斗争框架中。Fields, "Slavery, Race, and Ideology."

48. Sen, "Questions of Consent," 231; Letter from Jenkins to Halliday, "Tea, Assam in, Cultivation of, Reports on and Measures to Improve," IOR/Z/E/4/15/ T48, IOR, 703-5; RALEC, 37; Sen, *Women and Labour*, 7.

49. RALEC, 86; Crole, *Tea*, 201-5.

50. 作为最近的比较，南希·弗雷泽（Nancy Fraser）认为，20世纪欧美女性主义者在平等和解放的旗帜下推动妇女有偿工作，也无意中主张了一种新形式的资本积累。这种积累利于市场，却不利于工人。Fraser, *Fortunes of Feminism*, ch. 9; Sen, "Questions of Consent," 232; RALEC, 82-86; Sen, *Women and Labour*, chs. 2-3.

51. Barker, *Tea Planter's Life*, 131-48; Crole, *Tea*, 56-68; Chatterjee, *Time for Tea*, 2-4.

52. Crole, *Tea*, 61; Behal, *One Hundred Years*, 365. 考希克·高什曾多次使用"拜物教"一词来描述丹加尔人的归化，认为其特别适合体力劳动。以下是我如何理解高什的论点：对马克思来说，商品拜物教产生于以下两者之间的混淆：① 一种商品的价格或价值是由它与市场上其他商品的关系所决定的；② 价值的外观是由该商品固有的、自然的品质所决定的。后者则具有"神奇"和"超理性"的属性。对高什来说，丹加尔新工的高价是社会市场动态的结果，但以观察者的视角来看，这是因为他们作为一个"种族"的固有素质非常适合他们被分配的劳动类型。同样，被视为工作好能手的女性将受到种植园主（以及寻求配偶的男性工人）的高度重视和需求。这一价值由劳动力市场的动态关系决定，并以商业术语来表述，这可能是女性劳动天赋之所在的结果，无形中加强了女性气质与采摘行为之间的联系。在这些表述中，由于商品化，现代性别与种族观念同样具有神奇的与形而上学的性质。Ghosh, "Market for Aboriginality," 28, 31, 34; Marx, *Capital*, 1: 163-77.

53. Braverman, *Monopoly Capital*, 127; Griffiths, *Indian Tea Industry*, 493; Berg, *Machinery Question*, 83-86.

54. Crole, *Tea*, 142, 154.

55. Saito, "Proto-Industrialization," 93-95; Braverman, *Monopoly Capital*, 125; Ukers, *All About Tea*, 468-70; Crole, *Tea*, 149; Barker, *Tea Planter's Life*, 142.

56. Barker, *Tea Planter's Life*, 135.

57. Berg, *Machinery Question*, 94; Kang, *Sublime Dreams of Living Machines*, 231–35; Ure quoted in Marx, *Grundrisse*, 690.

58. Marx, *Capital*, 1: 457.

59. Baildon, *Tea Industry*, 155 (emphasis in original), 177; Dowding, *Tea-Garden Coolies*, 14.

60. Smith, *Wealth of Nations*, 840; Barker, *Tea Planter's Life*, 143.

61. 林馥泉,《武夷茶叶》, 第 57 页。

62. "The Tea Trade," 8 June 1914, ITA Report (1914), 297.

63. *Home and Colonial Mail* (1880), quoted in Rappaport, *Thirst for Empire*, 160; Rappaport, *Thirst for Empire,* 165; Baildon, *Tea Industry*, 120; Crole, *Tea*, 41.

64. Baildon, *Tea Industry*, 122–23.

65. Ibid., 117–19; cf. Barker, *Tea Planter's Life*, 234–35; Rappaport, *Thirst for Empire*, 158.

66. Smith, *Uneven Development*, 196–202.

无人恤商？
晚清中国的茶叶危机与
古典政治经济学

事后看来，大清皇家海关总税务司*（IMC）的外国官员早就应该看到，中国茶叶贸易中令人不安的迹象在其真正崩盘的几十年前就已浮出水面。1891年，税务司官员反思道："中国茶业的下行最早出现于1870年。"红茶在19世纪60年代创下最高价，随后迅速走低。整个19世纪80年代的总销量一直稳步攀升，因而直到1888年茶季之后，许多人才意识到情况的严重性（图5-1）。一位清朝官员回忆说："光绪十一年，中国茶市居全地七之五。十四年英国进口印茶忽多于华茶。此为创见之事！"[1]一旦茶叶销售额开始下降，它们就会快速猛烈地下跌。

19世纪八九十年代是中国茶叶的危机时期。困惑不解的省级官员和外国海关官员将茶叶销量下降描述为"灾难"，这可能导致贸易"迅速消失"。这种警惕的语调已充斥于外国官员的来往信件中，他们在1888年向光绪皇帝提交了一份贸易报告。其中，税务

---

* 清朝政府因无力控制上海海关，在1854年与英国、法国、美国三国驻上海领事馆协商，由三国各派税务司一人"协助"清朝政府征集关税；在1859年成立大清皇家海关总税务司，由英国人李泰国（Horatio Nelson Lay, 1833—1898）任首任总税务司。

图 5-1　中国红茶出口量与出口价格的比较（1867—1909）

（来自里昂海关的数据）

司官员埃德蒙·法拉戈（Edmund Faragó）报告称，"福州茶叶出
口量的下降"，"是该省在过去十年中发生的最重要的变化"。许多
农民放弃了茶叶种植，这是一个"令人悲悯的景象"，只见"红薯
或其他一些常见蔬菜"在废弃的"茶树"旁生长。通过内陆转口
港汉口连接着中央茶区和上海的其他重要路线上，也可以看到类
似场景。一位清朝官员写道："汉口之茶市，莫坏于去年。统计安
徽、江西、两湖四大帮，无一不受亏折，其数多至三百余万，此
真历来所未有，虽旁观尤为骇然，况在当局之人哉！"又有人说：
"特无如当局者迷，则亦块然如在云雾中耳。"在福州，"富商大贾
历次亏折，裹足不前"。同样的焦虑和迷惑也困扰着清廷，其深知
自己的财政命运与出口贸易密不可分。在整个 19 世纪，茶叶贸易

为清廷提供了宝贵的收入来源，支撑着清帝国与外部侵略、内部
叛乱和白银外流作斗争。[2]

　　本章更多地关注 19 世纪 90 年代茶叶危机期间的这种迷失感，
能为理解现代中国政治经济思想的转变提供重要见解。如果说第
二章展现了中国农村茶叶生产实践的变化，那么本章会将注意力
转向其意识层面的同步转变。面对来自南亚茶叶竞争刺激带来的
危机，清代思想家放弃了财富是通过海外贸易获得的这一种重商
主义主流观念，相反，认为财富源于劳作之物。但他们并未简单
回溯早期中国的话语，即为了国内消费而稳定农业生产价格。那
些早期将财富视为植根于土地的有形之物的观点是有局限性的。
相反，全球竞争迫使少数清朝官员将财富视为由社会决定之物，
源于人类活动的技能和生产力，因此通过创新能够进行无限扩张。

　　户部官员、经济思想家陈炽是这一思潮转变的典范。19 世纪
90 年代，他在试图解释中国茶叶销量下降的同时，致力于借助最
早的一批中译本，研究西欧古典政治经济学的观点。值得注意的
是，陈炽将欧洲古典经济学与中国经济思想调和起来的尝试远非
晚清主流。他的分析更多可视为实验性而非系统性的，但它之所
以有历史意义，正是因为陈炽在 19 世纪 90 年代的乱局中发现了
政治经济学的创造性应用——这将在中国历史上长期存在。陈炽
在斯密的思想中发现了抽象的"自然"和"上帝"法则，这与他
在危机中领导中国商业社会的具体个人经历产生了共鸣。他将自
己的方法描述为"道"或"生财之道"，这样一套思想，也与由亚

当·斯密提出、并在印度为利兹所接受的价值论思想相对应。因此，对阿萨姆契约劳动力的塑造至关重要的同一理论，也为改革中国茶叶生产的努力奠定了基础。在这两个例子中，在理解和克服经济危机中此理论发挥得最为明显。然而，正如阿萨姆茶叶的故事所表明的，古典政治经济学的话语在历史特定的社会条件下才变得最容易理解且具有可信度。在印度，殖民地官员拒绝在阿萨姆这样"未开化的"边境应用斯密的自由主义经济学，因为政治经济学的普遍假设受到阿萨姆顽固的本土习俗的限制。他们发现，自己不得不强迫阿萨姆社会遵从以雇佣劳动为前提的经济规律。相比之下，陈炽在古典理论中发现了一个有助于理解他所处的社会背景的有力工具。因而，经济意识的这种主观转变表明，19 世纪后期的中国深陷于全球工业资本主义的客观日常社会结构之中，其程度远超观察者及历史学家之前的想象。

晚清经济思想史学的讨论，主要集中在帝国官僚机构是否过于传统而无法自救的宿命论问题上。从洋务运动到 1911 年清帝国的最终灭亡年间，朝廷与显赫乡绅合作，启动了一系列军事、商业和政治改革。这些实验在今天被称为"自强"或"洋务"运动，往往被认为是悲剧性的。第一代历史学家假设，对现代"西方"思想的肤浅应用与潜在的儒家制度及前资本主义农民经济之间存在难以相容的错配。然而，最近的研究较为乐观，强调清朝改革者虽然输掉了关键的军事战斗，但仍对科学知识有精巧的掌握。陈炽对茶叶危机的反应表明，在中国和全球经济思想的全球流动之间存在着更深层次的一致性。[3]

　　陈炽将他对古典政治经济学的理解，建立在资本主义生产和交换的共通的社会模式中，使得这些理念变得更具可信度。对他而言，工业资本的动能并不是中国未来应该追求的东西。相反，中国社会已经承受了与世界其他地方同等的竞争压力；它早已经开始雇佣市场依赖的工人以进行积累资本；受制于印度茶叶、法国丝绸和英国纺织品等行业的全球劳动分工，其社会中的商品价值已经由商品所卷入的人类劳动的技能和生产力所决定了。在他看来，中国已经是现代资本积累世界中的积极参与者。事实上，在茶叶出口贸易的第一线，农民、工人、管理者和商人早已在过去数十年间不自觉领会了这些社会动态。但只有在危机之中，清代学者才以如此清晰和理论化的方式将其表达出来。

　　在下面的第一节，我分析了 19 世纪 80 年代至 90 年代初期官方对出口茶销量下降的初步反应，并将其置于《皇朝经世文编》中予以理解。起初，官员们试图通过降低运输税和成本来刺激茶叶销售，这反映了以商人为中心的经济世界观。这种最初的方法源于帝国官僚机构对经济流通的日益重视。清朝鼎盛时期的经济思想家对市场的把握可以与欧洲同行相媲美。在其鼎盛时期，用濮德培（Peter Perdue）的话来说，清朝是建立在"农业生产"和"商业交换"两大支柱之上的"发展型农业国家"（developmental agrarian state）。其目的并非利润积累，而是扩充国家资源和改善百姓"生计"。这些政策背后的理论假设，也可见于早期现代的英国重商主义和法国重农主义等学派，这些地区因其类似的商业化和农业发展模式而具有一致性。

然而到了 19 世纪末，这些基本原则受到外国军事侵略、财政自主权的丧失和此起彼伏的内战的冲击。在帝国官僚机构内部，百姓生计和稳健的财政的理想中融入了竞争性积累的目标。在第二节，我简要概述了全球竞争如何迫使清廷官员考虑改革茶叶、丝绸等出口商品生产的方法。基本上，清廷将重心从百姓生计转向了资本积累，用彭慕兰的话来说就是"根本性的突破"（fundamental break）[4]。这也意味着，国家的重心从商业流通转向劳动力生产。当审视海外竞争对手及其垂直整合、机械化生产实践时，中国的观察者开始将自己的方法视为不合时宜的。

陈炽是表达这一新观点最尖锐声音之一，他将是本章第三节的重点。1895—1896 年，陈炽疯狂地投入工作，撰写了一份影响深远的关于茶叶的奏折，从官方视角梳理了官僚机构对重组生产的关注；并完成了一篇论文，论述了政治经济学原理在中国的应用；同时在改革派报纸《时务报》上，发表了约翰·斯图尔特·密尔 *（John Stuart Mill）的弟子、剑桥大学经济学家亨利·法思德所著教科书的摘要译本。[5] 在陈炽的论著中可以看到一条共通

---

* 约翰·斯图尔特·密尔（1806—1873），英国哲学家、政治经济学家、国会议员，其著作《论自由》被认为是古典自由主义集大成之作。第三章提及其父詹姆斯·密尔（James Mill，1773—1836），和好友边沁一样被视为功利主义哲学代表，对早期阿萨姆的茶业经济思想产生了深远影响。

线索，即他被古典价值理论所吸引：财富并非流通中的实物商品的固有品质，而体现在人类劳动之中，由现实生活中劳动力的相对生产力而决定。陈炽的"生财之道"建立在清代中国的经济正统之上，同时又与之背离。他之所以受此吸引，是因为它能够解答困扰着他的中国社会的基本问题：为什么中国的出口会被海外竞争者超越？为什么赋予商人更多自由的政策未能重振贸易？劳动力的合理化又如何产生无限的财富——不仅为了中国，也为了全人类？

最初的反应

对商人的同情

我们对清廷如何应对 19 世纪晚期茶叶危机的了解，很大程度上取决于 20 世纪所汇编的典型"经世"奏折。这些奏折中有许多没有署名，也缺乏确切日期，但幸存下来的材料共同讲述了清代经济思想的传统是如何在与反复出现的商业困境作斗争的过程中得到重塑的。从掌管长江上游沿途重要茶叶市场的两江总督刘坤一*的两道奏折中，可以很好地观察到清廷对茶叶危机的初期反应。刘坤一提到，在 19 世纪 60 年代茶叶销售旺盛且有利可图之时，清廷开始对茶叶的国内运输征收运输税或厘金。厘金最初是

---

* 刘坤一（1830—1902），字岘庄，湖南新宁人。曾任两广总督、两江总督等要职，深为清廷所倚重。曾是后期洋务运动的主导者。

为了资助清朝对抗太平天国，但过了数十年后，它仍是负债累累的清廷的重要收入来源。厘金吸收了明清早期通过出售商人许可证以对茶叶征税的做法。此外，由于当时的出口税不得不与外国列强共同监管，清廷唯一能够单方面减税的便是国内运输税。19世纪七八十年代以来茶叶价格下跌，商人皆向朝廷请愿降低税率；至19世纪90年代，刘坤一建议进一步减税："兹据该茶商等以情形困苦，成本亏折，禀求再减。"刘坤一认为，这些税收削减可解决商人之痛点，因为"商情重在招徕，但使该商等不视茶业为畏途"。他解释说，许多商人正在大出血，这对国家的安定构成了威胁。"近来东洋各国产茶日多，利分于外，而沪上销路价值昂贱，操诸洋商，一经滞销，动多亏折，且停奖以后，票银已成废纸，亦属实在情形。"[6]

作为清代最倚重大臣之一，刘坤一提出，茶叶危机是由于货物流通的沉重负担造成的。他并不是唯一一个这么认为的，因为从19世纪80年代直至清朝灭亡，类似的论调一直有人提及。许多人认为，减税的长远利益会使得征收的总税额有所增加，但恐惧失去税收的清廷并未让步。然而，该解决方案在改革者之中得到拥护，以至于海关总税务司的外国官员的看法普遍如下：

> 士绅和商贾争辩说，中国的上等茶味浓气郁，欧洲茶商看重它们的优良品质，将它们与印度茶及其他茶混合（以调和拼配茶的口味）；中国茶叶贸易受到的损害完

全是税收压力过大造成的。尽管税收如此沉重，但近年来该贸易并未被竞争对手完全篡夺，这得益于（中国茶）优秀的品质。[7]

官员和商人起初主要关注税收，对生产问题漠不关心。这一立场源于驻扎在福州、上海和汉口口岸的"茶栈商人"，他们专事茶叶采购、运输和分销，不直接参与生产和消费。茶叶危机的最初解决方案聚焦于商人身上——而非农民或内陆茶厂，这在很大程度上是因为，茶叶业务本身就是以商人为中心并由他们所把控的。引人注目的是，刘坤一在奏章的结尾强调，皇帝试图展现出"仁"和"诉商困"。罗威廉[*]（William Rowe）认为，在一个多世纪的清朝政治书写中，"恤商"及其双重否定勿"累商"，是两个"官方修辞中普遍存在的习语，是用于验证广泛存在的亲商政策的强力话语武器"，一直持续至19世纪末。[8]对茶叶危机的最初反应便始于"恤商"，这自然从逻辑上坐实了两个层面的推理：第一，官员能从支持商人获利中得到政治利益；第二，清代的政治经济理论坚信，有利于创造财富的主要举措在于提升商人流通商品和货币的自由。

　　首先，就短期政治解决方案而言，19世纪后期的政治家将自己的命运与商人的命运紧连起来，这并非出于个人财富的内在利

---

[*]　罗威廉，当代美国最有影响的汉学家之一，主要研究东亚史、城市社会史。

益考量，而是因为良态的茶叶贸易有利于整个国家的经济利益。在 19 世纪上半叶，清帝国损失了近 4 亿两白银，且饱受通货膨胀之苦，引发"流离失所、官场腐败、百姓贫困和骚乱不断"。清廷还增加了军备支出，减少了对土地税的依赖，而越来越多地依赖运输税。清朝官员除放权给沿海茶商之外几乎无计可施，因为这些商人控制着贸易资本，他们是迄今为止最大、最明显的受益者。据估计，第一次鸦片战争后的半个世纪里，被称为"买办"的数千名出口商人的收入超过 5.3 亿两白银，超过了清代士绅人均资产的千倍之多。此外，只需粗略观察茶业的组织形式，便可看出这项事业是由沿海商人组织并经营的。例如在汉口茶商行会的一份纪要中，有学者提出，在所有参与贸易的人中，茶商自己是最关键的要素。而"茶农及其家人"缺乏资本，他们写道。"从年初到年底，（茶农）不得不把所有精力都花在茶叶的培育和种植上，但仍无法保证自己的日常生计。"相比之下，商人的资本是必不可少的："如果茶商失去了原有的资本，贸易就会遇到诸多困难。"他们的抱怨集中在使其相比"印度生产商"竞争力下降的各种成本：包括"种植者税""厘金"以及"为承运人、车马、船运、苦力、采购箱子和绑绳以及工人日常吃喝所支付的费用"。[9]如果清廷想要更多税收，它的首要任务应是保护商人的资本回报。

其次，在这种利益联盟的基础上，清朝官僚在过去两个世纪内逐渐打磨出一套独特的经济原则，晚清的"恤商"思想即反映了经济正统中两个互相制衡的主要立场之一。几千年来，中国文人一直崇尚农业作为民生的物质基础，而清代思想家则补充以商业和流通作为创造财富的核心并加以称颂。这一广泛的语境值得在此进一步探索，以便更好地理解 19 世纪的各种政治可能性，包括反对出口茶叶贸易所持的传统主义立场，以及试图改良茶叶生产方法的第三种危机反应。我将在本章的后半部分着重论述这一点。

本与末：清代政治经济理论

在历史学家的论述中，最常见被拿来与清代政治经济学进行比较的对象，是 18 世纪重农学派的思想家。在欧洲，法国重农学派在 18 世纪 60 年代达到顶峰，对斯密产生过重大影响。斯密对他们以农业为中心的世界观时而钦佩，时而批评。反过来，重农主义者则从古代中国汲取灵感。被他的学生称作"欧洲孔夫子"的弗朗索瓦·魁奈写道，法国波旁王朝应从清代中国汲取经验，"农业历来受到崇敬，而那些信奉农业的人总是得到皇帝的特别关照"。重农学派在欧洲首先提出了一个称作聚合有界实体的经济构想，具有"循环的流动"。实现扩张的"关键变量"是"农业生产'净产品'（net product）的生产能力"。魁奈站在以小农场为特征的农业社会立场，支持创业型农民的进步，倡导没有垄断、没有税收的贸易。对罗威廉而言，重农主义者和清代正统派皆有着将"农业生产至上的信念与最大程度刺激商业交易独特结合的愿望"。同样，濮德培认为，清帝国"高产的农业"和"低水平的税收"兼具。正如重农主义者谋求法国的进步一样，清帝国作为一个发展型农业国家，"鼓励尽可能充分地开发土地资源，包括食物和矿产"。[10]

鼎盛时期清朝的世界观建立在农业和商业的双重支柱之上。为了领会这种平衡发展的根源，必须回溯至中国长期以来对土地的崇敬。自古以来，中国文人便称颂农业的作用，最常见的是"本""末"之说。两者的字面意思对应"根系"和"分支"，但在儒家思想中，它们还指向"基础"和"末端"的对立。在多数情况下，"本"指的是农业，是儒家政体的基础，而"末"指的是商业和手工业，是末端的、次要的追求。在胡寄窗看来，对农业的褒奖最初并无附带着对其他领域的蔑视——直至法家兴起和《韩非子》面世之后。很快，在诋毁工商业为"末端"的同时赞美农业为"根本"成了正统话语。例如在唐代，"四民"——士、农、工、商——的概念被编入法律。在官方看来，商人"被认为是一种令人不安的因素，是对既定秩序的潜在威胁"。[11]

然而，到了17世纪明清更迭时期，官方关于商人的措辞变得较为缓和。宋代以来社会持续提升的商业化程度，让经商者和工匠的社会地位不断提高，合乎职业道德标准的"商人手册"的出现便是体现，这使得贸易城镇居民都有所耳闻。在世界其他商业化地区亦有相似趋势。在17世纪的英格兰，类似的手册将商人誉为"最体面的从业者"，将其描述为崭新的、"真正自觉的商业社会"的"心脏和灵魂"。在日本德川时代，石田梅岩*使用与西欧

---

* 石田梅岩（1684—1744），日本商人学者、心学家。

案例相似的一套"觉醒的自利"逻辑来为贸易营利活动辩护。这样的相似之处看似不可思议，因为它们没有直接的知识界往来。将这些学者联系在一起的是他们共同的商业化经历——在今天的观察者看来，这将贸易的扩张与整个社会的财富积累联系起来。[12]

至 18 世纪，清朝官方话语承认了商人的重要作用，"商业的社会和经济价值获得了前所未有的广泛共认的权威"。粮仓体系的尝试就是国家层面认同供求规律的显著案例。粮仓全年为百姓提供负担得起的粮食：官员在收获季节、价格低廉时购买谷物，并在严寒的冬季重新卖给公众。在国家层面，针对市场是否可作为商品再分配机制的问题展开了激烈辩论。邓海伦*（Helen Dunstan）认为，清朝官员表现出了成熟的"市场意识"。官员从最初认可谷物市场的积极作用，逐步转向对流通总体上是有益的认可。因此，据罗威廉的说法，"流通"成为"（皇帝的）行政信函中明确的正向关键词，并由此推行了一系列影响广泛的政策"。他们认为，流通能够改善生计，创造就业机会，促进财富积累。邓海伦写道，尽管清朝官员继续老套地援引道德主义言论，但他们"关于市场功能以及国家干预如何影响市场功能的核心论点是技术和经济面向的，而不是儒家面向的"。此外，尽管清朝官员仍称赞农业这一根基，但他们此刻已不再那么轻视商业了。"本末"的比喻已经常被无处不在的"恤商"话语所取代。[13]

---

* 邓海伦，著名的中国社会经济史研究专家，同时也是中国环境史的早期开拓者之一。

然而，体恤也有其限度。魁奈赞同流通可以"刺激农业"，但他坚持认为，贸易本身是"非生产性的""无果实的"。他对商业流通的支持是有所保留的，认为其只在有助于农业生产的前提下方可施行，清朝官员也表现出类似的矛盾心理。清代并不提倡完全不受监管的市场，因为其目标与其说"让市场完成它自己的任务，不如说是迫使市场完成朝廷指派的任务"。它并未以追求无止境的财富为目的，而是不断回归诉求于促进物质自然资源的生产和分配。官员把财富想象为可从土地中获取之物，特别体现在"尽地力"和"浚利源"之说。更为根本的是"民生"一词，在英语世界翻译为"生计"（livelihood），这是清朝政治话语中"最基本和普遍存在的词汇"。在罗威廉看来，民生明显指向"生活的物质条件"和"生活水平"。民生最初仅仅指向供人生存的粮食，但也延伸至其他部门，如棉花和糖，这会刺激整体生产。然而，每当贸易与粮食生产发生冲突时，后者的重要性便就会胜过前者。在粮食短缺期间，国家便会命令农民将经济作物田改回粮食生产地，并禁止粮食出口以保护国内供应。罗威廉写道，财富是物质的、自然的，因此也是"有限的"，这一概念在该时期仍是"清帝国正统观念"的核心所在。[14]

不过，这种思想倾向并不是清代独有的，因为重农思想在近代初期广泛存在。在日本德川时代，熊泽蕃山*（Kumazawa

---

* 熊泽蕃山（1619—1691），日本江户时代前期阳明学派主要代表人物。

Banzan）和荻生徂徕*（Ogyū Sorai）提倡回归土地，用大米代替黄金作为本国货币。奥斯曼帝国的作家穆斯塔法·奈玛**（Mustafa Naima）也提出一种社会理论，将农民视为唯一的生产阶级，为其余社会主体提供食物。在印度，莫卧儿帝国制定了旨在占领荒地并稳步提高农业生产力的税收制度。事实上，当东印度公司的官员试图重振孟加拉农业时，他们将前殖民时期的地主"萨敏达"视为重农学派理论中所谓创业型农民（entrepreneurial fermier）的莫卧儿版本。因此，在多重语境下的全球经济思想史中，农业是经济价值的主要来源这一宗旨，广泛流行于把商业化农业作为社会福利基础的地方。重农思想在农业社会中具有直观的吸引力，罗纳德·米克***（Ronald Meek）指出，因为"无人可否认农业在历史上先于工业和商业"，并且"农业盈余的生产可轻易用实物来显现"。值得再次强调的是，以上亚洲各地的学者并无从阅读到法国重农学派的论著，但这些思潮都不谋而合。[15]

19 世纪的迷失

如果说 18 世纪的清朝政治经济在商业和农业之间找寻平衡，那么 19 世纪的战争和对外条约带来的冲击则导致了清朝在农商的天平上开始向海外贸易无条件的倾斜。随着英国和其他外国商人

---

* 荻生徂徕（1666—1728），日本德川时代中期的哲学家和儒学家。

** 穆斯塔法·奈玛（1655—1716），奥斯曼帝国 15 世纪编年史作家。

*** 罗纳德·米克，英国著名的马克思主义经济学家。

将鸦片和纺织品大量倾销于中国市场，清廷官员不得不面对贸易逆差的不利影响。第一个对此发声的是清代著名思想家魏源，他认为，鸦片走私贸易对中国经济造成了巨大损害，导致通货膨胀，阻碍了货币和货物的流动。[16] 他的分析借鉴了英语世界的重商思想，特别是，贵金属货币的积累体现了国家实力这一观念。因此，清廷官员重新调用"流通"和"恤商"这些旧概念，旨在优化物资的分销，进而在全球舞台上为中国的商业实力鼓劲。在该世纪剩余时间里政治经济讨论主要都在贸易平衡的框架下进行，而以前从属于国内生计的茶叶等出口商品，也变得比以往任何时候都更加重要。

在关于茶叶危机的辩论中，维持商业与农业平衡的努力逐步被放弃，因为学者们经常把一方与另一方对立起来。在商业方面，我们可以看到以刘坤一的奏折为代表的解决茶叶危机的初步方案，其中表达了恤商思想，主张通过减税以促进流通。大约在这个时候，改革者王韬*最为明确地表示了对儒家"本末"等级论的拒绝。他写道"开流……乃本也，而其余则末也"，又阐述道，"中国自古以来重农而轻商，贵谷而贱金，农为本富而商为末富"。然而，西方的成功恰与儒家的路径相反，"是舍本而务末也。况乎中国所产足以供中国之用，又何假外求而有侯乎出洋贸易也哉？"[17]

在农业方面，仍有许多传统主义声音主张以本救末。在茶叶

---

* 王韬（1828—1897），中国近代早期维新派代表人物。

贸易危机中，最有分量的声音来自卞宝第＊。他曾在两个主要出口市场的前线工作，19世纪80年代初在汉口任职，1888年出任闽浙总督。[18]卞宝第写道："近来茶商销路疲滞年不如年。"随之而来的是社会动荡："每届茶市竣后，江广（江西广东）各路，客民散匿山场搭厂居住。遇有行人，肆行抢掠。"卞宝第提出："查闽省，上游延建邵（即延平、建阳、邵武）诸属以种茶利厚于田多。为逐末之利，有害田功，亟应查禁。据禀既往不咎。"他起草了命令，"未开之山一概禁止种茶，以示限制，如所请办理，其延建邵武（延平、建阳、邵武）所属均可推而行之"。他用法家惯用的关于本末的措辞来提醒朝廷其根本使命：

> 养民之源莫如衣食，敦本之务，首重农桑。闽省山多田少，常年民食本属不敷……凤著茶茗饥不可食，寒不可衣，末业。所存易荒本务。[19]

卞宝第的思想与18世纪西方经济思想的世界观相同，但到19世纪90年代面对茶叶贸易危机时，他的思想却成了例外，显得不合时宜。不过，把支持流通和支持农业的两种反应放在一起来看仍具有启发性，它们同时展现了清代政治经济话语的灵活性和局限性。尽管重商主义者和传统主义者在政策上存在分歧，但他们

＊　卞宝第（1824—1893），清朝福建巡抚。

与某些重农学派持共有看法：财富植根于商品实体的属性。这一看法很快会受到全球竞争的挑战。在全球竞争的环境下生产力才是财富和权力的新基石。

第二种反应：从流通危机到竞争危机

到 19 世纪末，清廷官员不再认为仅靠减税就能解决茶叶面临的根本问题。随着危机的恶化，官员们进一步深入研究其根本原因。从最初关注高价格开始，他们还调查了生产成本，并最终研究了茶叶本身的生产过程。在本节中，我将简要考察资本主义竞争与现代经济思想之间的历史关系，由此探讨这一转变。对于清朝官员和中国商人而言，印度茶叶的兴起是一种刺耳的外部刺激，迫使他们更加关注西方的竞争对手。竞争也迫使清朝的观察者将其分析话语从对税收和运输成本的重商主义式担忧，深入至费解晦涩的生产领域。竞争使得资本积累和机械化的模式不再异域化，使其表现为自然的、有规律的活动，可纳入经济行为的哲学和形而上学原则。

首先，需要用历史学的语汇阐明竞争的动态。在今天的大部分新古典经济学研究中，企业之间的竞争被描述为一种没有对抗和历史变化的"均衡"*（equilibrium）状态。然而，从斯密到熊彼

---

*　"均衡"一词在经济学中是指经济中各种变量的作用恰好互相抵销，暂时处于一种平衡状态而没有进一步变动的倾向。

特（Joseph Schumpeter）再到哈耶克（Friedrich Hayek），长期以来的经济思想传统皆认识到竞争中的一个相反趋势。熊彼特写道："在资本主义现实中，不同于教科书描述的图景，重要的不是［价格竞争］，而是来自新商品、新技术、新供应来源、新型组织形式的竞争。"对于这些思想家而言，竞争不是一种状态，而是一个过程；不是一种平衡，而是一种对抗性的竞争。熊彼特称之为"创造性破坏"*，马克思称之为"敌对的兄弟之间的斗争"。正如经济学家安瓦尔·谢克最近所指出的："行业内的企业都在为吸引客户而战。价格是他们的武器，广告是他们的宣传措施，地方商会是他们的礼拜堂，而利益则是他们的至尊神。"各企业此般对立，也得到了中印茶叶生产商竞争的各方观察者的认可。在英属印度，总督本廷克最初在 1834 年关于茶叶的会议记录中提到，渴望"消灭"和"摧毁"中国的垄断；种植园主大卫·克罗尔也宣称，英国正在试图发动一场"茶叶战争"。[20]

　　在清代语境下，最著名的发声者是郑观应，他从一位前买办变成了帝国官僚。在他颇具影响力的《盛世危言》（1894）中，他普及了"商战"一词。该词出现之初的几十年，指的是对商业征税的政策，作为为军事举措提供资金的一种手段。郑观应将"商战"重新定义为以经济竞争本身为目的的行为，是追赶和压倒中

---

*　创造性破坏理论为熊彼特提出的有名观点。即"创造性破坏"是资本主义的本质性事实，重要的问题是研究资本主义如何创造并进而破坏经济结构，而这种结构的创造和破坏主要不是通过价格竞争而是依靠创新的竞争而实现的。

国竞争对手的武器。他认为，近几十年来清朝官员的自强运动集中在福州、上海和天津等地建立的地方造船厂，这已被证明是徒劳的。"彼族"继续嘲笑中国。很显然，"习兵战不如习商战"。这种态度标志着其与清朝经济思想的严重背离，罗威廉写道，清朝经济思想一方面承认了供求的"自然原则"，同时又强调"社会和谐的儒家理想"而非"市场上无休无止的竞争"。[21]

郑观应对"商战"的讨论，体现了现代经济竞争如何迫使参与者超越流通领域，审视生产和技术的问题。他引述了《孙子兵法》中的一句格言："知彼知己者，百战不殆。"[22] 在商业方面，中国商人和生产者只有通过研究和模仿其竞争对手，方可发动激烈的竞争，尤其是在利润最高的中国出口产品——丝绸和茶叶方面。在概述商战的逻辑时，郑观应写道：

> 商者交易之谓。若既出赢而入绌，而彼受商益而我受商损矣。知其通塞损益，而后商战可操胜算也。独是商务之盛衰，不仅关物产之多寡，尤必视工艺之巧拙，有工以翼商，则拙者可巧，粗者可精。借楚材以为晋用，去所恶而投其所好，则可以彼国物产仍渔彼利。若有商无工，纵令地不爱宝，十八省物产日丰，徒弃己利以资彼用而已。即今力图改计，切勿薄视商工。[23]

从关注贸易转向生产技术的并非只有郑观应一人。在 19 世纪

90 年代末，关于茶叶危机的评论愈发关注印度种植园中所用的方法。在皇家海关总税务司 1888 年的一份茶业报告中，这些信息首次引发国家层面的自觉，其中包括调查者罗伯特·福琼所写的段落，以及第四章曾分析的乔治·巴克、爱德华·莫尼等种植园主的文本。清朝改革者开始意识到，中国相对缺乏机械化的茶区。著名改革家张之洞曾撰文称中国茶因土质而"至今仍胜于洋茶者"，现在却称"人工烘制则人事之不齐，断不若机器之一律"。另一位官员评论称："华人无制造之物，足以动西人之目"，相反，"惟此茶之一项，本为华人自然之利，且为西人所必不可少之物"。[24]清朝官员也吸收了英国殖民地种植园主所宣传的关于东方与西方对立的言辞，将其内化为人工与机器、传统与现代方法之间的进化论式对立。

清代文人也开始对财富本身的性质进行不同的思考。早些时候，他们皆自信于中国茶的"味浓气郁"，即其物质效用是无可非议的。而现在，许多人认为这种态度滋生了懒惰和疏忽。一位官员抱怨道："往往视天时之美不美，以卜出茶之多不多，设如今春雨水不时，亦止好听天由命。"经济实力的真正来源不是物质效用，而是勤奋和技术：

西人作事往往勤于华人，极深研，几欲以人定者胜天。而华则多贪天之功，凡事安于懒惰。其实人力所至，天固不得而限之，特患人之不能自勤耳。[25]

另一些人则较为乐观，他们坚持将财富视为物质效用的传统概念，但同时也不排斥对于印度和日本先进制茶技术的了解。中国茶叶生产目前虽存在缺陷，但有改进的潜能：

> 万物各有其宜，中国之茶，乃造化自然之利，洋人欲以人力夺天工……土地非宜，究属勉强，终不若中国茶味之厚且纯。只以中国制造未精，遂存蔑视之意。今果能极意整顿，各自奋勉，则公道自在人心，方且重价争购，先期预定，何患销场之不广，茶业之不盛，大利之不返乎？[26]

有一份奏章表明，商人的困惑源于他们无法理解简单的供求关系。商人"从未思及救时之法，而徒忿西人之挟制"。正如奏章中所言："洋商尚未愚弄华商，而华商反先愚弄自己也。其为失计不已多乎？"[27]

随着危机恶化，茶商尚未"尽地力"，却已耗尽了清朝官员的体恤之心。早些时候，官员们一直对于看似随机和混乱的价格走势找理由，将其归于外国霸凌行为。如今，官员们倾向于认为，价格的核心决定因素是劳动和资本投入不近人情的客观规律。在这些理性规律的映衬下，中国商人显得狭隘且鲁莽。当本土商人而非洋商成为替罪羊时，官员们的态度便少了些个人的主观冲动，而更多地基于自然经济规律的客观性来思考问题。

现代经济生活的这种如律法般的特性，构成了资本主义竞争的第二个具有历史意义的维度。在茶叶危机之后，清代思想家开始阐明类似于古典价值理论的更具一般性的财富概念，即社会层面的相对劳动生产率才是决定性因素，而非物品的使用价值。尽管这个著名的理论在经济学家中引发了激烈争论，但鲜有人讨论的是，在历史上是什么让这个理论对日常经济生活形成牵制——为什么它在英格兰等前沿工业中心之外的地方，对于普通的商人和种植者仍是可信的。市场竞争有助于回答这个问题。通过参与竞争，中国的茶叶生产者在不知不觉中内化了政治经济学价值论背后的许多假设。

在本书中，我建议最好不要将资本主义的历史概念化为一组特定的技术或阶级关系，而是将其视为商品生产者之间共享的一般社会动态，这种动态到现代也开始显得自然且常规化。在马克思看来，只有在"自由竞争"的前提下，"资本的内在规律——这些规律在资本发展的最初历史阶段上仅仅表现为一些倾向——才可确立为规律"。所不同的是，在其他经济体系中，价格或劳动力分配可能由长官、地主或乡村习俗等权威所决定，市场竞争却更为让人困惑，因为它在理论上不受任何人监管，而在实践中任何人都可以对其进行调节。价格可能由无限多的公司共同决定，竞争领域呈现为一种无政府状态，但仍遵守某些无法回避的原则。正如马克思所言，劳动决定价值的"内在规律"表现为一种"盲目的自然规律起作用……实现在生产的偶然波动中"。在世俗经济

生活中，中国的茶商或英国的种植园主等真正参与者皆面临着需
采用新竞争对手的生产技术的特定压力，"表现为单个资本的外
在必然性"。这些具体而个人化的压力最终叠加起来，形成了抽
象而一般化的概念、模式或调控资本积累的规律。黛安·埃尔森
（Diane Elson）解释道，观察者之所以能意识到这一点，并非"出
于理性的社会惯俗"，而是"出于一系列无计划的、迭代竞争的历
史进程"。例如，英国种植园主拜尔登曾写道，出于竞争的关系，
"生产成本必须下降……这并非一个悲观的观点，而是一个确凿的
事实"。在中国，皇家海关总税务司给光绪皇帝的报告中有一段来自
英国的演讲，指出"茶叶供应的控制权……最终将掌握在任何能够
以最低成本生产的国家手中，这是适用于所有商品的规律"。[28]

　　在中国，声援这些自然经济规律的最杰出思想家之一是清朝
官员陈炽。他对茶业工业化的建议，是基于自己对贸易和生产的
抽象的宇宙论式的理解。细致研究陈炽的思想，便可发现这些外
部竞争的模式是如何与意识的转变相对应的。

本无是物，今忽有之：陈炽的政治经济学

　　就其在清廷的身份而言，陈炽的政治生涯相对平淡。他在
1882 年考取举人，此后在户部担任各种职务近 20 年，直至去世。
他最为人称道的，是与郑观应的亲密友谊以及与著名改革家康有
为和梁启超的合作，他参与了后者发动的命运多舛的戊戌变法。

他还有一个被忽视的身份，那就是作为中国最早接触古典政治经济学的思想家之一。许多学者强调，严复翻译斯密的《国富论》（1900 年版）是欧洲经济思想进入中国的里程碑。然而，最早被广泛阅读的著作实际上是由国家资助的同文馆于 1880 年翻译的亨利·法思德的《政治经济学提要》（1874 年版）。陈炽将这份手稿的理念融入自己的著作中，并于 1895—1896 年间出版。[29]

为什么陈炽对法思德的文本如此着迷？清军在第一次甲午战争中惨败，这彻底改变了中国知识分子的生活，促使清廷对外部思想更为开放。在接下来的一年里，通常不会与皇帝有直接联系的陈炽提交了三份奏折，概述了清廷为实现中国经济现代化而需采取的措施。其中就有一份关于茶叶贸易的奏折。尽管很多其他的改革者都同意，朝廷应采用"西洋方法"，如民主政治制度，但陈炽和其他少数人将注意力转向了政治经济学派。他认为把日本的崛起解释为西洋方法优越性是个极端案例，清廷有责任派人赴海外调查新技术并在国内研究翻译作品。[30]

如果说，18 世纪的清代经济思想坚持财富是有形的、自然的和有限的，那么陈炽则打破传统，试探性地纳入了政治经济学的财富观，即财富是无形的，是由社会层面的劳动生产率所决定的，故能无限扩张。他劝告茶商将商业与生产（即"末"与"本"）结合起来，使劳动力合理化，并投资节省劳动力的机械。过去的很多学者将陈炽与其他被冠以"西化"之名的晚清思想家混为一谈，并通过他对"西学"的热忱来解释他对古典经济学的热忱。[31] 他们强调，尽管陈炽对此全情投入，但英国古典经济学与中国的现实是不相容的。然而我们应牢记，此时仍有许多欧洲以外的思想家，他们阅读了政治经济学著作但并不接受它。例如利兹和韦克菲尔德认为，斯密的大部分思想并不适用于美洲、澳大利亚和印度的不发达地区（见第三章）。因此，陈炽能够在中国找到对应于他在经济学译著中发现的抽象理论原则的社会参照物，这一点是值得注意的。我认为，陈炽在政治经济学的价值理论中找到共鸣，并非出于他对西洋思想的迷恋，而是他在其中找到了可以解释中国日常的社会结构的理论。

《茶务条陈》

1896 年 1 月，陈炽就"茶事"上奏朝廷。其中的多条提议都呼应了之前皇家海关总税务司的报告及其他中国思想家论著中的想法。然而总体而言，陈炽的奏折代表着从过去对减税的专注，转向以国家为中心的、将茶叶生产与商业垂直整合的新尝试。这份奏折广为流传，光绪皇帝的军机处也曾对此评论道，陈炽的奏折提供了"清晰透彻的分析"。朝廷下令，将奏折分发给包括安徽、福建在内的中部和东南部各省政府。"总之茶务为中国一大利源，"皇帝总结道，"东南数省商民生计所系，各省督抚职司教养，固不得淡漠视之。"[32]

奏折分为两部分。首先，陈炽描述了损害贸易的三大问题：南亚茶叶的崛起、资本薄弱的中国商人的分散化特征，以及茶农与内陆茶号之间的拉锯战。他批评茶农在与茶号打交道时，刻意囤积茶叶并抬高价格。他们的自私行为对贸易利润造成了损害，因"山户固不能不售，商人携银入山亦复不能不买，比年遂多以高价买之山户，以贱价卖之洋商者，山户偶然获利而茶商无一不亏"。至于商人，他写道，中国皆"散商"，以至于无法对抗"洋商之抑勒"：

> 惟千金、数百金之小商，资本无多，只求速卖，于是掺杂伪质，跌价争售之事起。洋商欺其愚懦，因而始则放价，继则故意挑剔，低盘割镑之弊生，每以一人掣动全局。今年茶叶万不能留至明年，洋商不买即无销路，资本半由揭借，至期不得不还，遂相率以至贱之价哀求洋商购买，而折阅难堪矣！[33]

陈炽提出了四种解决方案：参用机器、准设小轮、创立公栈、暂减捐厘。他试图将茶叶贸易的各个组成部分联系起来，以便在不牺牲质量的情况下降低价格。陈炽也是最早建议皇帝派中国调查者至殖民印度研究茶叶生产的人之一，这项冒险后来在 1905 年开展，并在 1934 年再次进行（见第七章）："宜令各关道酌提款项，选募中外茶师各一人，密赴印度考验制茶之法，购机入山制造。"一旦试验取得成果，政府应提供财政支持以鼓励使用茶叶机械。在奏折的最后，陈炽将他的做法总结为"本末

并举":

> 惜中国官商情形隔膜，动以崇本抑末之说，视商人
> 之盈亏成败漠然，不加喜戚于其心。持此以与泰西各国
> 通商，如下驷驽骀追踪骐骥，必使中国盈天下无一富商，
> 所有利权皆归彼族，上下交困，仰人鼻息以为生，如今
> 日之缅甸、暹罗、越南诸国。

与 19 世纪的重商主义者一样，陈炽为商人辩护，反对传统的重农偏见。但这种恤商思潮的持续性也伴随着新的动议，如通过扩大茶商的活动范围，包括生产在内，来改革茶商自身的行为模式。陈炽在奏折中以此总结道："茶商、山户一气呵成。"这个成语"一气呵成"，字面意思是"气势首尾贯通"，可以视为今天所谓垂直整合*的早期描述。陈炽的愿景是让中国商人像英属印度的工业化茶叶资本家一样，打通从种植、制造、加工、包装至运输的各个流程。当他描述茶商过于卑微和短视时，其实是在推动他们投资于固定基础设施的改良。当他对农民的顽抗颇有微辞时，其实是在号召他们作为高效的劳动力来遵从商人的指令。他所描述的这种社会动态，其实早已在商业化的地方悄然萌发——如客商按工业化的时间规训原则改造茶叶生产——只不过程度更高。

---

* 垂直整合，是一种提高或降低公司对于其投入和产出分配控制水平的方法。

《续富国策》

陈炽针对茶业的奏折，是基于对中国社会面临的更广泛问题的分析，对此，他在同年早些时候撰写的政治经济学手稿中已有论述。《续富国策》共十六篇*，专门论述清朝应大力推广的农业改革和茶叶等特定作物的种植。《续富国策》是陈炽对中国近代经济思想史的真正贡献；其章节受到了改革派研究团体的欢迎，并被收录在颇具影响力的关于经世之道的清代文集中。[34]

《续富国策》开篇即论证了为何要研究以斯密为代表的英国经济思想，因为中国和"西方"有着共同的人类命运，贸易是关键的桥梁。陈炽亦延续了关于贸易重要性的流行论述，但他重点介绍了所谓"生财之道"，认为劳动在创造财富方面发挥了特殊作用。这一想法受到了政治经济学价值理论的启发，尤其在他对于茶叶、丝绸和糖如何超越大洋彼岸的工业化竞争对手的分析中，进一步充实了这一想法。这些生产部门展示了政治经济学价值理论的直观效用，因为它与陈炽自己的观察一致，即中国社会越来越多地为劳动力的交换所调节，而这种交换体现在为世界市场所生产的经济作物中。最后，陈炽从整体层面总结道，如果说"生财之道"是正确的，那么中国官员应摒弃关于帝国经济思想的陈词滥调，例如实体和物质财富的有限性。

---

* 此处可能为笔误，原书为六十篇。

政治经济学的一般性

在《续富国策》的开篇，陈炽讨论了中国和西方经济原则的差异，并得出两者具有共通性的观点。他写道，中国的贫穷和积弱源于第一次鸦片战争以来的 60 年，在这 60 年中，中国与西方的根本差异逐步显现："中国求之理，泰西求之数……中国明其体，泰西明其用；中国泥于精，泰西泥于粗。"直至今日，这两种哲学仍旧"互相抵制，互相挤排"，似乎"永不能融会贯通、合同而化也"。尽管如此，他声称，这两个地区现今已通过贸易联结起来，甚至享有一部分共同的历史。曾几何时，中国拥有伟大的文学，但秦代焚书坑儒之后，这些文献遭到损毁。但其中的思想曾一路西行，在明代同期，欧洲"畸人辈出"，他们——

> 因旧迹，创新器，得新理，立新法，著新书，及水火二气之用成，而轮舟、轮车、火器、电报及各种机器之制出，由是推之于农，推之于矿，推之于工，推之于商，而民用丰饶，国亦大富，乃挟其新器新法，长驱以入中国，中国弗能禁也。

因"天下车同轨，书同文，行同伦，必同文同轨而后乃可同伦"，这便是"天心之妙"。陈炽引《易经》说："穷则变，变则通，通则久"。他总结道："无古今，无中外，无华夷，无物我，人而已矣。"故而"无边际，无端倪，一而已矣"。[35] 对陈炽而言，

19世纪初东印度公司官员所倡导的政治经济学的一般性乐观主义，就类似道家哲学的无穷尽思想。

陈炽抓住了晚清文人流行的一种叙事：欧洲文艺复兴和英国工业革命源于古代中国失落的智慧，现在通过全球贸易被重新引入中国。保罗·科恩（Paul Cohen）在对晚清思想的研究中，将陈炽等人的论点描述为"巧妙的……智识操作"。[36] 在科恩看来，这种"操作"很勉强，掩盖了西方和东方——现代和传统——价值观之间根本的不可通约性。当然，关于英格兰的现代工业思想起源于先秦中国的说法是值得怀疑的。但是，若只关注陈炽论述的字面意思，便容易忽视他的基本主张的有效性：在当前这个时刻，经济规律既不是西方独有的，也不是东方独有的，因为全球贸易和投资已将世界各地都置于了同等的竞争压力之下。正是这场竞争，迫使清代文人开始研究英国古典政治经济学的著作，而这些著作又反过来丰富了他们对中国经济现实的观察。

陈炽在阐述斯密的《国富论》这些规律时，还掺入了道家和儒家的经典语录。斯密是一位"贤士"，其书"极论通商之理"。有了这些思想武装后，"英人举国昭若发蒙，尽涤烦苛……商务之盛，遂冠全球"。英国"区区三岛，户口三千五百万人"，竟能如此富有，"归功于《富国策》一书"。因此，过去的史学通过"文化主义"框架来解释晚清思想家，强调中西方的不相容，而陈炽却强调了相反的立场：中国通过参与经济实践与世界联结为一体。文化差异并不能决定政治可能性；相反，是全球的互动——尤其是贸易——塑造了信仰、习俗和知识的边界。[37]

生财之道及其可信性

在《续富国策》序言的后半部分，陈炽将他从斯密那里学到的重要理论洞见移植于中国历史的语境下：

> 昔者吾友尝言之矣，曰："三代后之言财用者，皆移之耳，或夺之耳，未有能生之者。"移之者何？除中饱是也；夺之者何？加赋税是也。然亦未有能移夺外国之财以归中国者。若生财之道，则必地上本无是物，人间本无是财，而今忽有之。农也、矿也、工也、商也，为华民广一分生计，即为薄海塞一分漏卮（参考贸易平衡理论）；为闾阎开一分利源，即为国家多一分赋税；为中国增一分物业，即为外国减一分利权。[38]

中国经济思想史学家已经意识到，陈炽提出的"生财之道"可视为他对于政治经济学价值理论的一种个人理解。正如斯密基于对之前的重商主义者和重农主义者的观点的驳斥，以推出自己的论点——亦如第三章中的利兹和韦克菲尔德，通过批评以土地和货币为中心的理论来强调劳动的首要地位那样——陈炽批评了清代此前盛行的亲商和农本位倾向。就前者而言，他谴责商人和税务官员是不生产任何东西的"移之者"和"夺之者"；就后者而言，他将农业生产劳动的范围扩大到包括矿业、工业和商业。值得注意的是，陈炽将"商业"列为生产性劳动的一种形式，这与斯密的观点背道而驰，或反映了陈炽试图将这些类别与中国思想相调和的尝试。[39] 但在随后的章节中，他又澄清道，商业最终与生产活动分离，并以生产活动为基础：

> 商之本在农，农事兴则百物蓄，而利源可浚也；商之源在矿，矿务开则五金旺，而财用可丰也；商之体用在工，工艺盛则万货殷阗，而转运流通可以周行四海也。[40]

尽管中国思想史家皆赞赏陈炽对于古典经济学基础知识的熟知，但他们也提道，陈炽的理解是有限的、"封建"立场的，因为他仍将财富视为实体和物质性之物。这种解释的可能佐证是，"生财"一词在帝制中国已广泛使用，最值得一提的是宋代思想家王安石，他将生财视为物质性的农业生产。[41] 然而，对陈炽的其他论著的考察表明，当他使用"生财"一词时，并非指向王安石，而是引用了古典经济学家及其将"财富"想象为人类劳动成果的观点，因此，财富是无形的、由社会决定的。

陈炽对经济学家亨利·法思德理论的论述也颇具启发性。1896 年，在陈炽撰写《茶论》和《续富国策》的同一年，他还在梁启超创办的改革派报纸《时务报》上发表了一系列短篇重译和政治经济学概要。陈炽认为他是在总结斯密的巨著，但实际上他翻译的是法思德的《政治经济学提要》，并于 1880 年译为中文。就此处的论述而言，作者身份的混淆是无关紧要的，因为选择法思德的作品正是因为它以说教的方式总结了古典经济学传统的主要原则。为了理解陈炽在其论著中所说的"生财"是何意，我们应先观察陈炽是如何，以及在何处使用这个词来翻译法思德的论述范畴的。

首先，陈炽翻译了一段关于财富本质的简述：

> 凡人之所食所用，有无多寡，盈虚缓急，或足或不足，彼此交易而退者，皆得谓之财……不可交易者，非财也。水之为物，无地无之，无人不用，宜水亦非财。然而通都大邑，地狭人稠，雨水不足以供用，则必借人力以运之，而水亦财矣。[42]

这一部分，他使用经典的"钻石与水悖论"来论证，财富不仅仅是实物商品与生俱来的效用（斯密的"使用价值"），而且是由劳动和交换等社会性质决定之物（"交换价值"）。他的表述将生产与交换的二元性——类似于帝制中国时代经济思想中的"本"与"末"——结合为一个单一的、矛盾的类别，是现代资本的社会模式所特有的，前提是它以"人功"的有效性为基础。反过来，陈炽在他对生财之道的阐释中，也使用了同样的财富二元性概念。在《续富国策》中，他描述了引进机器将如何提高百姓生活之

"利"或使用价值，并"大富"国家。在序言里关于"生财"的段落中，他用类似的平行结构强调，生财不仅为民"广一分生计"，还是"开一分利源"。[43]

其次，陈炽用"生财"一词来翻译生产性劳动和非生产性劳动之间的经典区别。作为生产性劳动的例子，陈炽列举了生产商品的人类活动，如种植小麦、锻造炊具和缝制衣服。相比之下，非生产性劳动则指向那些不生产任何具有商业价值之物的人。斯密曾援引仆人和教士的例子。陈炽把这个例子改为"僧道"，他们"不能自生一物，以裨世用"。他总结说："于生财一道，有害无利，有过无功，实国与民之蠹也！"他写道，"欲富国者"，取决于那些劳动"有益"之人的生产力。[44]

明确说来，我认为陈炽虽然生活在与斯密完全不同的时代和地方，但他试图追随斯密及其之前的政治经济学道路，通过批判性地论述围绕着农业和贸易两大支柱的知识传统——体现于对19世纪茶叶危机的不同反应，以推进以劳动力为动力的工业作为未来财富基础的愿景。

但如果说陈炽的财富观念与古典经济学家是一致的，那么值得追问的是，为什么他会认为这套来自外国且抽象的观念是可信的？如第三章所述，政治经济学的价值理论源于并最为对应的是英国特定的历史条件，在该条件下，雇佣劳动日益成为一种社会规范。将价值归因于一般劳动（labor in general）的理论，只对应于围绕着以薪资劳动为代表的劳动一般所组织的特定社会。然而，黄宗智等经济史学家认为，正是由于缺乏此类雇佣劳动力人口，帝制中国才无法发展出资本主义。作为证据，他引用了 20 世纪初的第一次全面调查，该调查指出，全职薪资工人的数量占总人口的 10%—20%。但是，如凯西·勒蒙·沃克（Kathy Le Mons Walker）所辩驳的，"仅基于薪资工人的统计数据来估算农村劳动力，这无疑掩盖了"贡献于资本积累的其他劳动形式。[45] 换言之，过去调查中使用的薪资劳动的通称社会学类别具有误导性。在资本逻辑中，生产性劳动指的是任何生产商品以换取报酬的人类活动。这个定义可包括各类有生产力的但在调查数据中不被视为"自由"和"独立"的工人：妇女和儿童的家务劳动、债务奴役、佃农，以及临时性和季节性的结伙劳工（gang labor）。中国的这些群体可能不符合城市无产者的经典定义，但他们确实塑造了陈炽的一种直觉性认知，即中国社会的财富是全体劳动力的产物，这些劳动力分散在各种临时工厂、农户和佃户农场之中。

在 17 世纪以来的中国商业化的地方，逐渐出现一批为商业资本积累作出贡献的家庭工、兼职工和散工，就如第二章的茶叶、丝绸和棉花贸易中出现的那样。尽管大多数家庭仍与土地羁绊深厚，但许多家庭通过生产以及地方市集的商品交换而融入贸易体系。沃克写道，家庭的"整个生产过程""都开始受到商品交换过程的影响"。如潘明德（Pan Ming-te）提出的，早在 17 世纪，依赖高息贷款，依靠家庭女性劳动力生产丝绸和棉花，从而对劳动力投入和支出进行最具成本效益的测算，是一个家庭生计得以维续之道。农民为了生存而替市场生产，"副业和手工业成了这一经济体系的主心骨"。[46] 尽管官方话语持续推崇粮食生产，但农民的日常现实是不得不选择生产任何价值更高的商品。他们越是依赖放债人的先垫资金和贷款，便愈发难以独立生存，最后便不同程度卷进类似雇主和雇员的社会关系网中。

陈炽对于当时中国农民对经济作物的依赖程度心知肚明。除了茶叶、棉花和丝绸，陈炽还建议将葡萄酒、咖啡和橡胶产业引入农村。在提到咖啡和烟草时，他指出两者皆为劳动集约型作物。尽管它们在直接消费中的使用价值不大，但可通过贸易产生价值。一片三亩到五亩的土地，便可"余利丰盈，八口之家，饱食暖衣，无忧冻馁矣"。陈炽还理所当然地认为，闲余劳动力是唾手可得的。针对丝绸行业，陈炽建议仿造法国制造同种缫丝机，并补充道："女工人等一呼可集。"而在讨论樟树种植时，他提到，最近有大量流动的盐厂失业工人（"灶丁"），可负责在整个国家范围内樟树种植和照料，同时指导当地人如何收割。可见，陈炽在其整部作品中皆假定，大多数家庭所能提供的别无他物，仅有时间和劳动力。[47]

在中国茶业语境下，我们早已看到，茶叶精制工厂在旺季的雇工人数达到数百甚至上千。至于茶农，19 世纪的零星证据表明，在茶叶贸易繁荣的年份中，种植茶叶的家庭基本依赖于信贷市场。一份 1839 年的报告指出，茶农同时使用家庭劳动力和雇佣劳动力来采摘茶青，并依赖口岸商人（即茶栈）的先垫资金。19 世纪 70 年代，英国摄影师约翰·汤姆森（John Thomson）在旅行中指出，福建的茶田"很小，很少超过几英亩，并且是由地主租给穷人的……虽说茶叶是中国如此重要的财富之源，但种植茶叶的农民却几乎不拥有任何资本"。即便可自主支配家庭成员自身劳动力，但整个家庭同样面临着竞争，尽管没有正式工资，但他们仍会以成本和产出来计算家庭成员劳动日程的价值。[48] 这些例子为本书引言中概述的关于"一般化社会形态"（generalized social forms）的假设提供了实质性支撑：尽管在中国并非每个人都是薪资工人，但中国社会的日常生活愈发显现出为生存而劳动的社会模式。这些社会动态将持续到 20 世纪，直至有调查者第一次系统完整地记录下来（见第七章）。

当陈炽观察这些区域性的商业网络时，他不难想象斯密和法思德所描述的场景：利润的基础并非来自土地，而是来自投入土地的各种形式的雇佣劳动力。此外，现代资本的另一条准则——高效而顺从的劳动力的必要性——在他的分析中反复出现。在《茶务条陈》中，陈炽指责茶农的顽固和桀骜，无法成为顺从的劳动力群体。在《续富国策》中，他构想了一个潜在的由工人组成的世界，他们需适应工业生产的时间节奏。在沿海地区，"无业之民盈千累万"却缺乏"司官劝导"。咖啡和烟草等农作物的经济效益是显而易见的，但他忧虑，此"闲民"在"耕耘种植之功，一付诸卤莽灭裂之辈，则有名无实，一曝十寒，天下之惰农亦断未有能收其效者耳"。陈炽的解决方案是提高官员和专家的监督和介入。经过几年指导，这些进口替代品工程将产生"养无算之闲民""广无涯之生计"的成果，以"塞无限之漏卮"（扭转国家贸易不平衡的局面）。[49]

劳动的无限改良

陈炽的"生财之道"的最后一个推论是，如果经济价值是人类劳动的社会产物，那么使一种劳动形式比另一种劳动形式更有利可图的，是它的质量和数量的结合。在《续富国策》中，他将"生财"描述为"地上本无是物，人间本无是财，而今忽有之"。他在对法思德著作的重译中写道，财富来自"借人力"的活动。这样的观察似乎与他的茶叶奏折部分相矛盾，他批评内陆茶厂雇用的人力不如印度使用的机械。但机械实际上并未取代人工；相反，它提高了人工的整体效率。他在《茶务条陈》中继续写道："惟参用机器，烘焙制炒，火候均匀，物皆精美……一人可作十人之工，所处之茶亦愈广矣。"陈炽在经济财富和人力劳动之间架构的理论等式，指向节约劳动力的机器，这反过来又需要资本投资。[50]

然而陈炽也发现，许多清朝官员担心机械化会损害经济活动：

> 今之论者……中国亦以机制物，何地可销？物贱价廉，终归无利。此井蛙夏虫之见，渊鱼丛雀之心，而贫中国、弱中国之大罪人也。

作为反例，陈炽援引西欧经验，指出新机器和工厂带来了更高的利润和工资。在中国，机械化同样不会耗尽现有的财富，而是创造新的资源："使中国各行省工厂大开，则千万穷民立可饱食暖衣，安室家而养妻子。向日之手工糊口者，亦各免艰难困苦、忧冻啼饥，咸得享豫大丰亨之福也。"人类劳动本身就是无尽财富的源泉。"天下之功德，孰有如是之不可思议，不可限量者乎？"[51]

陈炽将这一理论应用于不同的经济作物。除了茶叶使用的揉茶机之外，他还写道，如果丝绸贸易采用机动缫丝，那么中国公司可以两倍的价格出售商品。他对纸、糖和棉花也表达了类似观点。更广泛地说，他赞赏英国人讲求"农学"，这导向了"耕耘、培壅、收获均参新法，用新机"，进而"瘠者皆腴，荒者皆熟，一人之力，足抵五十人之工，一亩之收，足抵五十亩之获"。[52] 正如英国的茶战观察者和他的挚友郑观应对"商战"的阐述一样，陈炽同样认为，生产效率是竞争成功的关键。

这些解决方案被描述为客观、一般的规律。机械化的压力来自"天之心"，"天将命之"，它同样适用于中国和世界的其他地方。陈炽谈到了提高生产力对人类整体进步的益处。"或卉衣木食，或穴处巢居，或饮血茹毛，或洼尊土鼓，将使冠裳栋宇，大启文明，非以一人作十人百人之工，何以给生民之日用也？"[53] 尽管陈炽的目标是在危机中制订一个重振中国社会的计划，不过他的分析和解决方案却源于这样一种信念，即那时的中国应被视为资本主义世界的构成部分——毕竟它遵守着相同的经济规律，且与海外竞争对手的命运相连。

结　论

很多人批评多数经济思想史所采取的现代中心观（presentist）立场，即倾向于站在与当下正统观念最为契合的前辈一边。因此不得不承认，虽然陈炽在政治经济学很多方面有先见之明，但其观点在当时仍属少数派，其接受程度远非预期。在曾论述茶叶问题的官员中，卞宝第将销量的下降解释为回归儒家非商业性农业（noncommercial agriculture）理想的警示信号。还有其他一些同期的保守经济思想家，如刘锡鸿和曾廉，对于采用西式方法建造铁路和工厂发出告诫，拥护通过男耕女织的"古圣王"方式达到经济富足。[54]

另一个以陈炽为代表的改革派观点远未得到普遍接受最明显的标志，就是1898年戊戌变法的失败。在甲午战争战败后的政治窗口期，改革者持续向朝廷施压要求改革清朝的政治制度，这使得陈炽在1896年呈交的茶事奏章成为可能。1898年，光绪皇帝终于同意将他们的一些建议付诸实施。从6月至9月，光绪授权一群先进的思想家，以基于西方思想的实用课程取代帝制中国的教育体系，并建立了监管经济改革的新机构。陈炽作为一个边缘的参与者，全程与领导者康有为、梁启超和谭嗣同定期互信。但新的政策仍惊动了部分朝廷官员，他们恳请皇帝的姑姑慈禧太后出任摄政王，孤立了光绪皇帝，并处决了多位改革者。陈炽虽身在北京，但侥幸躲过了清廷的刑罚清剿，但亦未能毫发无损。他在简短的自传中回忆，余下的两年生命"往往酒前灯下，高歌痛哭，若痴若狂"。[55]

陈炽的政治经济学还是得到了历史的善待，他的《茶务条陈》在接下来的数年得到广泛关注。它成为讨论恢复茶叶贸易的试金石，受到朝廷赞赏，并分发给各地省县官员，后被载入清朝《皇朝经世文编》。地方官僚皆欢迎陈炽奏折中的观点，这证明了他的分析与茶区及其倚赖的社会结构之间感同身受。其中一位是皖南歙县知县何润生，这里是方坑江家的家乡。何润生评论道："陈外郎条陈各利弊及补救之方，语语皆真，条条可法。"[56] 茶区的另一位官员写道：

> 客岁尝读军机章京陈君条陈整顿茶业，挽回利权一疏，其中删中国之旧章，采外洋之新法……苟得当事者照此施行，将见中国之茶务安在其不能复振也？[57]

还有一些积极的回应，来自作为出口茶种植中心的安徽和江西的官员。[58] 例如，江西巡抚德寿将陈炽的分析应用于中国中部地区。在肯定性地概述其解决方案之后，德寿也提供了自己的经验示例。他同意，该地区以人工为基础的生产方式较差：

中华制茶之法，人力与天时交需。若箱茶概用机器，抹茶火茶之妇女，验拣验火之茶师，与夫筛茶之粗工，多半失业。

德寿还劝告商人购买机械来与对手竞争。"务使各保其资本，各裕其生涯，"他写道，"以期茶叶日有起色，至机器入山制压砖茶。"[59]

陈炽的《茶务条陈》还揭示了一种内部张力，这将预示中国经济思想的未来走向。陈炽的解决方案表面上仍以商人为中心，其奏章引用了"恤商"的说法。[60]陈炽之所以支持商人，是因为在重商主义者对贸易平衡具有主导性的历史时刻，国家重视贸易税收，而中国的经济生活是依靠商人团体而非强有力的工厂来组织的。然而，陈炽所论述的实际内容微妙隐含了其批判性。他认为，重商主义者的思想依然停留在表面，只是追求在流通中卖出更高的价格，而非致力于提高生产效率。尽管他对中国的茶商同仁表示体恤，但也试图促使他们转变为现代的实业家。

地方官员亦赞同陈炽的含蓄批评，因为他们早已厌倦了自私自利的茶客。何润生感叹，如果任由商家自行其是，他们永远不会想出相同的解决方案。"若必饬商议妥而后行，决无创兴之日。"他写道："缘商人中深明大义者，十不获一……商无定人，有利则趋之，失利则避之。"并总结道："往往各图私便，各吝己资。"[61]

随着茶叶危机深入至 20 世纪，陈炽独特的经济思想脉络获得了更广泛的认可。如果说他已掌握了现代资本的技术维度，将其作为不断再投资以改善生产的模式，那么在 20 世纪，改革者只有进行一场消除旧商人阶层的社会运动才能将其社会影响全面发挥出来。改革者、经济学家和社会科学家集体谴责买办口岸商人是中国小农经济和整个民族的寄生虫，作为经济思想巨变的最尖锐体现，使清朝盛期的"恤商"情绪彻头彻尾倒转为对其厌恶。

注　释

1. E. Faragó quoted in Imperial Maritime Customs (IMC), *Decennial Reports*, 423; 叶耀元，《万国货殖论》，第 520 页。

2. IMC, *Tea, 1888*, 130, 80; IMC, *Decennial*, 408-9; 422-23; Rowe, *Hankow*, 153;"论汉口茶务"，ZCWJ，第 624 页；"论宝泉茶叶"，ZCWJ，第 622 页；卞宝第，《卞制军奏议》，16：1-4。

3. 对于第一代历史学家，见 Wright, *Last Stand of Chinese Conservatism*, and Feuerwerker, *China's Early Industrialization*；在最近的研究中，这一观点的经典阐述是埃尔曼（Elman），"Naval Warfare"。

4. Pomeranz, *Making of Hinterland*, 274.

5. 纪念物品于 1896 年 1 月 13 日呈交，法思德的译本于 1896 年 12 月 25 日出版。CCJ, 393-95. 法思德的作品被视为是密尔原理的简略版，密尔原理本身就继承了李嘉图的许多基本假设。Schumpeter, *History of Economic Analysis*, 530-33.

6. 刘坤一，《皖南虚增茶捐要请重建篇》，ZCWJ，第 574 页。1891 年，有一项官方要求降低税收。凌大珽，《中国茶税简史》，第 123—124、141—144 页。

7. Kleinwächter in IMC, *Tea, 1888*, 84-85. 在 20 世纪 30 年代，改革家写道，直到那时，茶叶管理的整个历史都是对税收的一系列调整。吴觉农，胡浩川，《中国茶业复兴计划》，第 178 页。

8. 刘坤一，《皖南虚增茶捐要请重建篇》，ZCWJ，第 574 页。Rowe, *Saving the World*, 198.

9. Lin, *China Upside Down*, 83, 141-42, 267; Yeh, *Shanghai Splendor*, 13-14, 222;

Hankow Tea Guild in IMC, *Tea, 1888*, 48−49.

10. 本节比较了晚清经济思想与欧洲历史上著名的重商主义和重农主义学说。其目的并不是要断言某种形而上学的思想停滞，而是要表明世界经济思想史在全球经济实践中积极参与了实质性的变革；例如，重农主义与中国经济思想之间比较，见 Dunstan, *State or Merchant?*, 145; Perdue, *Exhausting the Earth*, 1−8; Rowe, *Saving the World*, 187−89, 213−14; Chao, *Development of Cotton Textile Production*, 38−40; Berg, *Machinery Question*, 38; Quesnay, "Despotism in China," 205−6; Meek, *Economics of Physiocracy*, 18−27; Perdue, *China Marches West*, 541. Cf. Wright, *Chinese Conservatism*, 153。

11. 胡寄窗，《中国经济思想史》，第 706 页；Twitchett, "Merchant, Trade, and Government," 64−65。

12. Lufrano, *Honorable Merchants,* 1−50; Pincus, "Machiavellian Moment," 707, 722; Morris-Suzuki, *Japanese Economic Thought*, 26−30.

13. Rowe, *Saving the World*, 159−60, 198−99, 176; Dunstan, *State or Merchant?*, 145, 468n3.

14. Meek, *Economics of Physiocracy*, 163−65, 27; Rowe, *Saving the World*, 161−64, 217, 187−89, 286; cf. Perdue, *Exhausting the Earth*.

15. Morris-Suzuki, *Japanese Economic Thought*, 17−20; Ermis, *Ottoman Economic Thought*, 50 −51; Dasgupta, *Indian Economic Thought*, 49; Guha, *Rule of Property*, 11−57; Meek, *Economics of Physiocracy*, 362.

16. Hu, *Concise History*, 524; 胡寄窗，《中国经济思想史》，第 674 页。

17. 王韬，"理财"（1861），2: 5−6；王韬，"兴利"（约 1882），2: 16，见赵靖、易梦虹编，《中国近代经济思想资料选辑》。

18. 卞宝第，当时的湖南巡抚，其间还任湖北湖南总督。随处可见罗威廉引用他对汉口茶的回忆，*Hankow*, 122−58。

19. 卞宝第，《卞制军奏议》，12: 39−41; 11: 45−48; 15: 1−3; 16: 1−4。

20. Schumpeter, quoted in Shaikh, *Capitalism*, 350; Marx, *Capital*, 3: 361−62; Shaikh, *Capitalism*, 261.

21. Pong, "Vocabulary of Change," 43; 郑观应，《盛世危言》，第 238 页；Rowe, *Saving the World*, 204.

22. 郑观应，《盛世危言》，第 238 页。

23. 同上书，第 240 页。

24. IMC, *Tea, 1888*, 65, 42, 73; 张之洞，《查江汉官道全域华商购机制茶》（1899 年 5

月 23 日），ZCWJ，第 603 页；《论茶务》，ZCWJ，第 619 页。

25. 《茶史》，ZCWJ，第 621 页。

26. 《振兴茶业初验》，ZCWJ，第 623 页。

27. 《论宝泉茶叶》，ZCWJ，第 622 页；《论茶史》，ZCWJ，第 619 页。

28. Marx, *Grundrisse*, 650–51; Marx, *Capital*, 3: 1020; Elson, "Value Theory," 154; Baildon, *Tea Industry*, 137; White quoted in IMC, *Tea, 1888*, 124.

29. Yeh, *Shanghai Splendor*, 9–10; 张之洞，《寻求近代富国》，第三章；胡寄窗，《中国经济思想史》，第 530 页。

30. 张之洞，《寻求近代富国》，第 316—317、320—321 页；查阅陈炽，《续富国策》（1896），CCJ，第 221—222 页。

31. 张之洞，《寻求近代富国》，第 68—69 页；李江珉、李自茂，《论陈炽的生产观》，第 38 页；Cohen, *Tradition and Modernity*, 180。

32. 陈炽，《茶务条陈》（1896 年 1 月 31 日），CCJ；查阅郑观应，《盛世危言》，第 241—242 页；马寅初，《富民说》（1890），见赵靖、易梦虹编，《中国近代经济思想资料选辑》（中册），第 32 页；《户部一副奏整顿茶务折》，ZCWJ，第 633 页。

33. 引自陈炽回忆录，《茶务条陈》，CCJ，第 346—350 页。

34. 张之洞，《寻求近代富国》，第 208—209 页。

35. 陈炽，《续富国策》，CCJ，第 148 页。

36. Cohen, *Tradition and Modernity*, 180.

37. 陈炽，《续富国策》，CCJ，第 149 页。

38. 同上。将此与马克思对比，*Capital*, 1: 325: 工人"创造了剩余价值，而对于资本家来说，剩余价值具有从无到有的魅力"。

39. 虽然亚当·斯密并不认为商人是"有生产力的"，但他也不似重农主义那样完全谴责他们是无生产力的。这是他著作的矛盾所在，随着李嘉图等人价值理论的更新，其中的矛盾会被消解。Cf. Boss, *Surplus and Transfer*, 55–56。

40. 陈炽，《续富国策》，CCJ，第 232 页。此处，陈还确立了组织不同生产部门的发展流程，从初级生产到工艺制造，或从低价值劳动到高价值劳动。

41. 赵靖、石世奇，《中国经济思想通史》，第 286—287 页；李江珉、李自茂，《论陈炽的生产观》，第 39 页；Hu, *Concise History*, 3: 80–82; Rowe, *Saving the World*, 286–87。

42. 陈炽，《续富国策》（1896），CCJ，第 276 页。

43. 同上书，第 148—149 页。

44. 同上书，第 280 页。

45. Huang, *Peasant Economy*, 79–81; Huang, *Peasant Family*, 59; Walker, *Chinese Modernity*, 188.

46. Walker, *Chinese Modernity*, 74; Pan, "Ming-Qing Jiangnan," 96–110.

47. 陈炽，《续富国策》，CCJ，第 171、158、164—166 页。

48. "Description of the Tea Plant" quoted in IMC, *Tea, 1888*, 143–48; Thomson quoted in Gardella, *Harvesting Mountains*, 67; IMC, *Tea, 1888*, 15–16. 马克思描述了存在于资本主义生产"占主导地位"的社会中"独立农民"类似的动态。其结果是，农民具有两种身份，既是雇主又是雇员，前者从后者身上获得占用价值。Marx and Engels, *Collected Works*, 34: 141–43.

49. 陈炽，《续富国策》，CCJ，第 172 页。

50. 同上书，第 168 页；《茶务条陈》，CCJ，第 348 页。

51. 同上书，第 228—229 页。

52. 同上书，第 158、162、169—173 页。

53. 同上书，第 230—231、202 页。

54. 赵靖，石世奇，《中国经济思想通史》，第 273 页。

55. 张之洞，《寻求近代富国》，第 24 页。

56. 何润生，《徽属茶务条陈》，ZCWJ，第 625 页。

57. 《茶史》，ZCWJ，第 621 页。

58. 福润，《再准户部咨议覆中书刘铎员外郎陈炽等条》，光绪二十三年（1897 年 3 月 18 日），03-6507-012，FHA。

59. 德寿，《酌议茶政事宜由》，光绪二十二年 (1896 年 5 月 20 日)，03-6507-023，FHA。

60. 陈炽，《茶务条陈》，CCJ，第 350 页；查阅裕禄，福州上将，用到了"体恤商谏"。裕禄，《裕禄澄清茶捐四千由》，光绪二十三年（1897 年 12 月 14 日），03-131-6509-014，FHA。

61. 何润生，《徽属茶务条陈》，ZCWJ，第 625 页。

第二部分

苦力与买办：世纪之交的茶叶及政治经济学

随着商业压力重塑亚洲的茶叶产区，新一代的中国与印度的民族主义者开始形成了自己的一套政治经济学原则，以理解全球资本运行的逻辑。

这里有必要简短回顾本书铺陈至此这段紧密交织的竞争故事。在前面的章节中，笔者重新诠释了全球茶叶贸易的历史，并着重刻画了中国和印度茶业在更宏大的现代资本主义史中的地位。把两者放在一起来看，无疑挑战了在亚洲乃至全球的历史编纂学中长期具有统治性的、以英国为中心及正统的历史阐释视角。在这种技术主义视角下，资本主义等同于一种高水平的技术成熟的加上一套基于自由劳动力特定的阶级关系，且这种关系最早出现于英格兰。然而，本书呈现的故事却表明，无论是中国看似独立的小农家庭，还是印度不自由的契约劳工，无论他们的机械化程度如何，作为全球资本积累循环的一部分产生了重要的经济价值。相应地，竞争又造成了提高人类劳动生产力的客观压力。这样一种动态也激发了以劳动为前提全新的、更为抽象且普世性的价值理论，呼应了古典政治经济学中的若干概念。

　　这些发现驳斥了某些认为资本主义必定无法与流动的商人资本或锚固的受限劳动力相兼容的简单的推论。这两者实则是中国和印度茶产区的集约型资本积累模式的关键内容。如果说前面的章节已批判了那些陈词滥调的历史编纂的自负论断，那么接下来的两章，将会探讨这些理论类别如何在现代亚洲的智识历史中出现，并如何与印度东部及中国沿海地区的社会经济生活的结构转型密切相关的。后面的章节可能在风格上更近似于散论，因为随着全球市场变得日益饱和，中国和印度茶叶的关联也逐步减弱。在 19 世纪 90 年代末，阿萨姆的英国种植园主迎来了锡兰的竞争对手。他们的主要关切不再是与中国竞争，而是如何开拓新的消费市场，包括在欧洲、美国乃至印度本土。与此同时，中国的茶产业面临着从亚洲各地涌现的诸多新竞争者，只能在绝望之中试图重振旗鼓。

在新出现的茶叶生产者之中，荷兰东印度公司的茶产业有着最悠久的历史，印尼的荷兰殖民政府早在 19 世纪 20 年代就开始了植茶试验。殖民地官员专注于中国茶种，从中国带回茶种、制茶工具，也和阿萨姆的试验一样引进了中国茶叶工人。印尼的茶叶由此加入了"种植体系"（Cultivation System）——这是一套规定种植经济作物的殖民地政策，从而为母国积累利润。印尼茶业的转折点直至 19 世纪后期方才来临，殖民地政府放弃了植茶试验，并在法律上将土地向私人企业主开放。荷兰种植园主根据伦敦投资人的经验，从中国茶种转向了阿萨姆茶种，并远赴殖民印度和殖民锡兰学习生产技术。殖民地官员同样鼓励小农参与茶叶种植，他们为种植园工厂供给了数百万磅的茶青。至世纪之交，这些举措为巴达维亚*、爪哇和苏门答腊的新兴茶产业带来了显著增长。[1]

---

* 巴达维亚（Batavia），荷兰东印度公司远东贸易的中心港，印度尼西亚雅加达的旧称。

与此同时，日本和中国台湾地区的茶产业也在怡和洋行等英美贸易公司的推动下得到长足发展，后者试图在中国贸易之外开拓新的供给源。19 世纪 60 年代，英美洋行代表来到长崎与横滨，并带来中国的助手［"来自上海的茶仔"（tea boy）］以协助茶叶精制过程。新上位的明治政府将茶叶优先作为国家级产业，以静冈县牧之原地区茶叶产出的利润最为丰厚。据传说，当地茶产业是由德川幕府的末代将军德川庆喜（1837—1913）创建的，工人主要来自当地农民以及因政治动荡而流离失所的运输工人。静冈县至今仍是日本最大的茶产区，中国的茶叶改良者吴觉农于 1918—1921 年在此学习了新的茶叶制造技术。日本绿茶在 19 世纪末打入美国市场，但很快，他们对中国制茶技术的效仿成了一个不利因素。在欧洲、美国和中国专家的建议下，日本茶叶生产者大量地使用普鲁士蓝作为茶叶上色剂，但后来，日本茶也因此成为印度和锡兰竞争者的攻击对象，如第四章所述被归入品质参差不齐的、不安全的"远东"茶叶之列。尽管日本绿茶生产者曾对中国的茶产业造成很大冲击，但后来，他们自己也成了英国殖民地红茶生产者的手下败将。[2]

在台湾，茶叶自古以来就被当地土著当作野生植物收割。自从 18 世纪以来福建人大规模移居之后，当地开始将茶叶种植作为副业，收获的毛茶再以低价卖回中国大陆。1864 年，新兴的英美贸易公司在台湾建立了首批精制茶厂，这里的出口茶产业也在 19 世纪 70 年代开始腾飞，并取代福州成为美国市场上乌龙茶的最大供应源。至 19 世纪 80 年代，欧美及本地商人逐步被来自香港、广东汕头和福建厦门对岸的资本所替代。尤其是厦门商人——其商馆被称作"妈振馆"，掌控了台湾茶叶的外销贸易，其模式类似于上海的茶栈。不过在 1895 年之后的日据时期，厦门商人亦遭到驱逐，日本殖民者将淡水港作为茶叶输往世界各地的中心港。殖民地政府还设立了研究站，开发出完全发酵的红茶品类。在 20 世纪 20 年代，三井财阀大幅投资了台湾茶业。然而茶叶销量仍不断走低，主要缘于来自印度、爪哇和锡兰茶叶的竞争，以及中国大陆及东南亚对日本帝国商品的抵制。[3]

　　最后，在英属锡兰，殖民者大约在阿萨姆茶叶试验的同期（即 19 世纪 30 年代）建立了一批咖啡种植园。1869 年，当地发生了严重的咖啡锈病，这让整个产业以惊人的速度衰败。种植园主不得不在仓促中寻找替代作物，从金鸡纳到可可，最后才选定了茶叶。由于咖啡业留下的基础设施——包括劳动力，加上岛屿适宜的自然条件，茶叶很快填补了咖啡的空缺。和阿萨姆茶一样，锡兰的"国王咖啡"（King Coffee）和红茶的繁荣皆倚靠移民劳工的支持——这里的劳工是来自南印度的泰米尔人（Tamils）。就像东印度的殖民地官员雇佣具有村庄威信的萨达以协助招募劳工一样，锡兰的种植园主倚靠的是康加尼（kanganis）这类具有地方权威的群体，他们同时扮演了招工人、放贷人和种植园管理者的角色。由于没有阿萨姆那样的刑事契约法案，泰米尔苦力是被某些非正式的反流动性机制而被迫种植的，如债务的束缚。这个体系让锡兰的茶叶产量在启动生产的第一个十年（即 19 世纪 80 年代）就增长了三百倍，达到近 4 600 万磅。与此同时，世界各大茶产区及殖民地的茶叶出口量不断提升，随之导致了茶叶价格下跌、利润空间压缩，同时也促使生产者更为重视新的方法、新的技术以及新的商业和政治策略，以争取在新的世纪获得竞争优势。[4]

因此，在 19 世纪的最后十年，中国茶叶与印度茶叶的直接交锋发展为一场多方的、全球性的事务。亚洲的每一处新兴区域产业都经历了极其类似的故事——最初通过效仿印度或中国方法而迅速崛起，后来又因残酷的市场竞争而销量不断下滑。无论如何，中国沿海和印度东部两处最早的出口茶产区依然维持着某种联系，因其社会转型的类型以及 19 世纪末 20 世纪初的民族主义思想家所激烈辩论的类似政治问题——这些问题关系到帝国的命数变化如何影响茶产业，反过来，茶叶又如何在更宏大的政治经济学议程、国家发展和对国外资本的抵制中发挥作用？最后两章旨在考察世纪之交的印度和中国观察者是如何逐步理解这过去数十年来高强度全球整合进程中的冲突与巨变的。

注　释

1. Van der Meer, "Colonial to Patriotic Drink."
2. Hellyer, "1874."
3. 陈慈玉，《台北县茶业发展史》，第 1—2 章。
4. Peebles, *Plantation Tamils*, ch. 2; Wenzlhuemer, *From Coffee to Tea*, 53-89.

第六章　苦力民族主义：
"自由"的类别和对抗劳动契约的印度民族主义运动

　　时值 1878 年 6 月下旬，42 岁的印度学者拉姆库玛尔·维迪亚拉特纳——有时简称为"拉玛南达阁下"（Swami Ramananda）——登上了停泊在下阿萨姆邦城镇杜布里（Dhubri）的一艘船，沿布拉马普特拉河北行。他代表加尔各答的自由派萨达兰婆罗门教派 *（Sadharan Brahmo Samaj），赴喜马拉雅山区及其东北部就宗教改革进行布道。在他所有预期的目的地中，阿萨姆是他最喜欢的。维迪亚拉特纳写道，尽管大多数孟加拉人一提到这个地区就"心生恐惧"，但在他的眼中，阿萨姆"如同油画般迷人……可以毫不夸张地称之为自然宝库"。[1] 然而，在那次特别的旅程中，维迪亚拉特纳对于阿萨姆世外桃源般的想象却被由外国人主导的俗世茶业所打破。除了私人乘客以外，维迪亚拉特纳还注意到船上有 50 多名受茶园雇佣的苦力工人。他与其中一名来自奥里萨邦（Orissa）的工人聊了起来，问他在船上过得怎么样。那个人是这样回答的：

---

* 萨达兰婆罗门教派，是婆罗门教的一个分支。

我在一个大集市附近的路上碰到一个人。他告诉我，可以给我在（欧洲的）老爷家里找份工作……我是奥里萨人，既不懂孟加拉语，也不懂印度斯坦语。于是我和这个人去到了老爷家里。无论他问什么，我都回答"好的，好的。"然后我就在一张纸上签了名。我当时以为自己找到了份好工作！但先生啊，我现在的状况真的很糟……为了挣钱，我抛下家人和朋友来到加尔各答……我当时哪知道会陷入如此糟糕的境地。天啊！我再也见不到我的家人了！[2]

十年后，维迪亚拉特纳在他的社会小说《苦力生活素描》中重述了这段令人震惊的经历。这部作品被印度民族主义者誉为印度的《汤姆叔叔的小屋》（*Uncle Tom's Cabin*）。在维迪亚拉特纳的虚构版本中，一名签了契约的苦力被锁在一艘蒸汽船的下船舱，他为了养家糊口而到加尔各答找"工作"。小说中的另一个角色——维迪亚拉特纳本人及读者的代言人——对这个男人的故事反应道："哦，天啊！谁说基督教政府已经废除了奴隶制？这根本就是奴隶制！我真是瞎了眼太久，直到现在才看清楚。英国政府在字面上讲文明与道德，但实际却是另一副嘴脸。"[3]维迪亚拉特纳从他几年前的某次遭遇中得到了一个血淋淋的教训：今天的印度人能自由前往加尔各答寻找带薪工作，但他们往往没有文明与公正的体系庇护，相反却被诱骗成了奴隶。

维迪亚拉塔纳的政治觉醒，恰逢一场 19 世纪七八十年代印度民族主义者发起的持续数十年的政治运动。这场运动致力于揭露阿萨姆茶园实行的不合时宜的非自由劳动制度。在 19 世纪的最后几十年，维迪亚拉特纳和其教派的成员用孟加拉语和英语在报刊上撰写了一批解释性文章，揭露了种植园里特有的欺骗、体罚和性暴力。他们谴责种植园的管理模式是奴隶式的、不道德的，堪称欧洲帝国主义对苦力在政治、文化和经济上实施统治的象征。1882 年的《一号法案》放宽了对契约劳工的招募，但在持续数十年的政治压力下，帝国省级政府和中央政府于 1889 年、1893 年、1896 年和 1901 年陆续通过了一系列改革方案，逐渐将《一号法案》的法律权利收回。至 20 世纪，官员们开始公开主张全面废除契约制度。在民族主义情绪高涨、全球茶叶市场低迷的背景下，刑事契约制度于 1926 年被永久废除。

吊诡的是，尽管契约制度对印度茶业经济效益的成功至关重要，但它的消亡在先前的研究中鲜受关注。拉纳·比哈尔和普拉布·穆哈帕塔尔（Prabhu Mohapatra）认为，由于"固有的（经济）矛盾"，契约制被废除了：产能过剩加上价格下跌致使茶叶盈利空间缩水，对于需求新工人的竞争导致产生更高的招募费用，于是出现了"高成本的廉价劳动力"这一矛盾。他们的解释基于这样一个假设：种植园资本家对自己的利益保有理性与清醒的认知。正如比哈尔后来所论证的那样，当契约制度被废除时，这个行业仍然非常有利可图。大多数种植园主都强烈反对契约制度的废除。

在 20 世纪 20 年代，即废除契约制度的前夕，立法者充其量只得到了"来自资本主义的……默许"[4]。很难想象种植园主对这个制度在客观上已不可行达成了共识。

相反，正如我在本章所要彰显的，最终终止契约劳动制度的推力，不仅可见于纯粹的会计报表，同样还可从萦绕在自由主义的政治经济意识形态之中窥见。印度的民族主义者生活在日益商业化和工业化的社会，他们以自由劳动制度比契约制度在经济上更合理为由，推动废除了契约劳动制。其中最突出的助推者便是萨达兰婆罗门教派和印度人协会（Indian Association），这两个团体是印度民族主义历史悠久的大本营。众所周知，庶民学派的历史学家批评早期研究以精英主义和圣徒崇拜的方式美化了这批思想家。然而在本章，我试图将在世纪之交印度东部的社会与经济生活的密集结构性调整之中来考察印度民族主义者对于契约制的看法。抵制刑事劳动合同政治运动的核心与奴隶制和公民社会之间对立的焦点——或者说与自由与非自由劳动之间的对立、与垄断与自由市场之间的对立——都是一致的。这一中心思想体现在维迪亚拉特纳的著作中，也散落在同一时期数不清的戏剧、评论、散文和演讲之中。

尽管殖民时期的亚洲的学者普遍认为，外国官员和民族主义者都以家长式的视角看待"苦力"这一分类，但在本章，我将提出另一种解释。对于抨击茶业契约制度的自由民族主义批评家而言，茶业苦力已是资本主义交易世界里时刻准备着的"参与者"，只因不自由性、强制性的殖民契约而受阻。他们批判契约制度的不自由性，理由是"自由劳动"才是一种现代且自然的社会组织方式，而印度的工人却日益沦为被交易的商品。在阐述他们的观点时，民族主义者不断将印度茶业苦力与在英国人和美国人运营的种植园中工作的非洲黑奴进行比较，并借鉴废奴运动对自由流动性的强调。他们还采纳了殖民地官员最初提出的停滞发展的历史主义逻辑——印度农民尚未发展为现代交换型经济的主体，转而提出，这些苦力实际上已成为资本主义制度下的成熟主体，随时准备将体力劳动作为唯一的资本出售。至 20 世纪中叶，这一政治经济学主张继续发展，从支持印度茶业劳工的流动性，发展至支持印度茶叶资本的流动性。随着契约制度的废除，印度经济民族主义批判的焦点转向了茶园所有权。

　　这个故事指向了在当前史学编纂和历史研究中一直存在的问题。从史学编纂学的角度，印度社会的日益商业化，让"自由劳动"的理想显得自然且普遍。正是这种 20 世纪出现的自然归化解释了为何如此多的历史学家不合时宜地将 19 世纪的契约制度视为反现代或是前资本主义的。然而我认为，孟加拉民族主义者对自由劳动思想的拥护，表明他们已沉浸于现代积累的社会模式之中了。与陈炽一样，印度民族主义者借用政治经济学以实现自己的政治目的。中国与孟加拉鲜明独特的智识轨迹说明，亚洲经济思想并不只是欧洲的衍生物；相反，政治经济学原本被视为外来的思想体系，只是随着资本主义生产和薪资劳动持续扩张至全球的新领地，才被作为一套普遍而自然的原则而获得广泛接纳的可信性。

　　在下面的第一节，我将过去几十年的政府论述置于殖民印度的"苦力"话语更广泛的矛盾之中，以重新审视 1882 年《一号法案》的最初立论依据。《一号法案》可视为"苦力"的两种官方形象之间的折中和妥协。一方面，工人是商品和资本的所有者，劳动即是其资本，他们理应享有经济自由；另一方面，印度移民被视为"半文明的"，并不习惯市场交易。殖民政府提供了契约制度作为一项例外的"过渡性"法律以促进市场交易，同时又借助刑事诉讼以强制执行。在第二节，我将论述印度民族主义者如何抗议这项立法，同时又保留了对劳动力市场的天然属性的相同假设。特别是，维迪亚拉特纳的《苦力生活素描》从该世纪初横跨大西洋的废奴辩论中，继承了奴隶制与自由相对立的态度。在此，我将质疑史学编纂中常见的观点，即认为印度民族主义学者在反对茶叶种植的同时，也将传统的乡村生活和性别角色浪漫化了。相反，我认为，印度民族主义者接受了乡村生活在印度农村已难以为继的前提。为了解放本国的农民，他们转向劳动力供求的"普通法"。在第三节，我将论证从古代契约制度到现代自由的演变是 20 世纪契约制度废除的主导框架。结论部分则将这场政治运动置于反殖民的民族主义及其殖民资本主义经济的"本土化"转向这一更广阔的文脉之中。

殖民契约法律的商品假象

如扬·布雷曼（Jan Breman）和瓦伦丁·丹尼尔（Valentine Daniel）所指出的，"苦力"这一类别在历史上一直存在着意识形态层面的争议。它起源于前殖民时期的南亚，但在殖民时期被赋予了新的内涵。最初这个词来自泰米尔语的"报酬"（kūli）和古吉拉特（Gujarati）的某个部落名（Kuli），后在 19 世纪成为通用术语，以高度家长作风的口吻来描述亚洲人的卑微劳动。在殖民语境下，苦力彰显了若干矛盾特质：一方面是不流动的，因而需要市场激励之外的积极举措来招募苦力；同时又是不稳定的，需要额外的纪律举措来规范其劳动行为。尤其是在阿萨姆，这样的矛盾意味着，"核心任务是调动（mobilise）一支根本上反流动（immobile）的劳动力，并通过将其锚固在资本主义生产的飞地，使其再非行动化（re-immobilise）"。[5] 在阿萨姆的茶业档案中，这种家长作风的观点在 19 世纪 60 年代泛滥；与此同时，利兹阐述了他为自觉的非自由殖民政策辩护的理由。利兹写道，对于古典经济学理论家而言，劳工会自发前往人口稀少的阿萨姆，因为他们会优先考虑自身利益，不受习俗或行会的束缚。但这种自发的劳动力群体并未出现在阿萨姆，因为当地人被认为是"半文明的""半野蛮的"，还停留在"农耕文明的阶段"。契约制度是必要的，正如立法可以保护工人不被招工者欺骗一样，雇主也需要保护自己免受苦力潜逃的损失。

这种家长作风随后引发了政府官员间的激烈辩论，因为这与其宣称培育自由劳力的目标相悖。1873 年，孟加拉副总督乔治·坎贝尔爵士（Sir George Campbell）发现，位于孟加拉和阿萨姆东部边界的锡尔赫特种植园成功招募了没有签订刑事合同的工人。他随即要求孟加拉议会鼓励种植园主采取同样的方式雇佣工人，这种"自由移民制度"将与刑事合同制度"并存"。他写道："如果劳工没有签订任何有约束力的合同，当他到达劳动区时，他就不再是外来移民，而是一名普通的劳动者，随之可以遵照普通合同法的规定，与任何本地劳工一样，签订他所选择的任何合同。"在这种情形下，"那些目前处于准奴役的状态的人们……将成为自由的劳动者"。[6]

然而，几乎没有种植园主愿意接受坎贝尔的建议，他们普遍拒绝在没有刑事合同保障的前提下雇佣劳工。在接下来的几年里，官员试图解释为何印度农民如此不愿迁徙。其中有人如此写道，在阿萨姆，"山区居民很不情愿离开家乡，哪怕只是很短暂的时间……这样一种普遍存在的逆反倾向源于他们所处的半文明状态。"阿萨姆长官亨利·霍普金森写道，印度或阿萨姆的普通农民与世界其他地方的农民完全不同。他们不像美国人"以交换为生"，其收入和花销与美国农民比起来微乎其微。霍普金森在这句话中引用了亚当·斯密的核心思想，即在"商业社会"中，个人很少为自己的消费而生产，而是"交易自己的劳动成果"以换取他人的劳动果实。斯密写道："因此，每个人都以交换为生，或者说在某种程度上成为商人。"[7]

最有说服力的评论来自 1880 年的一封信函，该信函预示了 1882 年《一号法案》的通过。在印度茶产区协会 1878 年备忘录的煽动下，在整个讨论过程中，参会对话者就移民劳工的政治经济地位表达了相互矛盾的观点。一方面，阿萨姆新任总长斯图尔特·贝利（Steuart Bayley）认为，"移民必须是自发的，而不是由政府组织"。而另一方面，特别立法却是合理的，因为"茶园的情况到目前为止仍应被视为特例，"他写道，"由此也需要特例的待遇和特例的立法。"他形容印度的移民就像孩子，对于物质上的利益没有想法：

> 此外，我们清楚，我们最渴望调动与促改的是移民者的习惯、感情和偏见。然而我们从殖民地的、茶行业的以及来自政府的募工经验中得知，总体而言，要说服这些特定阶层自发移民是不太可能的……农民阶层，尤其是他们的妻子和家庭，皆不愿脱离农村的生活体系——后者在他们看来是生存所必需的，就像其呼吸的空气一样。如果没有了农村生活，他们会陷入生活不再有价值的无助感中。[8]

其他评论者则对能否挖掘印度人天性中的自由和自发的移民倾向持怀疑态度：

　　　　现在尚不清楚，印度的新省份最早是如何找到人口
　　迁来居住的，但有理由相信，（在中部省份）印度的定居
　　者最初是在当地亲王的邀请和帮助下被招来的……欧洲
　　殖民地默认的那种通过独立冒险的方式自发迁居的情形，
　　在这里并不存在。[9]

　　在此，有必要再展开讨论布雷曼和丹尼尔的说法，即官员严
格按照家长作风的方式看待苦力。官员还在刑事合同中将移民视
为完全具有行事能力的商人：他们可以"以交换为生"。贝利强
调，在任何改革下，工人"应该能自由地在其喜欢的地方工作"。
在其他地方，他还警告说要反对任何"那些劳工无法自主决定工
作地点的特殊的劳动制度"。在大英帝国的语境下，认为移民"携
带"其劳动力作为一项额外资产或商品的观念十分普遍。1838 年，
加尔各答的一家招聘公司为海外契约制度辩护称，"这是一个涉及
英国臣民基本权利的问题……将他们的劳动力带去最具生产力的
市场"。几十年后，印度立法委员会的一名成员以即兴的方式调侃
道："在我看来，这些劳工愿意受刑事合同约束的唯一理由是，这
些合同可以让他们在劳动场所安置下来，这符合他们的利益，因
为他们没有足够的手段能养活自己。"[10]

　　这种将劳动者视为商人，并将其异化的劳动力作为可携带
与售卖的商品的思想建构，引起了许多学者的关注。例如，卡
尔·波兰尼（Karl Polanyi）曾郑重声明推广将其描述为一种有害

的"商品假象"（commodity fiction）[11]。下面我将讨论这种假象是如何产生的。目前，必须强调的是，殖民地官员既将印度移民视为商品形式的劳动力的所有者，又采用家长式逻辑来限制他们的自由。最终，普世主义和家长主义的结合为劳动契约提供了理论依据。这是一种介于自由劳动和强迫劳动之间的解决方案。1882年《一号法案》宣告：

> 在这两种情况下，向移民提供帮助的阶级可算是极其无知的。政府的干预是必须的，以确保他们不被劳动契约强加于……
>
> 而另一方面，法律要求对劳动者与其雇主之间的合同进行一些监管，并采取一些比民事诉讼更有效的手段来执行。法律规定雇主必须确保苦力有最低工资；法律也应当为雇主提供可促使雇工履行合同的某种手段。这对于双方来说才是公平的，因为苦力的唯一资本是他的劳动力，且雇主已经支付了费用，雇工就不应当过分随意地弃置这份工作。[12]

萨米塔·森认为，商业交换和家长作风之间的张力催生了最臭名昭著、贻害匪浅的法律创新：为了鼓励"萨达制"* （sardari）

---

* 萨达制（Sardari）系统是于1860—1900年间在阿萨姆茶园盛行的一种制度，其特点是鼓励那些已在茶园工作的人继续招募新工人。

招募而放松对劳工招募的管制。在此之前，大多数劳动力都是通过专业招聘而获得工作的。招聘方既有欧洲人，也有印度人，他们被称为"阿卡第"*（arkatis）。一项劳工调查报告称，阿卡第"被不同的亲历者描述为世上的渣滓、无情的无赖，他们会吹嘘自己可借助残虐方式使任何人在几分钟内'自愿'移民阿萨姆，他们就像吃人的老虎一样令人恐惧"。在19世纪70年代，官员了解到了雇用茶园的"萨达"借助其个人网络进行招工的另一种途径。如第四章所述，"萨达"源自波斯语，意为村里的傀儡头目。而在茶业语境下，它的含义是劳动承包商或经纪人。森写道，萨达制招募的景象再现了家长作风与市场普世主义之间的同种悖论。一方面，萨达的作用与父权主义者关于印度人厌恶移民的假设相吻合，"萨达从茶园被派到他自己的村庄，从他的亲属、种姓成员和村庄邻居中招募新工人"，萨达"被视为'内部人员（insider）'"。另一方面，如果萨达获得了其他村民的认可，那么萨达制招募将使整个体系更接近于自由、自发、自利性移民，更契合于政治经济学中的理想典范。它是政府设想的向自由劳动力"过渡"的完美工具。[13]

然而，这项制度的结果却是一个灾难性的妥协。为了推广新制度，《一号法案》废止了孟加拉招工区登记和运送工人的正式规定。放松管制导致了一个人人皆自由的局面，于是，职业化的阿

---

* "arkatis"并非印度本地语言，而是英语"招工者"（recruiter）的拟音词。

卡第和非职业化的萨达之间的一切差异在一张掠夺性招募的"关系网络"（nexus）中消失殆尽。[14] 阿卡第开始雇佣萨达作为分包商，招工网延伸到新的地区，苦力价格飞涨。《一号法案》导致新移民数量激增，但工人的死亡率和招工者收取的费用也大幅上升。正是这种奇观，吸引了加尔各答的印度民族主义者的目光。他们的目光聚焦在茶产业之上，认为它是殖民统治所特有的种族统治的象征。

阿萨姆茶园的奴隶制和自由劳动

尽管阿萨姆被英国种植者发现其独特的地形和气候特别适合种茶，但在其早期历史的大部分时间里，这一产业对当地社会而言仍是陌生且充满异国情调的。茶产业的主要参与者都来自阿萨姆之外的地区，远至格拉斯哥或江西。试图叫停劳动契约制度的运动亦不例外，它卷入了印度东部其他地区诸多政治利益之中。帝国总部当然在加尔各答，这座繁华的都市作为枢纽，汇聚了从周边地区而来的资本、管理者、专家、劳动力，并输送至布拉马普特拉河谷。恰如其分地说，对契约最直言不讳的批评者是加尔各答的民族主义知识分子，他们通过英语和孟加拉语的民族主义媒体表达政见。最值得注意的批评者包括以社会改革为导向的萨达兰婆罗门教派及其兄弟政治组织——印度人协会。正是这些在加尔各答的组织以及位于浦那（Pune）、马德拉斯（Madras）和孟

买（Bombay）等其他区域性城市的一批知识分子团体，最终在 19
世纪 80 年代末成立了印度国民大会党 *（Indian National Congress,
INC）。[15]

　　正如历史学家毕班·钱德拉（Bipan Chandra）所强调的那
样，反对茶叶契约制度的运动根本谈不上是无产阶级反对资本的
斗争。若我们仔细查看当时活动家的社会构成后，其中的命题就
会显而易见。萨达兰婆罗门教派和印度人协会皆由上层种姓精英
组成，他们的收入源于地产、法律规定、政府治理。协会的创始
人阿南达·摩汗·鲍斯（Ananda Mohan Bose）甚至从他对阿萨姆
茶业的投资中"积累了一笔不小的财富"。最初的婆罗门教派由拉
姆罗洪·罗易于 1828 年创立，是加尔各答政治生态早期最著名且
成功的组织。它由高种姓和富裕的城市精英组成，他们虽然表达
了对社会改革信条的忠诚，但实际上不愿脱离传统的婚姻习俗，
因而在 1866 年和 1878 年经历了一系列的分裂。结果便催生了一
个更为年轻、更具改革意识的萨达兰婆罗门教派（"萨达兰"的
字面意思是"普遍的"或"一般的"）。在此之前两年，这个新的
婆罗门教派创始人还建立了另一政治组织作为改革工具。印度人
协会的创立者是一批曾在海外或印度的精英学府接受过教育的群
体，他们意欲从政，位居中产阶级，且受过良好的英语教育。新

---

* 印度国民大会党，简称印度国大党，是印度历史最悠久的政党，也是印度两大主要政党
之一。国大党成立之初即以反对英国殖民统治、争取印度独立为目标。1924 年，圣雄甘地
成为国大党主席，为印度独立作出了不可磨灭的贡献。

的婆罗门教派和印度人协会皆自发地与象征老旧政治的英属印度协会（British Indian Association）割席。这一组织代表了印度社会最保守的势力，例如食利的地主、商人和职业的抗辩人。相比之下，新成立的印度人协会坚信，既然“文盲群众不能为自己发声，而贵族也只会为自己说话”，因此，“只有处于战略地位的中产阶级才能代表所有人发声”。[16]

　　婆罗门教派和印度人协会的成员，以蕴含平等、自由和产权等自由主义概念的普遍性经济观为出发，同时对根深蒂固的权力和食利地主主义进行了自由主义式批判。他们在批判殖民统治时，并非挑战英国的政治经济学本身，而是针对由种族主义造成的伪善的“曲解”。民族主义经济学家杜特（R. C. Dutt）写道：“亚洲和欧洲的经济规律是一致的。如果说印度今天经济不行，那是经济运行的原因。如果印度在这种情况下繁荣昌盛，那将是一个经济奇迹。科学从不相信奇迹。经济的运作规律是不变的。”曾担任婆罗门教会和印度人协会助理秘书的甘谷里（Ganguli），便是最有影响力的茶工契约批评家之一。在其调查论文的开篇，他抒发了对茶行业充满怜悯心的赞歌：“阿萨姆的茶叶种植是一项宏大的产业，极大促进了全省的物质繁荣……如果不是说，在获得所有这些优势的过程中移民劳工遭受了超出人类承受限度的艰苦境遇，我们或许不会如此大声疾呼。”尽管民族主义者批评英国的政策，但经济自由主义仍是许多人的信条。[17]

　　针对茶业的民族主义批评的历史，实际上始于 1874 年。当

时，加尔各答作家达克西纳夏兰·查塔帕德海（Dakshinacharan
Chattopadhyay）发表了戏剧《茶园之镜》（*Chákar Darpan, The
Mirror of the Tea Planter*）。尽管有些说法认为该剧从未真正上演，
但其对种植园主残忍的刻画，在孟加拉语和英语报纸上皆引发广
泛关注，且政府禁止了未来类似其"煽动性"的戏剧表演。后来
的批评便是由婆罗门教派和印度人协会主导的。该时期最广为
人知、具有历史影响力的作者便是婆罗门教派的成员拉姆库马
尔·维迪亚拉特纳。他和阿萨姆茶园的移民茶工一起生活了数年，
回到加尔各答后，在孟加拉语报纸《桑吉巴尼》*（*Sanjivani*）上发
表了系列文章，并将他的故事融入小说《苦力生活素描》。维迪亚
拉特纳的作品摘录被呈递给印度总督里彭勋爵（Lord Ripon），并
在种植园主之间传播。据传，其中有一位种植园主在印度茶叶协
会的会议上公然宣称："这份报纸的撰稿人将成为种植园主枪口下
的第一个受害者！"维迪亚拉特纳受到的"不仅是白人种植园主"
的恐吓，还有来自茶叶公司雇佣的印度文员、律师和代理人的威
胁。[18] 几十年后，著名的民族主义斗士 B. C. 帕尔**（Bipin Chandra
Pal）仍可回忆起这部小说的广泛影响：

---

* 《桑吉巴尼》报由印度爱国主义者、自由斗士、记者克利希纳·库玛尔·米特拉（Krishna
Kumar Mitra）创办于 1883 年，致力于对抗英国殖民者对印度本地劳工的压迫。随着米特拉
后来加入萨达兰婆罗门教派并成为其主要领导者，《桑吉巴尼》也成为该教派的政论堡垒。

**　B. C. 帕尔（1858—1932），印度国民大会党及民族独立运动的主要领导者之一，策划了
"抵制英国货运动"（Swadeshi movement）（或音译为"斯瓦德希运动"），并强烈反对英国策
划的孟加拉独立，被誉为"印度革命思想之父"。

《汤姆叔叔的小屋》是当时孟加拉知识分子最喜欢的
书籍……我们很容易将阿萨姆茶园劳工的境况与美国黑
奴解放前的境况相比较……在我的少年时代和青年时代，
也曾遇到来自茶园的饥肠辘辘、病体虚弱的苦力。当维
迪亚拉特纳发表他的《苦力生活素描》时，所有这些早
年的回忆又都重新浮现在我的脑海。[19]

《苦力生活素描》讲述了一位来自孟加拉村庄的妇女阿达玛尼
（Adarmani）和她的女儿克里塔莎（Kritartha）的故事，她们被招
募至虚构的阿萨姆小镇索尼特普（Sonitpur）的一座茶叶种植园工
作。故事伊始，阿达玛尼的家人背负着重重债务和租金。她吸毒
成瘾的丈夫尼迪拉姆（Nidhiram）变卖了她的珠宝，还将两个儿子
租借到邻近的村庄从事农活，以换取快钱。当两名女性招工者绘
声绘色地向她讲述阿萨姆茶园富裕而舒适的生活时，心灰意冷的
阿达玛尼心动了，她决定前往茶园。这部小说讲述了这对母女从
杜布里一路前往阿萨姆的悲惨旅程，她们在种植园内痛苦的境遇
以及试图逃跑的经历，以及最终在善良的英国年轻种植园主的怜
悯下获释的故事。最后一幕，阿达玛尼获得了在法庭上陈述她的
"故事"的机会，她的悲惨经历让陪审团和法官潸然泪下。在接下
来的部分，随着我对故事细节及其意识形态结构的进一步阐释，
我们能清晰地看到，这个故事隐含的主题不仅是废奴主义，更有
主人公对"自由"的追求。

《苦力生活素描》中的"自由"概念

从第一幕对茶园的描绘开始，《苦力生活素描》便将阿萨姆描绘为一个封闭和禁锢的空间：

> 索尼特普的四面皆由高耸的山峦所环绕，它们似乎从高处俯视着苦力经受的苦难，其悲伤的泪水缓缓渗出，浸湿了土壤。这些来自索尼特普茶园的眼泪一路流入布拉马普特拉河。山下是一片森林之国，潜伏着老虎、犀牛、熊和其他动物。[20]

苦力不仅被丛林的危险世界包围，他们在茶园中的命运甚至比大自然中的猎物相比更为糟糕："一群牛看到老虎，它们会害怕和惊愕，但至少可以逃跑。然而，茶园里的苦力见到欧洲老爷，却没有转身的余地。这是低等动物与'自由'动物（即人类）之间的唯一区别。"这本小说很快将茶园苦力与奴隶制的历史制度并置起来：

> 每到日出，生活在茶园中的苦力的心中就会涌起一阵恐惧。他们的脸上皆染上忧郁的阴影。他们陷入了绝望，活在被打骂和暴击的恐惧之中。总之，苦力的生活，无论是过去、现在还是未来，都是一种陷入奴隶制（dāsatya）黑暗深处的生活。[21]

"dāsatya"是一个历史渊源深远的名词，意思是服从、奴役，但它也成了 19 世纪描述非洲黑奴制的标准的孟加拉语翻译。《苦力生活素描》中的人物不断地让人将刑事合同劳动与在英国殖民地及美国的非洲奴隶制度联系起来。其他批评契约制度的人在批判时也常出现"奴隶法"的说法。甘谷里将他关于阿萨姆的系列文章命名为"英国统治下的奴隶制"，他宣称："我们完全是出于必要而使用这个露骨的词汇，因为没有其他词能够充分地向读者传达阿萨姆茶园的移民所遭受的可怕苦难。"[22]

尽管"自由"和"奴隶制"这两个词在 19 世纪的政治话语中一直被用来表达对立和极端，但两个词背后的实际内容和含义却很容易发生变化。自由与奴隶制的区别究竟是什么？对许多人来说，契约茶工类似于奴隶制，因为这种制度采取了欺骗手段而剥夺了茶工自主同意的权利。另一个观点是，茶园的工作条件是非人类的，因为苦力遭到殴打并被迫生活在肮脏条件下的故事已流传开来。在维迪亚拉特纳的小说中，种植园主告诉医生，他不允许苦力请任何病假："什么，你认为苦力是人类吗？难道你不知道从前在美国，文明的英国人也是像对待猎狗一样对待奴隶即苦力的吗？我们也应该这样做。"[23]

其他批评者强调，"奴隶制"已超出了同意和虐待问题的范畴。对民族主义阵营同情的查尔斯·道丁写道："当我们说存在半奴隶制状态时，宣称苦力衣食无忧是不可能的，即使存在这种情况；或者说他们生病时得到了最好的医疗照顾……因为对于美国的奴隶而言同样如此。"[24] 比欺骗和虐待的弊病更具根本性影响的是刑事合同本身，正如布雷曼和丹尼尔所言，随之而来的是对工人的"再非行动化"（re-immobilization）。理论上，"自由的"工人也可能受到虐待，但茶园"苦力"的区别在于，种植者享有监禁、殴打苦力并在其逃跑时派出赏金猎人来执行合同的合法权利。在《苦力生活素描》中，这种非行动性是奴隶制和自由之间的根本区别所在。在维迪亚拉特纳所描述的一个场景中，一群被锁上的苦力挤在从加尔各答开往阿萨姆的轮船里，他称之为"奴隶的生活"（dās jīban）。在另一场邪恶的英国种植园主之间的对话中，他又将刑事契约与奴隶制进行了比较，理由是两者的种植园主都可肆无忌惮地逮捕逃跑者的情况下，茶种植园主还羡慕美国奴隶主的权力：

> 在美国棉花贸易的年代，企业家是如何对待黑人的？在孟加拉的那片土地上，我们种植靛蓝色植物的兄弟曾经都做过什么，事实上，他们现在仍在那样做？那里雇佣的是深色人种，在这里，同样是深色人种——也就是说，无论在美国还是孟加拉，还是在这个地区（阿萨姆），在所有的土地上，从事这项工作都是深色人种……在美国，他们有针对逃跑者的法律，我们也有针对逃跑者的法律。但两者却是天壤之别。根据我们的法律，只能监禁苦力六个月；而在美国，逃跑的奴隶则可能终身受罚。[25]

关于茶园医生纳伦德拉纳特·戈什（Narendranath Ghosh）的一幕，力证了"奴隶制"和"自由"不是待遇上的差异，而是在流动性上类别的差异。因为当戈什威胁要公开揭露种植园的恐怖时，他的英国雇主便下令警卫阻止他离开。在被抓住并遣送回房间后，戈什走到医务室拿了一瓶药，意图整瓶吞下。他在独白中感叹：

> 让我看看你们到底能如何限制我。我的行动处处受阻，我的自由存在已沦为一只被禁锢的野兽……今天我尝试逃跑，但你们不让我走，我的一切如今完全从属于你们。我已出卖了自由，我无法再继续承受，够了！

吞下药后，戈什"获得了自由"，从"灵魂的鸟笼"中挣脱出来。"他是自由的，"维迪亚拉特纳写道，"在这个天堂般的世界里，他为自己赢得了伟大的自由。"第二天警察到达时找到了他的遗书，上面写着："我已快达到自由的极限……我的愿望是今早能够见到自由的阳光。"[26]

在此值得注意的是，维迪亚拉特纳和其他民族主义者通过永恒的、近乎宗教意义的"灵魂"和道德话语塑造了"自由"的概念。事实上，在 19 世纪的大部分时间里，"自由"的政治理念普遍被视为一项人道主义事业，一场凌驾于短期金钱利益之上的"超道德伐战"。然而，历史学家托马斯·霍尔特（Thomas Holt）

对自由劳动的政治给出了更具批判性的解释，将其视为"时代的社会关系的产物"。是的，自由的概念的提出可追溯至更早的思想家，如托马斯·霍布斯（Thomas Hobbes）和约翰·洛克（John Locke）；但直至跨大西洋废奴运动的兴起，自由才奠定了作为基本政治原则的神圣地位。这为我们理解 19 世纪末阿萨姆的发展提供了有用的参考。[27]

　　1834 年英国废除奴隶制，这标志着"自由"这一类别在政治轨迹上的转折点。废奴主义在意识形态层面受到追捧，与其支持者试图回应西欧和美国"正上演的资本主义革命"的努力是分不开的。这场革命导致了生产的扩张，呼吁自由贸易并结束垄断，并将劳动力从家庭和手工业作坊"解放"至城市作坊。废奴主义者在研究若非通过习俗、家庭和传统，个体与个体应如何产生联结时，他们锁定了"奴隶制"的类别，以"确定自由的外部边界"。随着时间的推移，精英提出了一系列论点，声称自由劳力制度从经济角度看相对更好。[28]

　　霍尔特写道，跨大西洋的废奴主义者致力于实现这样一种政治经济学的理想状态，即自利行为不应受诸如不公正征税或流动性限制等"人为独断约束"的阻碍。奴隶制最大的罪恶是它钝化了工人对于利润的理性追求。废奴主义者追随"亚当·斯密的教导"，相信"自由劳动者无疑有更大的动力从事高效的、生产性的工作，这比奴隶制更加有利可图"。通过奴隶制和自由劳动之间的对比，关于自由劳动的特征，至少显现了两个切实可行的推论。

第一，"如果说奴隶制意味着为了主人的利益而进行非自愿劳动，那么自由就意味着经由双方在达成共识的基础上签署契约，理论上劳工应保有享受个人劳动成果的权利"。第二，如果"奴隶制意味着服从于一个专横主人的个人支配，遭受身体胁迫，那么自由就意味着只服从于市场的非个人力量"。因此，自由劳动脱胎于当时新盛行的观点，即自由交换是天然的。法学家帕特里克·阿蒂亚（Patrick Atiyah）指出，18 世纪政治经济学的"交换概念"促成了"贸易自由"与"合同自由"概念的联姻。限制在于"要么就是以牺牲剥削其他群体为代价，要么就是为了保护某些群体"。斯密为了让自由贸易等同于自由劳动，便将劳动视为一种遵循供求规律的商品。因此，劳动力的非行动化不仅"与天然的自由和正义背道而驰"（引述自斯密），还可"以经济效率的名义"受到谴责。[29]

亚当·麦克考温写道："至 19 世纪中叶，从非洲奴隶贸易中出现的自由／奴役二分法主导了多数关于移民的概念。"但是，尽管废除奴隶制让自由原则变得神圣化，但政客和评论者很难将反奴隶制的使命挪用置其他语境中。确切地说，在没有奴隶制的世界中，劳动会是什么样子尚且有待讨论。"自由"是"一个抽象的、难以在实质上定义"并且"易被滥用"的概念。马达维·卡乐（Madhavi Kale）指出，废奴主义者和随后的政策制定者采用了将自由劳动定义为奴隶制对立面的策略，但其实际定义仍是流动的、"可塑的"。[30]

例如，在西印度群岛和毛里求斯殖民地的前奴隶种植园，甘蔗种植者尝试从海外雇佣工人，包括来自中国和印度的工人。阿萨姆的契约劳工制度的发展比糖业殖民地晚了近 20 年，但印度官员似乎与更广泛的、全帝国范围内的观念转变保持同步。最初，契约劳工被认为过于接近奴隶制，到了 1839 年，英国的反奴隶制组织已成功游说政府以终止在海外的印度劳工进行契约式移民。大约在同一时期的阿萨姆，亨利·普林塞普（也曾在第三章出现）警告说，印度茶业不应根据劳动合同雇用工人，"这可能难以与正在毛里求斯及其他殖民地被强烈抗议的奴隶交易区分开来"。普林塞普大体上并不反对移民，因为在其他地方，他曾称赞海外劳务移民是"文明的强大推动者"。然而，公众的共识迫使他权衡这类合同是否具有强制性和奴役性。[31]

然而，至 19 世纪中叶，英国官员开始将刑事合同辩解为一种可接受的自由劳动形式。英国政府在 1842 年重新批准印度的契约劳工移民至毛里求斯，并在 1845 年批准其移民至西印度群岛。官员和种植园主将自由的概念挪用到对自己有利的一边，声称禁止海外契约将剥夺"工人在当地以最优惠条件出售劳力的权利"。印度的殖民官员采纳了其中许多相同的论点，以证明从 19 世纪 60 年代到 19 世纪 80 年代阿萨姆的契约移民是合理的。例如，利兹就认为，废除契约意味着"法律禁止印度劳工自由地选择其所喜的劳动地点"。从当代的角度来看，使用"自由"的概念来证明刑事劳动合同的正当性可能显得很讽刺，但这恰恰证明了自由的边界长期以来一直是不稳定且具有历史的偶然性。[32]

维迪亚拉特纳这批 19 世纪后期的印度民族主义批评家，代表了这场关于自由内涵往复辩论的下个重要阶段。印度民族主义者的干预是为了澄清，自由并不是由虐待或同意的问题界定的。相反，它取决于工人是否可在没有刑事诉讼这种有辱人格的情况下离开雇主。对印度人定罪的合理性是基于他们是半文明化的，而民族主义者希望合上那一半文明的间隙。由此，他们认可了劳动作为可交换商品的标准观念。与废奴主义者一样，他们假定在殖民时期孟加拉及周边地区，自由薪资劳工市场正成为其所在环境中常规的经济关系。新近对维迪亚拉特纳性别政治及反契约民族主义运动的历史阐释，最能说明这点。

反契约运动中的薪资劳动

关于民族主义写作的研究大多认为，这些作者描述茶园苦力的笔调，透露出与殖民官员同等的居高临下的家长作风。例如，萨米塔·森和普拉塔玛·班纳吉（Prathama Banerjee）在对阿萨姆茶园契约制度的开创性研究中批评了维迪亚拉特纳的《苦力生活素描》，理由是它暗中支持将女性局限于家庭中的传统性别关系。根据森的说法，阿达玛尼和克里塔莎的故事将"家庭 / 婚姻"与"薪资工作"二者对立起来。这部小说的潜台词是谴责两名女主人公背弃了农村和家庭对女性期待的传统角色，从而变相惩罚她们选择投身"种植园就业"以及承受"欧洲种植园主的性暴力"。

因此，维迪亚拉特纳将"资本主义薪资劳动的世界"描述为"罪恶、犯罪和疾病的熔炉，相比之下，以小农家庭生产为根基的农村世界则在愈发怀旧的回述中被赋予田园诗般的特征"。在森的阐释中，她将维迪亚拉特纳的作品置于政治理论家帕塔·查特吉（Partha Chatterjee）提出的 19 世纪晚期的反殖民民族主义模式中，查特吉认为，民族主义者将棘手的社会问题划分为两个领域："外部""物质"的领域由男性主导，与西方的政治和经济观念紧密相关；相比之下，"内在""精神"的领域则是本土自治的堡垒，在那里保留着传统的、女性主导的家庭生活。森的论述无疑延续了多数反契约文学及其对女性的传统主义观点。然而，对《苦力生活素描》背后的自由主义政治经济逻辑的更深入分析，会发现其暗示了其他与此相悖的政治走向。[33]

从广义上讲，森的批评是对的，因为将女性描绘为被动受害者的场景在反契约文学中无处不在。最广为人所知的场景是英国雇主对女工的性攻击。1888 年，民族主义报纸《印度兰吉卡》（*Hindu Ranjiká*）的一篇文章指出，"事实上，茶园比地狱更糟。美丽的女人首先被经理玷污，然后是茶园职员，接着是医生，最后是萨达"。这些故事充斥着道德词汇，暗示女性应为失去种姓和贞洁而感到羞耻。在戏剧《茶园之镜》中，女工萨拉玛被迫前往欧洲种植园主居住的小屋。当回到舞台上，她的衣服破烂不堪，似乎遭到了殴打。她控诉道："老爷用手触摸了我这个孟加拉人的身体，我还配拥有种姓（*jāti*）吗？"在她的独白结束时，她向嫂子陈述道：“姐姐，如果您见过我的父母，请告诉他们，他们心爱的萨拉玛已被逐出种姓并失去了生活方向。”同样，在《苦力生活素描》中，维迪亚拉特纳戴着贞洁和堕落的有色眼镜来描述女主角。在女儿克里塔莎被一名英国种植园主殴打和强奸后，她醒来时内心充满内疚，因为她不再是“理想的贞洁女子”。至于阿达玛尼，她逃离了庄园，并在法庭上作证说她不想与种植园主——“那个非印度教徒”——有任何关系。她宣称：“贞洁，我不会失去贞洁！让我的生命毁灭，让我的孩子们死在我身边，让我看看死去孩子们的脸，但我不会失去我的贞洁！”这些场景印证了塔尼卡·萨卡尔（Tanika Sarkar）的观察，即在 19 世纪的反殖民文学中，女性的贞洁代表了民族主义计划本身的纯洁性。“一夫一妻制的政治，”萨卡尔写道，就是“印度教国家得以存在的前提条件”。萨卡尔的洞察更清晰地揭示了自由与服从之间的对立，这对理解维迪亚拉特纳的《苦力生活素描》至关重要。“服从成了一个意义深重的词汇，”她写道，“浸淫了双重罪恶感：屈服于外国统治的罪恶，这必然让人联想到将女性置于服从状态下关联的罪恶感。”[34]

　　在《苦力生活素描》中，最明确传达这一主题的段落是克里塔莎在种植园主的小屋里被他紧逼的场景。她向他宣称：

> 老爷！我宁愿死而不会屈从与你！与其在这间小屋做你的奴隶，还不如一死了之！耻辱！耻辱！外国人！外国人！罪人！（*go-khādak*，直译是“吃牛肉的人”）我

是在罪人的家里吗？他所碰触到的任何东西都必须用恒
河水冲洗！他进入的任何房间都必须被赎罪！我会成为
外国人吗？绝对不会！不要试图诱惑我。对金钱、衣服、
珠宝的贪婪，这些东西毁了我们，毁了我们的家庭。这
是对金钱、珠宝和华丽衣装的奖励吗？如果我早点知道
金钱的代价是奴役，珠宝的价值是荣誉的贱卖，华丽衣
装的价值是对一个人种姓的破坏，那么我永远不会同意
来做这种可怕的工作！ [35]

克里塔莎的控诉将贯穿整部小说的许多核心对立统一起来：
奴隶制对立于自由、外国人对立于印度人（印度教）、金钱对立
于荣誉和贞洁。如此，它无疑肯认了森的论断，即《苦力生活素
描》依赖于薪资劳动的"外在""物质"世界与保持性纯洁的"内
在""精神"世界之间的划分。

不过森也承认，《苦力生活素描》中对种植园的道德谴责与在
村庄外寻找薪资工作的经济必要性之间存在矛盾张力。在同一段
台词中，克里塔莎总结道："真是耻辱！耻辱！我是苦力，我是您
的仆人，您是老板，我该做这个工作吗？放开我，我甘愿一辈子
做苦力工作，但我绝不做这些可怕的事，我不要下地狱。"让克里
塔莎感到屈辱的不是薪资工作本身，而是索尼特普茶种植园中极
不纯洁的境遇。当时的民族主义文学在契约劳动的不道德性与薪
资劳动的一般合法性之间存在着类似的区分。1888 年《桑吉巴尼》

报的一篇社论警告说，尽管要求改革，但"没有人希望政府禁止苦力自愿移民到阿萨姆"。另一位作家说："在努力结束（压迫）的同时……每个人都应看到，对苦力施予善意并无法终止苦力移民的现象。"[36]

　　在民族主义者的愿景中，薪资工作代表着什么？当克里塔莎告诉种植园主，她是一名苦力并愿意一生"做苦力工作"时，读者便不得不回忆起她和她的母亲最初被说服去阿萨姆时所处的社会环境。维迪亚拉特纳对农村生活的描述表明，移民前往阿萨姆正是源于农村贫困对妇女的恶性影响。萨卡尔认为，至维迪亚拉特纳的小说出版时，孟加拉语小说长期以来的特色一直是"将老生常谈的'财富流失'（Drain of Wealth）再创作……：在现实的印度真正的农民家庭寄生着美德的农村，一直经历着财富、人才和领袖的流失，即流失中又有流失"。[37]这些小说哀叹女性如何被想象为传统价值观的宝库，如何被地主、高利贷者、城市老爷以及本书语境下的茶园招工者所编织的金钱网络所侵蚀。在《苦力生活素描》的前几章，维迪亚拉特纳并未使用浪漫或怀旧的措辞来描述孟加拉农村，而是将其描述为一个充满苦难和不稳定性的地方。在阿达玛尼和克里塔莎居住的村庄附近的湖边，当地妇女一边淘米准备做饭，一边讲述着艰辛的故事：

　　　　一个女人先说道："在这个地狱般世界的热浪中，我快要活活累死。"另一边的一个女人回应："我在世上已有那么多工作要做，但照顾孩子更让我焦虑。如果我不信神明，便无法找到任何慰藉了。"湖的另一边，又一个人开口说道："在这地狱般的世界，堆积如山的工作累得我成天劳碌，几乎是拼着命在做，但我却不可能哪怕少做一些！""哦，姐姐，我没时间说这种话。夜幕即将降临，我的男人和孩子们将从田间归来。我得赶紧回家做饭，不然他们吃什么呢？"[38]

艰苦劳作的妇女与不工作的男性角色形成了鲜明对比。他们有的整日吸食鸦片，有的则像阿达玛尼的丈夫尼迪拉姆那样，天真地被小偷蒙蔽了双眼。难怪阿达玛尼无法抗拒阿萨姆茶园中女性招工者所描绘的诱人故事："阿达玛尼仿佛被恶魔附身，她的存在已被腐化。她的内心已然干涸，只是她的眼角还带着泪水，脸庞也沾着污垢。眼前这个巨大的诱惑在她的脑海中挥之不去，她已无法靠常识来判断。"尽管维迪亚拉特纳的小说暗示孟加拉农民在村里过着更好的生活，但他也不禁哀叹这种处境并无法延续。[39]

农村贫困将移民推向阿萨姆的隐喻不断出现在多数反契约文学之中。如戏剧《茶园之镜》，一场稻谷歉收让作为农民的主人公不得不屈从于当地收租人，受其引诱签订了刑事契约合同。在短篇小说《茶苦力自传》（*Chā-Kulīr Ātmakāhinī, An Autobiography of a Tea Coolie,* 1901）中，叙述者首先描述了孟加拉农村面临的系统性问题："过去，这个村庄是该地区最繁荣的村庄之一；但如今因为疟疾，村子的美景已不复存在。那些受过教育并有能力谋生的人已前往加尔各答或其他地方。现在留在村里的人，几乎都以农业为生，无处可去。孟加拉的其他村庄也处于同样可悲的境地。”[40]

这种描述的历史基于困扰孟加拉殖民地已久的经济分层现象。在1793年的《孟加拉永久协议》将收租权分配给萨敏达之后，孟加拉农民在19世纪上半叶便遭受了更高利率的“租金攻势”的打击。苏嘉塔·鲍斯（Sugata Bose）指出，这些税收提升的总体负担在该世纪末已趋于稳定，但在孟加拉西部和中部仍然很高，因为那里的地主及富农与小佃户之间的不平等程度更高。那些与焦达那格浦尔高原接壤的地区，是阿萨姆茶业劳动力的主要来源。反种植园的评论作家也以这些地区为背景来创作戏剧和小说：包括班库拉（Bankura）、胡格利（Hooghly）、纳迪亚（Nadia）和帕尔加纳斯24区（24 Parganas）。在那些地方，“高昂的租金、朝不保夕的收成和人口停滞（由于19世纪中叶至20世纪20年代左右的疟疾流行）”使农户陷入贫困。由此，他们打造了一支由原住民和低种姓群体构成的农业劳动力，“供给了农业土地上的大部分劳动力，这在殖民地统计数据中是看不见的”，比如佃农、临时工和农场工人，阿达玛尼的儿子就是其中之一。这批“看不见的”劳动力与第五章描述的清帝国劳动力相似，他们为全印度的棉花、黄麻和煤炭等主要城市工业部门中显著的就业增长做了幕后工作——其中煤炭的就业增长仅在该世纪的最后20年就涨了7倍。

因欠下了萨敏达及放债人的债务，"小农自给自足的愿景"是无法持续了，随之而来的，是家庭作坊式的劳动向薪资劳动的转变则变得稀疏平常。[41]

在以契约茶业苦力为题材的小说和戏剧中，高租金和低收入造成的失控的、看似外国带来的压迫表现在收租人身上，作者在刻画其形象时极为轻蔑。在《苦力生活素描》和《茶园之镜》中，主人公在先后被萨敏达的雇员——包括格玛斯塔（gomasta）和奈布（nāyeb）两类人——收取租金和税款而侵扰之后，被迫成了契约合同工。鲍斯写道，从历史上看，这些人形成由中介和乡绅组成的"领主土官阶级"，他们"与萨敏达勾结，掠夺农民，并被允许以优惠的价格持有土地"。在《苦力生活素描》中，为了向格玛斯塔缴纳土地税，阿达玛尼的丈夫将儿子租借给邻村。维迪亚拉特纳将收税者描述为"死亡的使者，毫无怜悯和同情之心，毫不客气，更无一丝礼貌"。当这家人解释说，他们最近失去了一切，收税者却威胁说，如果不在一天内支付房租，包括20%的"小费"，他将强制没收他们的财产。[42] 在《茶园之镜》中，主要人物以如下对话开场：

> 莎拉达（Sarada）："兄弟，稻田没长出来粮食，女人吃什么？"
>
> 巴拉达（Barada）："这只是我们需要担心的一件事而已。更重要的是，如果我们再不给萨敏达支付租金，

我们的小牛将被出售。"

　　莎拉达："我们的萨敏达并不是个可怕的人。但你看奈布，那个家伙是个彻头彻尾的混蛋。"

　　巴拉达："都拜奈布们所赐，佃户才活得如此悲惨。哪怕他们让萨敏达了解到些许我们的境况，萨敏达是否还会往死里向我们征税？"

　　莎拉达："兄弟，你不明白。如果他们不拼命收租，那么这些收税人又如何得利？"[43]

　　纵然印度的民族主义作家都将茶园谴责为奴隶般性不道德的堡垒，但他们的批评亦被众所周知的农村结构模式抵消了——非私人的"逐利"行为——这是将在外招聘常规化作为了一种普遍的求生策略。在《茶园之镜》中，农民的妻子鼓励丈夫外出打工以补充农耕以外的收入。在《茶苦力自传》中，主人公对自己的不德之行——酗酒、抽鸦片和风花雪月——万分自责，而这些行为皆源于他懒得找"正经工作"。[44]

　　因此，民族主义作家并不主张农村的传统家庭生活的存续。相反，他们接受了工作就理应获得酬报的天然属性，并呼吁将自由薪资劳动视为一种普遍的、现代的社会关系组织方式。他们赞同殖民地官员的观点，即印度村民别无选择，只能将自己视为逐利性的交换主体，应通过出卖个人劳动以换取他人的产品，由此改善自己的境遇。甘谷里称赞茶种植园让阿萨姆变得富有，并

"为包括他们孩子在内的近三十万移民提供了就业机会"。同样，经济学家杜特写道："山丘与山谷中的许多荒地由此被改造为茶园，数十万穷人在茶园中找到了工作。"[45] 在此不难看出，印度的民族主义者与陈炽在中国所阐述的政治经济愿景之间的相似之处。这两种论述都将薪资劳动视为经济生活的自然组织原则，分别对应了印度东部和中国沿海的传统村庄中非正式也鲜有记载，却又普遍存在的工作商品化现象。

但正如我在前文所提出的，维迪亚拉特纳并未将他对自由的讨论限制在资本主义的理性原则之内；他还将其视为一套形而上的原则。例如，他用"自由"一词描述茶苦力如何享受每周在集市上购买生活用品的机会，将交换的乐趣描述为像水中鱼一般自然。在集市中，苦力展露了纯粹的欢愉和喜悦，"并非为了盐、油、槟榔或烟草……而是为了自由——那个他们已然失去、不得不为之祈求的自由"。因此，市场交换除了作为价格决定因素的客观合理性之外，还与茶园工人的主观感受及欲求产生共鸣。与查特吉的阐释相反，民族主义者关于自由劳动的政治经济学主张不仅限于物质世界的"外部领域"，还包括精神性的"内部领域"。"在实践中"，B. C. 帕尔写道，劳动契约意味着种植园主可以充当"劳工身体和灵魂的绝对主人"。[46]

在《苦力生活素描》后半部分的一个场景中，一位善良的英国种植园主大力呼吁废除契约法案，捍卫劳工的美德，反对对潜逃的指控：

但苦力为何要逃跑呢？如果苦力在茶园里得到了很好的待遇，如果他们有足够的食物，那么他们永远不会逃跑。就像我之前说的，如果我们善待苦力，茶园便能顺利营运。而且我仍然坚持认为，为了让茶园运转良好，甚至不需要合同劳动法。[47]

在这一论点的阐述中，维迪亚拉特纳再次追随了几十年前废奴主义者的脚步：废奴主义者声称经济激励比超经济胁迫更为有效，因为劳工与商人一样，都有通过交易来逐利的内在倾向。

若转化为政策术语，民族主义文学的诉求是将雇员视为可"自由"买卖的商品。1888 年，印度人协会向孟加拉政府递送了一份备忘录，敦促其"允许苦力移民到阿萨姆，由供求规律自发调节而无需立法辅助"。多年后，杜特注意到，加尔各答知识分子反对刑事合同法案的势头越来越大，他写道："相关高级别官员希望废除刑事合同法案，并建议茶园应参照一般的供求规律，从印度众多劳动力市场中获得劳工。"他还补充了类似说辞，"时不时都有报道揭露无处不在的压迫和残暴行为；但印度政府并不敢冒着触怒资本家的风险撤销刑事条款，从而让茶业的劳动力市场变得像其他行业一样的自由"。[48]

因此，印度民族主义者和殖民地官员一样赞成"商品假象"。他们也赞同废奴主义者的逻辑，即自由意味着服从市场力量。尽管波兰尼等学者早已对"商品假象"的不利影响提出警示，但在本章中，我还分析和解释其历史涌现过程的可能性。是什么愈发让孟加拉及大英帝国其他地区的观察者觉得劳动力就是一种商品？是薪资劳动的显现度已突破了某个阈值吗？还是市场社会中薪资劳动的统计具有绝对的优势？在马克思看来，答案在于一个动态过程，一条工人愈发被视为，也自认为是一件商品的时间轨迹。关键的机制是不断扩大的积累螺旋，它让资本和劳动之间的不对称经济关系持续增殖。马克思写道，在劳动力市场（即"流通领域"），劳动雇佣表现为拥有待售商品的平等人之间的交换行为：薪资用来交换劳动。然而，形式上平等的另一面是"生产场所"的实际不平等：经济剩余在资本家利润和工人工资间的不平等分配。在有利于资本的条件下，雇主可以不断用利润来雇佣更多的工人。与此同时，工人会"自由地"回到市场以寻找工作，因为他们获得的工资只够基本生活供给。这种实际不平等（practical inequality）几乎确保了资本-劳动关系及其外向的形式平等（formal equality）的持续和扩大再生产："这种买卖关系的不断更新仅仅能确保特定的依赖关系的延续，同时又使这种依赖关系产生骗人的假象，似乎它是平等的，可使自由的各个商品所有者之间的交易和契约彼此平等。"[49]

在阿萨姆茶园的语境下，任何自由劳动制度都建立在农民的持续贫困之上，这已不是什么秘密。一份民族主义报纸指出，"如果废除现行的苦力法案，就没有理由担心苦力不会在阿萨姆工作，因为西北省份的生计是如此昂贵和艰难，许多穷人会自愿来到茶园"。几十年后，在关于废除契约的最后立法辩论中，一位孟买律师向怀疑论者保证，"对于那些想要维护资本主义稳定的人而言，应该可以指出，资本主义更多是因为民众贫困而非工业主义而得到了维系"。尽管那些所谓的自由薪资劳工并非受迫进入孟加拉的黄麻工厂和煤矿（尽管他们确实经常被迫这样做），但他们在就业和失业期间仍然饱受经济胁迫，这是民族主义者的短篇故事和小说试图凸显的主题。他们实际上没有不工作的自由。"自由"作为一种类别的历史的不稳定性的一个显著特征，即自由和非自由劳动之间的界限在历史上被证明不如其拥护者想象的那么明确。这种差异可以重新表述为：要么受合同的物质"枷锁"约束，要么受劳动力市场"看不见的针线"约束。[50]

　　尽管两者之间的界限一直很模糊，但人们仍可辨别出其运作的长期模式。最初，资本主义的生产和交换与多种"继承"（inherited）的工作模式相适应，从独立农民到佃农再到奴隶；但随着定期交换的持续，它使劳动力的自由买卖自然化，表现为从古代的不自由劳动力至现代的自由劳动力的演变。在19世纪后期，这些想法在印度民族主义者的头脑中愈发显得理所当然。与几十年前的跨大西洋废奴主义者一样，民族主义者对落后和不人道做法的谴责，反映了他们如何努力应对周遭环境中经济和社会关系而作出转变。农民越是陷入经济依赖的境地，就越会自发寻求就业，而市场化的劳资关系也愈发显得自然且合法。殖民地官员早些时候主张特例立法的必要性，而民族主义者则支持普通的经济法。虽然官员将印度移民描述为天真的、半文明的，但民族主义者认为，他们作为交易的主体已完全成熟。虽然 1882 年的《一号法案》被设想为向完全自由劳动力的过渡，但民族主义者仍试图通过废除所有刑事合同附属条款来完成这一过渡。尽管与殖民政府存在直接的分歧，民族主义者仍接纳并挪用了其历史主义的逻辑。因此，自由劳动的现代性这一主题继续在 20 世纪废除刑事劳动契约的过程中发挥了核心作用。

契约在 20 世纪的消亡

20 世纪头几十年，印度殖民政府逐渐废除了茶工契约制度。1901 年，政府试图恢复监管招聘，却发现即便是更早的政策在此时也都已行不通。1903 年，茶园的一系列骚乱引发了针对种植园主及劳工关系的又一次审视。1906 年，阿萨姆劳工调查委员会发表了近四十年来最全面的茶业劳工报告，其发布者大胆触及了刑事合同制度难以彻底改革的真相。

1906 年的这份报告在很大程度上借鉴了孟加拉民族主义者倡导的规范性主张，由市场驱动的自由劳动的天然属性应受到普通法的监管。总督委员会的一名成员提供的招工方案的描述，几乎可视为对维迪亚拉特纳那本小说的情节摘要：

一群没有执照和不受监管的劳工供应商和招工者涌

现出来，他们打着协助"自由移民"的幌子，以虚假借口诱骗来自孟加拉落后地区和中部省份的无知男女，让他们移民到阿萨姆，并由此获得大量不正当收入。这些移民实际上是被卖给了种植园主，以便能在该省签订劳动合同。[51]

麦克考温认为，围绕阿卡第这一"暗处人物"的夸张言论，可放在世纪之交，针对这个具有欺骗性的亚洲经纪人群体的更广泛话语转变之中来观察。这一比喻预示了 20 世纪兴起的"对于自由的、自我激励的个体被重新建构为移民法及其理论的适用主体"。当然，麦克考温指出，这些描述将亚洲的经纪人群体营造为可肆意进行道德谴责的对象，却很少将责任归咎于欧洲的同类角色。经纪人"愈发普遍地被描绘成非西方的、前现代文化的产物，与现代市场的理性和透明相对立"。这里的重点，并非要否认阿卡第的确从事了不择手段的剥削性行为。相反，这里要质疑应如何划定受许可行为的界限。对许多政客而言，阿卡第的真正罪过是他们对"自由市场、自由选择和自由流动"的政治经济理想构成的威胁。[52]

在实操层面，自由劳动也对契约制度构成了挑战。根据 1906 年的报告指出，原本可能来到阿萨姆的潜在劳工被引导至"加尔各答的码头和黄麻厂"，从事其他"工业活动"。在过去十年，煤炭产量几乎增加了两倍，黄麻产量和航运量都增加了一倍。报告发布方指出，"人口的显著减少、新铁路的开通和新产业的兴起"已经"被证实对招工活动不利"。此外，阿萨姆日益恶化的声誉吓得工人们不敢前来。"关于巫术、水蛭和骤雨连绵的故事丛生，"他们承认："这些故事让那些本就对阿萨姆道听途说、持有偏见的群体更深信不疑。"如果19世纪的刑事合同法案尚可辩解为一时的权宜之计，那么1906年的报告则表明，现在是时候淘汰这些法案了。"局势正在改变，"其发布方写道，"苦力变得愈发独立，他们并不准备接受这样一份合同带来的约束。"报告发布方亦呼应了民族主义者的观点，写道："劳动者的自由是吸引人们前往阿萨姆并让劳工对茶园感到满意的最可靠手段。"政府对自由劳动原则的肯认，与其说是对早期刑事合同法案背后的基本原理的否定——正如抵抗的种植园主所辩护的那样——倒不如说是反而实现了种植园主的目标。[53]

该报告致使1915年阿萨姆茶工招募的特例性立法遭到废除，但契约并未从法典中完全抹去。在1863年阿萨姆制定第一部特例性立法的几年前，政府通过了《工人违反合同法》，又称《十三号法案》（Act XIII，1859）。该法案使城市雇主得以通过诉讼来强制执行合同，亦在阿萨姆被断断续续地适用。1906年的报告发布方决定不挑战这项法律，因为它可作为"迈向自由劳动的垫脚石"。然而到了1917年，印度国大党的资深元老马丹·莫罕·马拉维亚（Madan Mohan Malaviya）还是提出了废除《十三号法案》的想法。[54]

1919 年，国际劳工组织在美国华盛顿特区举行了第一次会议，其目标是改善世界各地劳工的处境。这为印度民族主义者提供了机会，由此他们向政府施压，要求其跟上不断变化的全球标准——所谓的"现代"标准。在那年的政府听证会上，马拉维亚提醒官员，"我们现在处于 20 世纪"，契约是"属于中世纪的东西"，"现代的状况决定了它必须被完全废除"。阿格拉和奥德联合省（the United Provinces of Agra and Oudh）商会认同《十三号法案》"与时代精神极其不符，在劳动力获得自由与解放的当代已经过时"。对于马拉维亚来说，印度工业中自由劳工的普遍性和常态化就是当前时代最核心的发展要素：

> 我看到，加尔各答周边的黄麻工厂、马德拉斯的白金汉工厂和那格浦尔的工厂都为劳工提供了极好的住宿条件。在詹谢普尔（Jamshedpur），塔塔钢铁厂也提供了非常令人满意的住宿条件，并准备进一步改善。劳动者愿意去这些地方工作。成千上万的人愿意在加尔各答、马德拉斯、孟买、詹谢普尔和那格浦尔工作……现在我确信，如果今天的情况在 1859 年已经存在，那么在 1859 年就没人会想要制定《十三号法案》。因此反过来说，既然这样的情况已确切存在，政府就应废除该法案。[55]

民族主义思想家提供了论证思路，但实际上，废除契约的最终推动力还是来自劳工自己。第一次世界大战期间，由于英国政府囤买了大批茶叶以确保国内供应，茶产业获得了丰厚的利润。但在战后，全球市场出现了产能过剩的情况。印度茶叶协会的报告将 1920 年称作其经历过的"最艰难"的一年。由于契约劳工被视为固定投资，解雇他们也将"代表资本的部分损失"，从而这加剧了上述问题。种植园主的策略是限制生产和削减工资，这是他们最大的开支，但这一行动也引发了抗议和罢工。阿萨姆的政治行动也与受国大党新领袖莫罕达斯·甘地（Mohandas Gandhi）呼吁的"非暴力不合作"，以及泛穆斯林基拉法特（Khilafat）运动引领的全国政治激进主义发酵遥相呼应。此时，民族主义政治早已偏离了 19 世纪 90 年代作为官僚和改革派专业人士组织的根本特征。甘地和其他领导人对按部就班的宪法措施未能实施感到失望，他们鼓动民众游行以抗议英国政策。阿萨姆的茶业工人也在茶园附近的街头市场遇到了不合作运动及基拉法特运动的活动家，于是选择集体罢工并背离雇主。在下阿萨姆地区的查果拉（Chargola）山谷发生了最大规模的劳工外流，近 9 000 名劳工离开了雇主，要求种植园主支付他们返回村庄的费用。在整个出逃过程中，他们高呼："圣雄甘地的胜利！"[56]

罢工和骚乱引发了对茶工境况的又一次殖民地调查。1922 年报告发布方有意弱化了抗议活动显著的政治后果，认为罢工纯粹是"经济"性的。尽管如此，他们已认可不应再有任何理由为劳动契约辩护，承认它"在许多方面不适于现代的境遇"和"现代的情感"。刑事合同是"不合时宜的"，"应对阿萨姆茶园经常发生这些令人遗憾的事件负责"。[57]

《十三号法案》终究在 1926 年被废除，这让阿萨姆契约制度的故事得以完结。这亦指向了类似的自由主义政治经济学母题，与最初为这一系统的诞生辩护的理论似曾相识。如果说 19 世纪后期的殖民统治是基于历史主义者对落后性的指责，那么民族主义者的回应也是基于同样的历史主义者的主张，即曾经不发达的印度现在已发展为一个可依靠市场交换进行治理的现代社会。民族主义作家 M. 克里希纳（M. Krishna）在一篇呼吁废除契约制度的长文中写道："我衷心希望，每个心系印度福祉之人都能立即着手处理此事，并为劳动者谋取最基本的权利——不受强制地出售劳动力的权利、有知情的权利，以及努力改变命运的权利。"[58]

即便官员接受契约制度的结束是既成事实，但仍有许多人对基于抽象理论的政策表示不满。1926 年，随着劳动契约制的消亡，印度理事会的一名成员仍含蓄地嘲讽反契约话语的"论点全都基于无可辩驳的原理和理论"。还有人表示，他们"从理论的角度来看是无可非议的"，但却忽视了"契约体系的实际优势"。还有一位印度实业家，在工会领袖 N. M. 乔什（N. M. Joshi）的演讲后尖锐地反驳道："如果乔什先生……真正到现场研究了问题，深入分析了组织劳动、处理劳动者的实际困难，那情况将会大不相同……但他只是坐在办公室，凭空想象了阿萨姆或印度任何其他地方的某些情境、某些劳工，由此便概括了普遍情况。"[59]尽管他们在契约的可取性上意见不合，但双方一致认为，废除契约的理由与其说是经验上的不可行性——毕竟，近五十年的发展轨迹不言自明——基于自由劳动的意识形态和原则与自由主义政治经济学的部分有所一致，更不如说现在自由主义政治经济学已成为民族主义经济思想家头脑中的常识了。

结论：苦力民族主义和国家资本

世纪之交的孟加拉民族主义者以道德和人道主义词汇包装他们发起的改革运动，激起了读者对茶园中目之可及的暴力的愤怒和厌恶。但该运动还试图推动对印度社会的特殊愿景——不仅指向了茶工更好的生活，还构想了资本的组织形式。首先，许多为自由劳动辩护的论点都强调它在经济上的合理性：自由、快乐的工人不会时刻渴求更高的工资，茶园也将顺畅运转。在政府报告中，种植园主皆同意官员的看法，即不自由的劳动力抬高了苦力价格，且中介费用是一种浪费。根据民族主义者的说法，靠自由劳动力支撑的企业将更有利可图。

其次，除了资本的运作，民族主义者最为关心的是资本所有权的问题。任何对于印度经济活动的限制都是没有根据的，因为印度人早已发展为市场交换的主体。对民族主义者而言，茶业的利润是印度苦力的劳动成果，而契约丑闻在于它使英国种植园主得以不公正地从中榨取剩余价值。1919 年，民族主义者马拉维亚写道，茶工"过去因该法案的实施而遭受了莫大痛苦……资本家以此为代价赚得盆满钵溢"。克里希纳说，契约的问题与其说是不人道，不如说是经济剥削："关键不在于雇主是否应该支付工人足够的、令人心满意足的工资，而是工人理应享有他们劳动力的合理价格。无需谈论那些辛劳的人是否过得舒适，只要让他们得到劳动应得的回报即可。"在这一点上，对契约的批评与更广为人知的关于从英国到印度的"殖民财富流失"的讨论有共通之处，因为对印度茶工困境的讨论将逐渐让位于对印度茶业资本的政治讨论。[60]

"流失理论"（the drain thesis）认为，在整个 19 世纪，英国官员和公司有组织地将印度企业家拒之门外。在孟加拉殖民统治的最初几十年里，英国和当地的贵族商人平等参与经济。当时最杰出的企业家德瓦卡纳特·泰戈尔设想了"英国人和印度人之间全方位、跨种族的伙伴关系"。例如，泰戈尔和罗易都赞同本廷克提倡的"殖民化"；19 世纪 30 年代最初成立的茶叶委员会也纳入了两名孟加拉的资本家拉哈坎·德布（Radhakant Deb）和拉卡玛·森（Ramkamal Sen）；泰戈尔本人早在 19 世纪 30 年代就提出要接管政府茶园，并经营了印度第一家私营茶叶公司。然而，该地区从 19 世纪 30 年代开始陷入经济危机，问题累积到 1848 年联合银行（Union Bank）的倒闭——该银行是欧洲人和印度人的合资企业，专为靛蓝种植提供资金。到了 20 世纪，印度资本在很大程度上被排除在较大规模的制造业之外，这一情形在茶产业尤为凸显：1895 年，182 家茶叶公司中有 171 家为非印度人所有。在 19

世纪70年代，印度的学者便已开始论述和建构流失理论。杜特的贡献是专注于贸易政策，认为英国官员降低了英国制品的进口关税并提高了印度制品的出口关税，摧毁了印度工业并让其沦为纯粹的原材料种植地。他尤其关注了阿萨姆。"出口的靛蓝和茶叶主要由英国资本和印度劳工种植和制备，"他写道，"资本的利润流向了英国的股东；而劳动的工资则属于印度人民。"[61]

到世纪之交，流失理论已成常识——用阿吉特·达斯古普塔（Ajit Dasgupta）的话来说，这成了印度精英的"信条"。在孟加拉，这成为1905—1909年反对英国统治的"斯瓦德希"*（Swadeshi）运动（并在20世纪20年代后期重现）的理论基础，该运动呼吁抵制英国商品，由此为印度"自产"（swadeshi）的工业提供支持。"斯瓦德希"作为一个锚点非常有用，可帮助我们把握更广泛的民族主义批评框架，其中便包含了茶业苦力的工作。如马努·戈斯瓦米（Manu Goswami）所揭示的，这个时代的经济民族主义的目标"是将资本国有化的运动，而非废除资本"。[62]孟加拉民族主义者将解放印度劳工的斗争，纳入了发展印度资本更广泛的斗争之中。

要更好地说明这一点，可以再回溯1920—1922年在不合作运动和基拉法特运动旗帜下发生的劳工外流。当时，许多工人以甘地之名从种植园潜逃，但正如沙希德·阿明（Shahid Amin）所

---

* "Swadeshi"是一个梵语词，"swa"的意思是"自我"，"desh"的意思是"国家"，字面意思是"自己的国家"，是印度教教义所鼓励的经济上的自给自足。作为政治口号时指的是"自产"。这场政治运动有时也被翻译为"抵制英国货运动"。

证实的那样，在此期间，一方面，领导层与甘地之间出现了相当大的鸿沟；另一方面，甘地在印度各地纷飞的传言中获得了神话般的地位。事实上，甘地曾于 1921 年 8 月罢工高峰期访问过阿萨姆，但他拒绝会见援引其名号的抗议者，只与英国种植园主一起造访了一家私人俱乐部。在那里，据称他"否认（与罢工）有任何关系，并表示他将立即发出停止罢工的指示"。的确，在全国农民和劳工情绪高涨的时期，国大党领导层因害怕资本疏远而避免表达针对特定阶级的不满；事实上，阿萨姆的几位国大党领导者本身就是茶种植园主。[63]

民族主义领导层将印度茶苦力的困境视为印度与英国统治的争议，但其同情心并未支持新出现的帮助劳工赢得资本经济的让步运动。在接下来的 20 年里，种植园劳工与工会组织者独自承担了这场斗争的重任。至于经济民族主义者，他们愈发明确地表示，印度的茶苦力代表了英国统治下所有印度人面临的更大的经济反流动性（economic immobility）困境。在 1901 年加尔各答举行的国大党全体会议的讲话中，B.C. 帕尔点明了关于茶业劳动契约的持续争议："主席先生，这是一个古老的问题——劳工和资本冲突的世界性问题……主席先生，无论王子抑或农民，我们都站在这个国家的劳动者的立场，而他们则站在资本家的立场。"对帕尔来说，"苦力"象征着印度普罗大众的落魄。然而，许多民族主义者并未将印度人民构想为要从资本中（from capital）解放出来的阶级，而是通过将自由劳动力和财产作为资本（as capital）以实现自由买卖，来寻求印度的解放。[64]

至 20 世纪 20 年代，英国种植园主意识到印度各地的民族主义情绪愈演愈烈，因而对印度人自己拥有茶业所有权的想法逐渐持开放态度。到了 20 世纪 50 年代，后殖民时代的印度政府得以推动将茶园所有权从英国人转移至印度人手中，以此作为将印度经济及其利润本土化的积极举措之一。引人注目的是，在帕尔宣称印度为"苦力国家"的半个世纪之后，印度种植园主群体中的一个突出声音却乐观回顾了从印度茶业劳工到印度茶业资本的独立运动："我们一直是伐木工和挑水工；我们不被允许发展自己的工业，外国老板为了他们国民的利益而剥削我们……在英国剥削的层层乌云中，最亮眼的那一线希望就是茶业，这是印度从外国统治中获得的幸运遗产。"[65]

政治经济学为自由主义者批判垄断与奴隶制提供了话语，同时也使自由主义者把茶业作为民族解放的载体当成一种愿景。印度茶产业虽然最初以英国资本与本土劳动力的两极分化为特征，但到了 20 世纪，它逐渐呈现出茶叶资本本土化的图景，并最终表现为茶叶消费的本土化。

注　释

1. Ghosh, "Swāmī Rāmānanda," 158; Vidyāratna, "Ā sām Bhramaṅ," 9, 16.

2. Vidyāratna, "Ā sām Bhramaṅ," 11−12.

3. Vidyāratna, *Kuli Kāhinī*, 66−67.

4. Behal and Mohapatra, "Tea and Money," 169−71; Behal, *One Hundred Years*, 244−45; speech by R. P. Karandikar in "Extract from the Legislative Assembly Debates," 5 February 1925, "File 1142 Workman's Breach of Contract Act 1859," IOR/L/E/7/1339, File 1142, IOR.

5. Breman and Daniel, "Making of a Coolie," 270.

6. Letter from Mackenzie, 19 September 1873, "Free Recruiting in Assam, Cachar and Sylhet," October 1873, File 11A, Progs. 4−6, General Department, NAI.

7. "General Administration Report of the Province of Assam for the Year 1872−1873," 1874, File 1, Progs. 78−80, p. 18, General Department, NAI; Letter from Hopkinson, 18 October 1873, File 29, November 1873, nos. 44−45, General Department, NAI, emphasis added; Smith, *Wealth of Nations*, 24, emphasis added.

8. Letter from Lyall (Secretary for Bayley), 11 August 1880, Prog. 55, p. 10, "Appointment of a Commission to Investigate and Report upon the Working and Amendment of Act VII (BC) of 1873," November 1880, Progs. 53−57, Emigration Branch, Home, Revenue, and Agriculture Department, NAI; Letter from Lyall, 28 October 1880, Prog. 71, "Appointment of a Commission to Investigate and Report upon the Working and Amendment of Act VII (BC) of 1873," December 1880, Progs. 68−72, p. 4, Emigration A, Home, Revenue, and Agriculture Department, NAI.

9. Letter from Lyall (Secretary for Bayley), 11 August 1880, Prog. 55, p. 9; Letter from C. Grant, 25 August 1880, Prog. 57, p. 28, "Appointment of a Commission to Investigate and Report upon the Working and Amendment of Act VII (BC) of 1873," November 1880, Progs. 53−57, Emigration Branch, Home, Revenue, and Agriculture Department, NAI.

10. Letter from Lyall, 28 October 1880, Prog. 71, "Appointment of a Commission to Investigate and Report upon the Working and Amendment of Act VII (BC) of 1873," December 1880, Progs. 68−72, p. 3, Emigration A, Home, Revenue, and Agriculture Department, NAI; Calcutta firm quoted in McKeown, *Melancholy Order*, 72; Alexander Miller, member of the Legislative Council of India, quoted in ITA Report (1893), 208.

11. Polanyi, *Great Transformation*, 72−73.

12. Letter from MacDonnell, 9 December 1885, "Working of the Inland Emigration Act I of 1882," Prog. no 15, August 1886, Emigration Branch, Revenue and Agricultural Department, NAI.

13. RALEC, 23, 45; Sen, "Commercial Recruiting and Informal Intermediation," 11.

14. Sen, "Commercial Recruiting and Informal Intermediation," 19–22.

15. 关于不同组织协会的详细历史，见 Seal, *Indian Nationalism*, ch. 5。

16. Chandra, *Economic Nationalism*, 360–70; Sarkar, *Swadeshi Movement,* 109–10. 道丁也是茶园股东。Dowding, *Tea-Garden Coolies*, iv; Kopf, *Brahmo Samaj*, 133–45. 对于这些组织成员职业的定量分析，见 McGuire, *Colonial Mind*, Appendices。

17. Sartori, *Global Concept History*, ch. 3; Goswami, *Producing India*, 212; Dutt, *Economic History of India*, xvi–xvii; Ganguli, *Slavery in British Dominion*, 1.

18. 标题中的"镜子"是在著名戏剧《靛蓝种植园之境》后流传开来的，这部剧启发了作者在后来的作品中也使用"镜子"一词。这一词的使用也表明了戏剧成为映照英国统治印度实际状况的一面镜子。Bhatia, *Acts of Authority*, 38; Chattopādhyāy, *Chā-Kar Darpan*, 230; "Report on Native Papers" in Biswās, *Hujur Darpan*, 134; Chattopādhyāy, "Introduction," vii–viii; "Treatment of Tea Garden Labourers in Assam; Report from Aborigines Protection Society," 17 January 1887, IOR/L/PJ/6/193, File 112, IOR; on the Indian Association's activities regarding tea labor, see Bagal, *Indian Association*, xx, 88–89.

19. Pal, *Memories of My Life and Times*, 414–15; cf. Chandra, *Economic Nationalism*, 363.

20. Vidyāratna, *Kuli Kāhinī*, 22.

21. Ibid., 27, 23.

22. Ganguli, *Slavery in British Dominion*, 1.

23. Holt, *Problem of Freedom*, 26; Vidyāratna, *Kuli Kāhinī*, 24.

24. Dowding, *Tea-Garden Coolies*, 32.

25. Vidyāratna, *Kuli Kāhinī*, 63, 110.

26. Ibid., 141–44.

27. Holt, *Problem of Freedom*, 21–24, 3–4.

28. Ibid., 25.

29. Ibid., 50; 25–26; Atiyah, *Freedom of Contract*, 300–301.

30. McKeown, "How the Box," 22; Holt, *Problem of Freedom*, 25–26; Kale, *Fragments of Empire*, 87.

31. Carter, *Servants, Sirdars*, 18, Prinsep quoted on 21; Kale, *Fragments of Empire*, 16–20.

32. Kale, *Fragments of Empire*, 36, 147–174, 28–29; Lees, *Tea Cultivation*, 366; RALEC, 135.

33. Breman and Daniel, "Making of a Coolie," 276; Sen, "Gender and Class," 79–87;

Banerjee, *Politics of Time*, 103; Chatterjee, *Nation and Fragments*, 6–7, 74–75, 116–34.

34. 10 January 1888, *Hindu Ranjiká*, reel 10; cf. 14 January 1888, *Sanjivani*, reel 10, INR; Chattopādhyāy, *Chā-Kar Darpan*, 248; Vidyāratna, *Kuli Kāhinī*, 173, 224; Sarkar, *Hindu Wife*, 41, 45–46.

35. Vidyāratna, *Kuli Kāhinī*, 169.

36. Ibid.; 8 June 1888, *Sanjivani*, reel 10; 1 July 1889, *Navavibhákar Sádhárani*, reel 11, INR.

37. Sarkar, *Hindu Wife*, 259.

38. Vidyāratna, *Kuli Kāhinī*, 11.

39. Ibid., 48.

40. Chattopādhyāy, *Chā-Kulīr Ā tmakāhinī*, 1–2.

41. Bose, *Agrarian Bengal*, 20, 5, 29–30; Chaudhuri, "Agrarian Relations," 134–42; Chandra, *Economic Nationalism*, 323.

42. Bose, *Agrarian Bengal*, 74; Vidyāratna, *Kuli Kāhinī*, 41.

43. Chattopādhyāy, *Chā-Kar Darpan*, 233.

44. Ibid., 236; Chattopādhyāy, *Chā-Kulīr Ā tmakāhinī*, 6.

45. Ganguli, *Slavery in British Dominion*, 1; Dutt, *Economic History of India*, 351–52.

46. Vidyāratna, *Kuli Kāhinī*, 92–93; Pal, *Memories of My Life and Times*, 414.

47. Vidyāratna, *Kuli Kāhinī*, 110–11.

48. Bagal, "Tea Garden Labour in Assam," in *Indian Association*, xxxvi; Dutt, *Economic History*, 352, 522.

49. Marx, *Capital*, 1: 1064. Italics in original.

50. 9 January 1887, *Paridarshak*, reel 9, INR; speech by R. P. Karandikar, "Extract from the Legislative Assembly Debates," 5 February 1925, "File 1142 Workman's Breach of Contract Act 1859," IOR/L/E/7/1339, File 1142, IOR; Marx, *Capital*, 1: 719.

51. Sir Charles Rivaz quoted in RALEC, 22.

52. McKeown, "How the Box," 33.

53. RALEC, 16–20, 27, 112.

54. Das, *Plantation Labour*, 35–36; RALEC, 105; "Note," "The Workman's Breach of Contract Act of 1859 and Its Repeal (1936)," IOR/L/E/8/884, IOR; ITA Report (1917), 12.

55. Speeches by Malaviya in "Extract from Proceedings of the Indian Legislative Council," 17 September 1919, and quoting Srinivasa Iyengar on 4 February 1920; Letter from Chamber of Commerce, 10 November 1919, "File 1142 Workman's Breach of

Contract Act 1859," IOR/L/E/7/1339, File 1142, IOR.

56. ITA Report (1920), 77; Guha, *Planter Raj*, 105.

57. ITA Report (1922), 75, 89; "Note," "The Workman's Breach of Contract Act of 1859 and Its Repeal (1936)," IOR/L/E/8/884, IOR.

58. M. Krishna, "Assam Labour," 6 June 1925, "File 3296 Coolie Labour in Assam Tea Gardens—Conditions and Exodus of Labourers from Assam," IOR/ L/E/7/1354, File 3296, IOR.

59. Speeches by William Vincent and B. S. Kamat in "Resolution re: Repeal of Workmen's Breach of Contact Act," 10 September 1921; Letter from L. S. White, 5 June 1922, "File 1142 Workman's Breach of Contract Act 1859," IOR/L/E/7/1339, File 1142, IOR.

60. Speeches by Malaviya in "Extract from Proceedings of the Indian Legislative Council," 17 September 1919, "File 1142 Workman's Breach of Contract Act 1859," IOR/L/E/7/1339, File 1142, IOR; M. Krishna, "Assam Labour," 6 June 1925, "File 3296 Coolie Labour in Assam Tea Gardens—Conditions and Exodus of Labourers from Assam," IOR/L/E/7/1354, File 3296, IOR.

61. Kling, *Partner in Empire*, 1, 198–229; Sarkar, *Swadeshi Movement*, 109, 96; Dutt, *Economic History of India*, vii–ix, 351.

62. Dasgupta, *Indian Economic Thought*, 74, 关于流失理论的背景，见第 74–86 页；Goswami, *Producing India*, 227, 243。

63. ITA Report (1920), 65–66; Behal, *One Hundred Years*, 309–10; Sarkar, *Modern India*, 209–26; Guha, *Planter Raj*, 108–14.

64. Pal quoted in *Report of the Seventeenth Indian National Congress*, 167–68.

65. Quoted in Chatterjee, *Time for Tea*, 106.

从公行到买办：
中国的茶业改革和对非生产性
劳动的批评

　　1905 年 5 月 12 日，一支九人组成的清朝考察团从上海出发，经西贡和新加坡，前往锡兰和印度的茶产区。他们受两江总督（统辖江西、江苏和安徽）的委派，前去研究可移植到中国茶产区的海外制茶方法。经历了戊戌变法的失败和义和团运动——其灾难性的结局使清帝国对外背负了巨额的赔款，并失去了对税收制度的掌控，这一考察项目可视为清廷为遏止自身崩溃的背水一战。20 世纪头十年的"新政"旨在改革清朝的经济、军事和政治体制，改革者坚信中国需要"师夷长技以制夷"。在茶叶考察的同一年，清廷又派出五位大臣去研究日本、美国和欧洲的宪法；在那十年期间，约有一万名中国留学生到日本留学。[1]而具有历史讽刺意味的是，清廷当时所推行的对外政策，正是十年前被他们视为异端而拒绝实施的政策。作为例证，可参考陈炽在 1896 年所呈递的奏折。在该奏折中，他敦促中国茶业尽快研究英属印度开创的制茶新法。这一考察建议终在九年之后被采纳，此时距陈炽去世已有五年之久。

　　考察团里，时年 27 岁的秘书陆溁记载了团队所到之处：一位英国种植园主在锡兰的宏伟庄园、可骑大象穿越的大吉岭，以及加尔各答熙熙攘攘的街巷。在停留城市期间，陆溁由当地唐人街的熟人带去会见印度民族主义知识分子，他们都是斯瓦德希政治的支持者，陆溁感叹：

> 得悉近年印人颇具自治思想。其词气之间，若谓我
> 亚洲本一体，不幸近百年间，西力东侵，与贵国交际始
> 隔绝云云。异哉！[2]

这一言论暗示了一股旨在反对欧洲统治而新生的泛亚意识；这些人还告诉陆溁，他们从明治治下的日本战胜沙俄帝国的军事胜利中获得了启发。尽管是因为两国间显而易见的经济联系让他来到加尔各答，但陆溁"惊讶"的反应表明，他仍未充分意识到清帝国和英属印度面临着非常类似的政治局势。他也许对清帝国当时存续的可能过于自信。回溯当时的中国，多年来，他的朝廷同僚一直为中国将被帝国主义作为殖民地的方式所"瓜分"的前景而深感悲痛。[3]事实上，陆溁于1909年归来后仅两年，清帝国便彻底崩溃，中国从此陷入军阀割据和混战之中。民国时期新一代年轻的思想家发现，他们被迫需要发展自己的"自治思想"。

与印度的斯瓦德希政治一样，中国的民族主义者将本土经济发展视为对抗西洋帝国主义的基础。事实上，在20世纪中叶的大部分时间里，北大西洋世界以外的民族主义者都倾向于国家政府

保护下的工业化，以此抵御剥削性的全球市场，但他们所受的启发、参照榜样和物质支持本质上是跨国的。寻求重振茶叶贸易的中国民族主义者从南亚殖民地的竞争对手那里得到了极大的灵感。在大吉岭期间，茶园的技术及组织创新给陆溁留下了深刻印象。"大约日制茶千磅之厂，"他写道，"厂内工人不过十二三名。缘机制视人工为力较省也。"种植园主受益于"公司财力之雄厚""政府奖励之切实"及"火车、轮舶之交通"。因此，"成本轻而售价愈廉，骎骎乎有压倒华茶之势"。回国后，陆溁开始效仿印度对手，重振中国茶叶贸易，开启了一场持续 30 年之久的全国"茶业革命"——更恰当的表述或许是"茶的工业革命"。[4]

这一革命的背景是，茶叶的经济格局已发生根本性的改变。中国大陆的生产商现在不仅要与印度竞争，还要与锡兰、日本，中国台湾地区 * 及荷属东印度群岛竞争。在 19 世纪 60 年代，茶叶占清帝国海外出口收入的 60% 以上。至 20 世纪 30 年代，这个比例仅徘徊在 5% 左右。本章故事的核心人物、农业经济学家吴觉农写道："六十余年来华茶对外贸易史，不啻为一华茶失败史。"英国的红茶市场现在属于南亚的生产商，苏联和美国的绿茶市场则"拱手让人"给了日本和中国台湾地区。[5] 对于中国的改革者而言，若要追赶，就需要学习外部竞争对手的做法，如同一个世纪前英国种植者将中国的茶叶生产技术引进到阿萨姆一样。

---

* 此处讨论的是 1895—1945 年的台湾日据时期。

尽管谈起改革前景充满信心，但南京国民政府对改革的记载充满了沮丧论调，哀叹政策的"失败""贪污腐化"，以及弥漫了一种"中断"之感。⁶吴觉农将此经历比作"戏演不到半幕便匆匆地收场"。这段经历的主题并不是改革，而是对被称为"买办"的中间商，尤其是对经营"茶栈"的通商口岸商人的严厉批判。在清朝的最后几十年，外销商享有很高的社会地位。但在新世纪，他们的名声被彻底颠覆。他们成为经济落后的替罪羊，被贴上"剥削""垄断""非生产"和"寄生"的标签。民族主义作家用耸人听闻的说教性言语将他们妖魔化，称其为"魔鬼""蜇"和"虫"。

许多关于民国时期的历史研究都将这些报道阐释为中国传统内卷的商业文化无中介的佐证。在我看来，这种反买办的批判本身就值得作为一个历史对象来分析，因为它反映了中国工商业之间新涌现的社会张力。以下我的论断，首先需要考察二战前民国为重振中国茶叶贸易所做的努力，同时将书写改革者的经济思想中"买办"这一类别的社会历史。

20世纪30年代，受陆溁早期到南亚旅行的启发，吴觉农和他的农艺考察团队在出口茶区进行了实地调查，揭示了那里的社会关系如何受资本积累而变得中介化的。他们发现了一系列跨越了农民、内陆茶厂、通商口岸商人和洋行商业和金融的依赖关系。在第二章和第五章，我提供的证据彰显了中国农村茶区现代资本积累的印记，但正是这些20世纪的调查首次详细证实了这一点。

与许多声称中国农民因依赖非商品化的家庭劳动力而落入前资本主义范畴的研究相反，这些调查表明，中国农村的借贷行为代表了一种变相的薪资劳动，而这与工业化世界存在着诸多共性。

很多改革者从这一认知出发，提出了更广泛的批评，认为茶商的流动资金不足以发展农村生产力——茶栈只是以寄生的形式从农民劳动中榨取价值。尽管农民和商人之间的对立长期以来一直是古代中国政治思想的特色，但我认为，反买办批评提供了一种历史上未曾见的、以生产性劳动的独特概念为前提的表达方式，这与古典政治经济学有着共通之处。对于民族主义改革者而言，对更快的资本集约型生产的需求是如此顺理成章，以至于他们很快就对未能追随此路径的商人失去了耐心。出口茶商在 19 世纪因其对清朝经济的贡献而备受推崇，但在 20 世纪却沦为寄生虫式的买办。这种逆转只有在竞争性积累的世界中才会产生回响。

从根本上说，20 世纪的买办和茶栈商人——如果孤立地观察——仍延续了 18 世纪以来的行事方式。改变的不是他们自己的做法，而是周遭的政治气候。这是一次基于超越中国历史界限的经济组织转型下带来的意识形态的转变。值得注意的是，"买办"这一类别也在中国以外的环境中找到了共振——从拉丁美洲到印度、东非、埃及和土耳其。20 世纪对买办的妖魔化是一个全球性问题的中国式表述，也是现代世界所独有的。[7]

在接下来的部分，我将首先介绍买办既是真实的历史制度，又是中国近代史的一个理论范畴。过去的历史学家认为，买办声誉的突然崩溃源于不真诚的政治党派偏见和民族主义，但我认为，这种声誉下滑实际植根于全球政治经济的变幻。接着，我会以陆溁回国开始、以吴觉农领导的 20 世纪 30 年代调查和试验为起点，探寻他们为振兴茶叶贸易所做的制度性努力。我分析了他们批评背后的政治经济假设，展现反买办的敌意如何植根于生产性劳动（productive labor）与非生产性流动资本（unproductive circulating capital）的绝对对立。在最后一部分，我将着重介绍吴觉农如何通过将农村生产者重组为农业合作社，以努力实现他对于本土工业的愿景。作为回应，茶商通过极端的策略予以反击，让这些理论冲突以真实、生动的形式出现，并揭示了其未竟的茶业革命事业背后的历史意义（historical stakes）。

买办的历史：从广州体系到上海茶栈

20 世纪的口岸商人俗称茶栈商人。吴觉农在茶业简史中将其描述为行商和广州买办进化的继承者。在该体系的鼎盛时期，欧洲公司专门与统称为"十三行"的口岸商人进行交易。欧洲人采用葡萄牙语"comprador"（即"买方"）来指代作为其利益代表的中国雇员，中文称之为"买办"。[8] 第一次鸦片战争后，公行（Cohong）消失了，但买办制度在随后的几十年持续发展。随着香港、厦门、福州、上海和汉口等新通商口岸逐步为少数美英企业所主导，它们依靠中国的代理人和中间商来控制内陆的货物和货币流通。这些公司买办接替了 18 世纪行商的角色（图 7-1）。例如，买办受雇成为诸如怡和洋行的"茶客"（teamen）大军，类似的情况也出现在丝绸贸易中。

　　在这一系列变迁中，行商和买办得到了欧洲贸易伙伴和清朝官僚机构的赏识。一位英国商人写道："著名的广州公行……是最高商业级别的协会，拥有对外贸易的垄断权，政府授予其垄断权是因为它们值得信任。"18 世纪本土的清代思想家认为广州贸易"显然是一件好事"，对国家和人民都有利。在 19 世纪的洋务运动

图 7-1　1890 年受雇于福州的英国茶叶贸易公司约翰·C. 奥斯瓦尔德（John C. Oswald）的买办（正中者）

来源：School of Oriental and African Studies Archives, University of London. John Charles Oswald Collection, MS 380876, by kind permission of SOAS Library.

中，出口商人的声誉越来越高，因为他们能在财政上支持国家实现军事和经济现代化的举措。地方官员提出了"旨在利用"买办资本的项目，包括购买大型船舶和大炮，以及创建航运、采矿和纺织股份有限公司。在国家"恤商"的氛围中，这些买办改革者被视为经济和政治的先锋人物。[9] 买办被视为伟大的爱国者；他们与欧洲公司的互动并未被视为与帝国主义合作而受指摘，反而让他们荣升为中国资本主义的远见者和先驱者。

随着新世纪的临近，雇佣公司内买办（in-house comprador）的做法已基本消失，19 世纪 70 年代福建内陆贸易中茶客的消失便是佐证。随着出口贸易的日益复杂化，许多前买办在通商口岸建立了独立事务所：如丝绸贸易中的丝栈和茶叶贸易中的茶栈，两者都在 19 世纪 80 年代的海外贸易中发挥了重要作用。[10] 例如，安徽歙县的江家经常与上海的茶栈代理唐尧卿打交道。在吴觉农看来，茶栈完全取代了旧买办制度的社会功能。他称其为"买办性之中间商人"，并将茶叶贸易的整体格局描述为洋行、买办和茶栈的"三位一体"。要印证他的这一理论，我们只需关注 19 世纪最著名的买办——郑观应、唐景星和徐润（音），他们各自开办了独立的茶栈。[11]

20 世纪初，买办成了人们普遍批评的对象。当传统的公司买办从经济生活中消退的同时，人们开始用"买办"一词比喻性地指代任何一家外资公司的中国雇员，在银行、保险业和航运公司中皆可找到买办。据估计，买办的人数从 1854 年的 250 人增加到 1870 年的 700 人，到 20 世纪则增加至 20 000 人。正是在这段时间，袁世凯的共和政府瓦解为军阀主义，最终奉行民族主义的国民党和中国共产党结盟，被称为"第一次国共合作"，以统一中国南方和东部。尽管政治分歧最终演变为内战，但两党在许多政治信念上是一致的，尤其是不信任中国的买办，认为他们对国家发展有害。茅盾在其经典小说《子夜》（1933）中，将买办赵伯韬描绘成主人公民族实业家吴荪甫的死敌。世俗短篇小说《怪买办》（1924）则将这些商人描绘为形形色色的骗子。早期共产党人曾将买办阶级置于帝国主义分析的中心。此后，"买办"一词被扩展为一种意识形态和文化的代称，被认为是帝国主义的同谋者、党的敌人。[12]"买办思想""买办文化""买办倾向"和"买办经济"被用来指责李鸿章等历史人物及胡适、梁漱溟等一些改革家。

电影《东方红》（1965）开场镜头便是中国搬运工在帝国主义的桎梏下拖着一箱箱丝绸，而体现帝国主义形象的正是一名欧洲商人和他的中国买办。

如何解释这种戏剧性的声誉倒转——从爱国的商人到帝国主义的同谋？许多历史学家认为，它源于正统观念和民族主义。白吉尔（Marie-Claire Bergère）指出，"买办"和"民族资本"之间的区分并无条理可循。从经验上看，民国时期"没有独立于外国人的中国企业"，因此，这种"鲜明的对立""完全是人为的"。"民族资本"和"买办资本"的分类不过是当时官方所宣传的"政治标签"[13]。

这样的解释或许显得过于草率。

到冷战时期，买办的概念仿佛获得了自主的生命，它成为与帝国主义勾结的标志。然而，买办的政治命运早在 20 世纪二三十年代便已注定。在那几十年中，来自各种国籍或政党的作家皆同意买办在经济层面上是一个时代错误。曾玛莉（Margherita Zanasi）早于几十年后正统观念固化前就已证明，这是一个"政治与知识流动"的时代，而"买办"这一类别也为跨党派人士"提供了一种共同语言"。曾玛莉认为，对"民族"资本和"买办"资本之间的区分并非不真诚的意识形态，而是转向了民族认同。然而，尽管从种族身份和民族主义者已能解释他们的大部分诉求，但值得注意的是，来自日本和美国的海外观察者也持有反买办情绪。[14] 在这个关键时期，大多数政治派别都基于某种形式的社会客观性而对买办产生了敌意。

我认为，对买办的批评不仅仅是贴见利忘义的标签或民族划分的需求，而标志着经济观念的更深层转变：书写者如何想象中国在世界上的地位，以及相应地，是什么构成了当时经济生活的普遍原则。对买办的批评与其说源于买办自身行为的变化，不如说是改革者对农民劳动力的新期待和理想化——这是他们当下的希冀所在。随着农民劳动力在改革者心目中变得越来越重要，商人的声誉由此受损。反对买办的批评不仅基于本国和外国势力之间的空间区分（spatial distinction），还指向了 19 世纪商业资本与现代工业资本之间的时间区分（spatial distincion）。当我们审视围绕茶叶出口贸易的改革时，这种观念的变化变得更加清晰，这也是反买办批评观点中的典型面向。

吴觉农提出中国的农民问题

1909 年陆溁回国，标志着中国茶叶生产和流通的改革尝试正式开始。他最初在湖北开办了一家作坊，随后又在四川和江西开办了两家作坊。每家作坊皆传授新的种植方法，并从印度引进制茶机械。陆溁依靠着与朋友张謇的关系来资助他的计划。张謇是著名棉花大亨，兼任农商部部长。陆溁早些时候访游印度时，大吉岭的高山茶区让他想起了安徽歙县附近的祁门（英文拼写为"Keemun"）。该地区最初生产徽州常见的绿茶，但在 19 世纪 70 年代，那里的商人开始销售口味浓郁的祁门红茶（简称"祁红"），迅速引起了国内外消费者的注意。陆溁认为，"惟祁门茶质，含特殊喷鼻之香味……故欲恢复华茶商业，非从改良祁茶入手，不易奏功"。在 20 世纪头二十年，陆溁在祁门发起了多次试验项目，但皆因时局不定而陷入停滞。与此同时，陆溁还推广海外教育以促进农业现代化的学习。他回忆说："产茶地方迄无茶业教育。于此而欲贯串农工商学，改革旧法，使种、制、销三项，皆趋于科学化。"他安排学生前往日本学习，在那里，明治和大正政府已投入大量资源用于生产绿茶。最值得一提的受益者是吴觉农，他被誉为 20 世纪重振中国茶叶贸易的核心人物（图 7-2）。[15]

图 7-2　20 世纪 30 年代的吴
觉农（吴宁提供）

吴觉农在日本静冈学习茶叶生产几年之后，回国开展农村田野调查，在祁门引领合作式的生产试验。1949年新中国成立后，他担任农业部副部长以及中国第一家国有茶叶企业*的总经理。但要了解吴觉农是谁，最简单的方法还是从他奇特的笔名来历说起。吴觉农原名吴荣堂，出生于浙江上虞的一个中农家庭。"当地山乡农民种植茶树的很多，"他在回忆录中写道，"但由于农民生活贫困，更由于他们对科学技术一无所知，所以种植茶树都只是各家各户的副业，经营规模很小，生产技术更是落后。"在 1918 年前往静冈后，他开始使用一个新名字"觉农"来写作，意思是"让农民觉醒"。关于"农"，他晚年回忆："为什么叫觉农呢？我的一生中，最关心的是农民的生活和他们的生产。"至于"觉"，最适合的线索来自他开创性的论文《中国的农民问题》（1922），他在文章中总结道："在我们的国家，大多数农民都在沉睡，深度地沉睡。没有人引导，没有人带领，谁能叫醒他们？现在我们没有比让有觉悟的青年男女'回到乡村'更好的办法。"这便是他用新名字赋予自己

---

*　指中国茶业出口公司。

的使命。[16]

　　费约翰（John Fitzgerald）指出，"觉醒"的隐喻是中国历史动荡的新文化运动和五四运动时期一个核心且"无处不在"的概念。在20世纪头二十年里，随着中国陷入军阀内战，新一代思想家开始思考改革和革命的形式，希冀一统国家并将其带入现代世界。吴觉农无疑是该知识分子圈的产物，同时也是积极的参与者。他在上海度过了20年代，在那里结识了先锋思想家鲁迅、茅盾和陈翰笙，同时还发表了有关世界各地女性主义和农民运动的有影响力的文章。他的重要论文《中国的农民问题》发表在当时中国发行量最大的杂志《东方杂志》上，这可能是"农民问题"（agrarian question）这个词组在中文世界的首次使用。这篇文章后来在年轻的毛泽东作为共产党活动家的早期作品中得到了积极推介。[17]

　　直到1927年国共第一次统一战线收复长江三角洲之后，吴觉农"夙愿得偿"的机会才到来。然而，4月12日凌晨，上海地下青帮在国民党新领导人蒋介石的领导下，发起了一场针对中共的"白色恐怖"统治——这场运动将其剩余成员驱赶到江西，并最终驱赶至陕西延安，吴觉农对此进行公开谴责。在那里，在接下来的20年内，年轻的毛泽东将为中国制定一幅政治经济愿景，该愿景与国民党许多左翼成员的想法很相似，其中就包括吴觉农，下文将再次提到。[18]与此同时，在南京，蒋介石领导的国民政府享受了长达十年的休战期，在此期间，他们试图为中国建立新的文化、军事和经济。南京政府内部的一群经济改革派形成了一股强大的力量，最著名的包括汪精卫、陈光甫和宋子文——他们专注于农村发展，而不是蒋介石以城市为中心的军国主义那一套。

1928 年，在美国接受教育的宋子文被任命为财政部部长。1933 年春，他创建了全国经济委员会。他赴美国谈判获得了 5 000 万美元贷款，为全国经济委员会提供独立资金（后减至 1 700 万美元）。宋子文推动了"经济统治"计划：由政府干预和监管对国家财富至关重要的部门。全国经济委员会最著名的项目专注于棉花和丝绸的生产，但这笔资金同样支持了吴觉农重振茶叶贸易的试验。1931 年，祁门的官员找到吴觉农，试图让陆溁废弃的茶叶试验恢复生机。接下来的六年，直到抗日战争全面爆发前夕，构成了吴觉农自认为一生中最富成效和"令人满意"的农业改革阶段。在那段时间里，他的团队的努力使现有经济体系得到彻底改善的潜力得以彰显，为战后的根本性变革奠定了基础。[19]

在祁门，吴觉农的第一个措施就是实地调查，了解茶叶的经济状况。他的改革团队首次全面描绘了茶叶贸易从沿海通商口岸延伸至农户的完整动态。他们发现了一个关键问题：从茶栈预付给农民的金融资本。

"先垫资金的魔力"：徽州茶区社会调查

在 1935 年发表的重要政策声明中，吴觉农和他的研究伙伴胡浩川阐释了社会调查的必要性，并将之与医生问诊进行类比。医生给人诊病的四步叫"望、闻、问、切"，就是先观察症状，并审听辞气声息，再要询问病人报告对病的来源实感，最后切脉。"中国病态的茶业，谁也只有大体无误的认识；没有表里精粗无不到的贯通。故诸股状况的明了，端赖有实地的调查。"[20]

他们写道，调查的目标是了解中国贸易因何举步维艰，但仅仅将茶叶的问题视为贸易问题是不够的，因为真正的问题在于生产。若要搞清如何提高中国的茶叶销量，就要先问问，为什么农民这么贫困？为什么茶厂无从进行改良？

考察人员在调研中发现，不论是安徽、福建、湖北、湖南、江西，还是浙江，无论走到哪里，农村采茶和精制的过程都大同小异。他们绘制了抽象图表来展示资金和茶叶在贸易路线上的流动：

内陆茶区　　　通商口岸

茶农→茶商→茶厂→茶栈→洋行

① 茶农又称为"茶户""山户"和"园户"，这些家庭在自家农田种植茶叶，并将半加工的茶叶（即毛茶）出售给工厂。

② 茶商（茶客、茶贩、茶行）是流动的中间商，穿梭于乡村农场和集镇之间，将农民的生叶运送到茶厂。

③ 茶厂（茶号、茶庄、庄号）在中级集镇逐年开办。工厂从周边的山区腹地采购毛茶，并雇佣季节性工

人将毛茶加工为成品。

　　④ 上海等通商口岸的茶栈继承了老行商、买办制度的功能。虽然最初只是买家和卖家，但他们逐渐增加了金融功能，为内陆的茶号提供贷款，并与洋商、洋行保持密切联系。

　　⑤ 采购和经营茶叶的洋行包括美国、英国、法国、印度和苏联的公司。

吴觉农团队采用的方法，与当时金陵大学*农业经济系进行的类似却更为人所知的调查形成了鲜明对比。后者遵循康奈尔大学农学家卜凯**（John Lossing Buck）开创的方法论，将家庭视为创业企业，而不是资本流通中的节点。[21] 相比之下，吴觉农团队认为，虽然农户和内陆茶厂表现为独立的企业，但实际上已陷入严重的财务问题。卜凯认为农民是小资本家，而吴觉农的团队得出的结论是，农民与薪资工人有更多共同点。后者的方法使隐藏在卜凯方法中的各种资本积累障碍显而易见。

---

* 原文为南京大学，应为金陵大学。金陵大学为美国基督教会创立的教会大学，于 1888 年创立，与康奈尔大学为姊妹大学（其农业经济系即由康奈尔大学援建）。1952 年院系调整后被撤销建制，文、理学院并入南京大学；农业经济系则并入今南京农业大学。

** 卜凯，原名约翰·洛辛·巴克，美国农业经济学家，毕业于康奈尔大学农学院。自 1914 年来到中国安徽调研农村经济，1925 年始担任金陵大学农业经济系首任系主任。其妻赛珍珠亦长期居住中国并在金陵大学任教，其代表作《大地》（1931）便是基于在安徽农村的调研见闻创作而成，是赛珍珠获得 1938 年诺贝尔文学奖的主要成就之一。

农民

吴觉农团队首次尝试全面核算茶叶贸易的规模和组织。根据1915 年的人口普查数据，他们计算出从事茶叶种植的家庭有 150 万户，共计 910 万人。加上妇女、儿童和雇工之后，他们得出结论——诚然存在争议——中国约有 1 790 万人，包括其雇员和家属，以茶为生，约占当时全国 5 亿人口的 3.6%。金陵大学团队指出，他们采访的祁门家庭大多是全资或部分所有者。然而这样的区分并不精确，调查人员警告不要按照字面意思理解："难免有隐瞒不实者，尤以有储蓄者为甚。然随借随还，不必实际负债者，亦颇有之。"[22]

茶农家庭需要先培育茶树并采摘青叶，然后将新鲜的青叶经过初步干燥和萎凋，转变为半加工的毛茶，进而出售。对于处于债务边缘的农民来说，现金流不足无疑是其投入生产的阻碍，因为生产需要投入用于肥料、设备维护和雇佣劳动力的营运资金。调查人员写道："居山茶户的房屋空间很窄小。制茶没有专门的场所，无非就在自家的居所生产。他们没有炒茶的专用器具，也不固定在一个场所工作。"支出和收入的实际金额所占比很低。"可见，"调查人员写道，茶叶"投资少，得利亦小，大概各县皆薄有盈利"。家庭作坊式生产面临着多种自然灾害风险，包括恶劣的天气条件和虫害。浙江某县遭虫害一年后，"茶户无奈，乃至醵金打醮，请求什么虫神赦免"。然而，对他们生计的最大威胁仍来自市场价格。调查人员最初预想，农户会先获得启动资金以在自己的土地上种植茶树，然后在茶季将产品出售给茶厂。他们发现，大多数家庭只能依靠借贷生存，有时一年需贷款三次。[23]

　　完成采茶后，农民便聚集在祁门的集市上售卖茶青（图 7-3）。调研人员抱怨农民太随意，用麻袋、竹篓，甚至是陶罐来运送茶叶。因此，茶青皆不同程度受损，要么太干，要么过度氧化。吴觉农回忆道："'春雨绵绵，茶农心如滚油煎。'这两句话我那时就天天在哼着，因为那时我的工作就是调查毛茶的山价，天天可以看见肩负布袋，伛偻于途的茶农，在各茶号的门口叫卖。"有时，

图 7-3　当地市场上成包的茶青（茶业摄影集，约 1885 年）

来源：Baker Library, Harvard Business School (olvwork710897).

农民可能要走若干里路才能卖掉他们的收成。旺季伊始，祁门的茶农尚能享有竞争激烈的市场带来的福利；但随着时间推移，茶价容易崩盘，商人便会使出恶毒的还价伎俩："分庄往往不受茶商公会议案之束缚，任意放价放秤……前后茶价相差之巨，颇足惊人。"面对着需求的减少，农民几乎无计可施。"茶号利用茶农之毛茶，不能稽延时刻，苟若稍予稽延，必将过度发酵而成废物。"即使农民成功地提高了价格，商人们仍旧可以联合起来对茶农进行打压。[24]

内陆茶号

购买青叶的茶厂最初只是专营零售的"茶号"。久而久之，他们便接手了制茶的重任，实际上成了专业作坊，歙县江家便是其中的代表。茶号每年只有几个月需要用到专业设备。他们的正常运营费用包括"租赁厂屋工具，开销工资，购买紫炭，付缴运费捐费"。其利润率还取决于他们如何巧妙地在收购茶青时与农民讨价还价。在湖北和湖南中部地区，茶厂的规模更大，经营者依靠个人财富或合伙方式来运营。但在徽州，茶号的规模都很小，吴觉农的团队观察到，只有两三家祁门茶号能做到在资本上自给自足。其余的 180 余家茶号皆需依靠九江或上海的口岸商人发放的贷款才得以运转。这些茶号将来自口岸城市的贷款与本地的合作股份融汇起来；有时，农民甚至能够以茶青作为资本入股，进而从毛利中索取分红。[25]

茶号每一年的存续期非常短暂，在每个茶季开始时建立，并在茶季结束时关闭。很少有人对场地和工具的永久性提出要求，这样的做法与南亚及日本的资本集约型种植园形成鲜明对比。如一位茶号经理所言："我们对于资本，如拿米出来煮饭，同是一升米，二个人吃可以勉强过一餐，三人吃即未免要半饥半饱了。"他们在租来的房子里、在家族的祠堂里，甚至在自家的房间里炒制茶叶。最生动的例子来自屯溪绿茶区，那里的作坊被称为"螺蛳茶号"，因其"临时而无固定性，如螺蛳之各处延游"。同样的称号也被冠予在茶农家庭和茶号之间游走的商贩，他们被称为"螺蛳客"。[26] 由于茶号依赖外部资本，其性质几乎和流动商贩一样具有临时性，只是程度不同，而非种类差异。

茶栈

最后，调查人员还发现，"买办性"的茶栈商人是理解整个行业的关键。通商口岸的茶栈在背后控制着内陆工厂，但多年来，这种关系的精确机制并不为内部参与者或外部观察者所掌握。1931 年，上海商业储蓄银行的一份报告指出："茶栈……盖其经理人员，对于厚利所在，多讳莫如深。局外人实难窥其真相。"[27] 吴觉农团队的分析的突破进展在于凸显了信贷的流动。调查人员称，正是市场上的混乱化和抽象化使通商口岸商人得以剥削其内陆合作伙伴。如果茶业的政治经济能让大多数城市经济学家感到迷惑，那么农村和通商口岸之间的线路对普通农民而言肯定更令人困惑，毕竟他们处于距离上海数百公里的不利位置，却需要揣测投机国际茶叶市场的波动。尽管以谨慎的态度对待每个茶季，但农民自身总要无奈承受每一次茶叶价格下跌带来的主要损失。

作为买办制度的继承者，茶栈的最初作用是充当内陆茶号和外国洋行之间的中介（图7-4、图7-5）。1915年，上海有38家洋行参与贸易，其中大部分来自英国，其他则来自俄罗斯、德国、法国、意大利和印度。在无政府管控的市场中，茶栈成了"客观需要"。洋行根据早期样品下订单，从最初订单到最终交付往往需要等待数周时间。为了避免被骗，洋行不得不依赖中国的担保人。茶栈商人以此巩固了声誉，同时获得了作为行会成员的资格。最初，他们只是转手买卖成品，但随着需求增加而刺激更多生产，内陆茶号开始向茶栈寻求资金。于是，茶栈"渐渐脱离其单纯的牙行性质之地位，一跃而兼信用机关之职矣"。在每年4月份茶叶开采之前，茶栈便将代理人派往农村。他们会见潜在的商贩和茶号经理，根据个人信用、去年业绩和市场预测起草协议。每个茶栈的贷款额度在100万元到400万元之间，但其本身的投资并不多，现金只在3万元到10万元之间。在准备过程中，他们先向上海的银行或本地银行寻求贷款，利率约为10%，然后以15%的利率转嫁给茶号。[28]

关键在于，由于茶栈既是经纪人又是金融服务商，他们获得了至少三种不同的利润来源。首先作为贷方，他们收取15%的利率；其次作为运输代理，他们收取十余项小额费用，如茶叶处理

图 7-4　一幅描绘广州体系期间茶栈贸易的水粉画，注意前景中的欧洲商人
来源：凯尔顿基金会版权所有，2018 年。

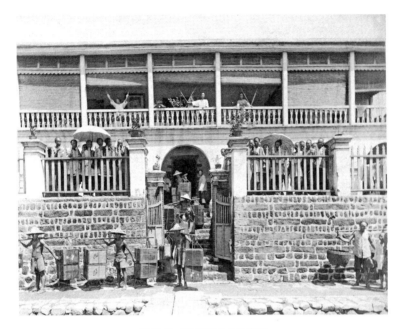

图 7-5　20 世纪之交的茶栈

来源：《茶业摄影集》，约 1885 年。哈佛商学院贝克图书馆（olvwork710941）。

费、运输税费、上海场地租金、称重费等，这些费用加总起来，会从毛利润中抽成 5%；第三部分利润来自茶号和茶栈之间的复杂财务协议，茶栈的双重角色混在一起。甚至一些调查人员也无法理解这种复杂性，他们将茶栈视为典型的中间贷方，不参与茶叶生产。比如，曾在祁门加入吴觉农团队的调查者傅宏镇曾描述茶栈面临的风险。他写道："如当外销甚畅，号家不至亏欠，既可坐得一分五厘之月息。"因此，他们对债务人拥有"特权"。尽管如此，傅宏镇警告说，茶栈在贷款时仍需谨慎，因为"倘遇失败，则与号家同遭厄运，号胜则栈盈，号败则栈亏"。[29]

　　傅宏镇没想到的是，这些茶栈还充当茶号的代理人，可以调用后者唯一的资产：茶叶本身。因此，茶栈商人的手中握有所有的牌——且几乎从未失去。他们垄断了市场信息，手握茶号的债权，还可以任意处理茶号的库存。"放款的作用，不仅在图取得利息，"吴觉农指出，"又在支配茶叶之转运与销售，以致茶号出售茶叶之权，全归茶栈一手包办。"正如上海某银行的调查所言，茶栈既是"代客买卖机关"，又是"金融调剂机关"。另一位调查者范和钧则阐明了茶栈如何利用其双重角色。通常情况下，茶栈先向茶号发放预贷款，待第一笔收货后，他们便会转换角色，代表茶号向洋行销售茶叶。但在将利润分配回到茶号之前，茶栈会再次转换角色，作为金融服务商从销售利润中扣除本金和利息。本季的第一笔销售额将用于支付一半的预付款，第二笔销售额将支付其余部分，只有第三笔销售才能让茶号获得净收入。实际上，这意味着茶栈在本应属于茶号的份额中享有"第一次分配"。他们几乎总能免受损失。"这种贷款性质，"范和钧总结道，"无异银行界之抵押放款"，"故茶栈之绿茶放款绝无危险"。[30]

　　在此或引入比较的视角或有帮助。美国经济学家杰拉德·杰恩斯（Gerald Jaynes）创造了"采收后支付制"（post-harvest payment scheme）一词来描述南北战争后美国南方的经济市场。由于内战后市面上流通的信贷匮乏，种植园主和重获自由的劳工协商得出一种类似于佃农的阶梯式付款计划：种植园主一开始只向劳工支付维持生计水平的工资，其余的薪水和利润分配只有在作物转运和出售后才能支付。在收成好的年份，劳工可以领到全额薪水；否则，任何总收入将首先由种植园主索取，这使劳工面临着无法获得收入的风险。种植园主有效投入了棉花生产所需的资本，但只支付了部分劳力成本，刚好足以让重获自由的劳工存活下来。杰恩斯从这种看似混乱的商定中厘清了潜在联系："到目前为止，采收后支付制最重要且最具讽刺意味的事实是，他们让劳动者成了种植园主的债务人！"类似的采收后支付制，也出现在中国的茶号和茶栈之间。茶号依靠茶栈的预付款先将茶叶运往上海出售。作为交换，茶栈给了茶号期票，可在季末兑现。所有的利润都是先由茶栈分配。与美国南方的自由劳工一样，中国的内陆茶号同样面临着收成不佳的风险，在这种情况下，他们的期票将变成废纸一张。茶栈几乎不承担风险，茶号也没有追索权。实际的效果是，茶栈可借用茶号在茶叶生产中投入的劳动力，而无需全额支付。调查人员写道，茶栈对于自己如何在每个茶季后积累如此多财富的事实"明知故昧"。他们利用"先垫生产资金的魔力，得以从中渔利"。[31]

　　到 20 世纪 30 年代中期，经济大萧条使得出口市场萎靡，资本逐步枯竭。内陆茶号和经纪人开始将同样的债权和债务关系——先垫资金的魔力——推及农户本身。如，当冬天食物短缺时，屯溪的农民开始依靠茶叶来熬过冬天。对于这些家庭来说，除了向商贩借粮外，别无选择，这种安排在当地被称作"放粮银”。这些“粮银”要连本带息归还，而条款又是混淆且苛刻的。首先，每月的利息是基于当时谷物市场价格的2%，而在价格下跌的情况下，贷方则按原始的市场价格收取利息。第二，每借一担粮食（133磅），农户就需支付半块银元。第三，贷款人拥有购买茶树的优先权。在形式上，农民应通过现金而非以物易物的方式来偿还粮银贷款，但茶农实际上授予了商贩和茶号对其收成的留置权，因为他们只有将毛茶卖给茶号或直接卖给“螺蛳客”之后方能偿还债务。平均而言，茶叶占家庭六成收入，这种仰赖反映的事实是：大多数家庭直到六七月才能还清粮银贷款，此时已是茶季的中后期。[32]

在屯溪，由卜凯领衔的金陵大学派出的调查者记载，“茶地多系自有，租种之部分，祗约合所有茶地之十分之一”。然而，如果农民提前将茶叶抵押给贷款人，那么他们的选择便已受到限制，作为独立农民的身份也就显得不那么可信了。他们并未将茶叶作为其拥有的资产出售，只是连同自己付出的劳动一起来偿还最初的预付款。与第六章讨论的孟加拉农村所谓的“自由劳力”一样，经济窘迫直接限制了中国茶农任何对“自由”或“独立”观念的产生。虽然金陵大学的调查者没有注意到祁门红茶产区的此类潜在关系，但吴觉农察觉到了：

> 谁都知道是“年前接不上年后粮”，尤其是祁门……
> 春季所得的毛茶代价，到了年底，早已吃得精光了，唯

一的办法，只有将明年的毛茶来预卖。[33]

杰鲁斯·班纳吉阐释了如何将这类预付系统视为一种变相的薪资劳动，凯西·勒蒙·沃克展现了长江三角洲的类似情形。预付款再现了正式的薪资经济所特有的依存关系：农民得到的不是工资，而是部分贷款；农民不是以售卖商品的方式获得利润以返还贷款，而是以给付农作物的形式支付利息。无论是农业利息还是产业利润，都代表了净经济剩余。复杂的贷款机制旨在每个阶段维护债权人的利益。吴觉农写道：“‘羊毛出在羊身上’，这个跌价的损失最后还是直接转嫁到生产者的身上。”[34] 在数十年的激烈竞争、全球政治混乱及经济大萧条期间，茶栈面临的风险最小。20 世纪 30 年代正是世界市场的动荡期，茶农的衰落则几乎是早已注定的。

从茶农顺藤摸瓜，一路回溯至茶号和茶栈，吴觉农的团队开始理解贫困的农民和资本不足的茶号背后的故事——以及复兴茶叶贸易的潜在阻碍——只有放在一个先垫资金流动的抽象网络语境中才有意义。吴觉农和胡浩川开创性地诊断中国茶业的问题，列举了三个致命的“主义”。首先，茶栈实行“绑茶主义”。他们利用各种手段控制信息、金钱和茶叶，竭力在内陆生产者和沿海购买者之间持续树立屏障。其次，茶号掌柜发现这种程度的“迫取”难以忍受，但“他们也享有另一种债务关系，那就会有一定形式的反抗”。他们可以“转过身来，把这种压迫转嫁到茶农身上”。茶号通过自己的一套"巧取豪夺"，从农民手中榨取了额外收入。茶号的态度是："家里失盗，外边行窃……这是抱定不杀老本的'取偿主义'——实质上，乃是'抢茶主义'。"最后是茶农。由于没有其他地方可以剥削，他们是唯一的"保本法只有疏放管理，粗暴采制，少费些生产的费用，俗语说，'大鱼吃小鱼，小鱼吃虾子，虾子没得吃，吃泥！'"调查者对被迫接受"敲茶主义"的生产者表示同情。在这里，吴觉农团队对中国茶叶品质下降的原因进行了深入剖析。他们公布了最后的诊断："中国茶业的病源，就在这'绑''抢''敲'的三种恶习之下，弄得不可救药！"[35]

制造者和接受者：对茶栈和政治经济学类别的批判

20 世纪 30 年代，吴觉农及其团队的调查虽然建立在实证数据和一手观察的基础上，但其结论并未得到普遍认同。同一时期，卜凯的金陵大学团队用美国农业经济学的理论方法，认为只看到了一群原子化的"农场经营者"，他们的处境无需大刀阔斧的改革，只需在边上进行"理性、科学的社会规划"。因此或可假设，吴觉农团队的发现是基于一套特定的价值观和经济原则。这种立场时常体现在他们对商人逐利的描述中，例如会出现"不正当"、违反"商业道德"、"一味的持平"以及"公道"的措辞。[36] 与印度民族主义者对"自由"的论述一样，中国改革者使用了超越历史的道德言语，但实际上他们正与历史特定的社会问题作斗争。

这些反买办的批评话语，将如何向我们展现 20 世纪中国的变迁？首先，茶叶改革者对茶栈商人有针对性的批评，堪称整个国民经济谴责买办商人的普遍缩影。其中有两个主题尤为凸出。其一，调查者将茶栈的商业和金融功能描述为"非生产性的"，这意味着它们没有为茶叶商品添加任何价值。吴觉农和胡浩川将其形容为"不劳而获"的商人，并将商人的金融行为称为"非生产的借贷"。同样，三井银行上海分行的土屋计左右（Tsuchiya Keizo）指出，在中国的日本公司早就放弃了买办制度，因为这是"无用之物"。[37]

其二，茶叶调查者认为，这些茶栈导致可投资于生产的资本流失，从而严重损害了行业的发展。茶栈是"寄生商贩"，比无害的依附者更为糟糕。[38]屯溪的一份当地出版物进一步推广了"宿主–寄生虫"的比喻，称：

> 茶农和茶工，是茶业界的基础，现在他们已经给（商人）魔鬼吞噬……古语说"物必自腐而后虫腐之"。新兴外茶的竞争，虽然可怕，但它并不能消灭我华茶生机。而魔鬼的剥削，却大有可能使我整个茶业崩溃。[39]

"寄生"的标签也出现在更广泛的话语中。上海商务印书馆发表的一篇题为《中国买办制度》（1927）的研究报告指出："善言之自可谓是种买办缺乏爱国热心，恶言之，直可谓国家之螫也。"同一项研究将买办描述为一套过时制度，要么"次第受自然之淘

汰"，要么作为"骈枝机关"而被洋商"裁革"。最后它总结性地
将买办商人描述为中国"形骸"上的"附庸之物"。毛泽东也采
用了这一比喻，指出地主阶级和买办阶级是国际资产阶级的"附
庸"。最形象的表达还是来自茶业改良者，他们将茶栈商人描述为
"疽成附骨"。[40]

　　既然有如此多的声音认为茶栈和一般意义的买办都是非生产
性的、寄生性的，那么从他们的批评逻辑自然需转向对于"生产
性"的具体定义。如海伦·博斯·赫斯洛普（Helen Boss Heslop）
所指出的，在"18 世纪中叶"，西欧传统"已意识到，任何对经济
及经济层面的限制性定义都意味着它与非经济世界是有边界的"，
反之亦然。这道边界可以按许多不同的标准来划定。例如，在较
早时期，"生产性"包括了人们实现自身潜力的任何活动；对外贸
易，将海外财富转移到国内；或者，在各种早期现代经济学派中流
行的生产观念下，指向可转化为税收和租金的作物中产生实际使用
价值的劳动。因此，值得注意的是，20 世纪的改革者采用了陈炽所
概括的与政治经济学相关的现代定义（见第五章）：生产性工人不仅
制造了可见的实用，还创造了商业的利润，由生产力决定并体现于
商品中。经济学通常将这一定义的建立归功于斯密，该定义还将所
有非生产性的行为人——从国王到仆人，再到教堂和寺庙人员，皆
归为"斯密式的寄生者"。在中国茶叶贸易的语境中，从一篇改良者
的文章中可看到一段值得注意的文字，若要"追本求源［茶叶出口
利润］，则茶农与茶工实［价值］之创造者也"。[41]

生产性劳动的定义——作为能够生产出交换利润的劳动——也暗示了生产性资本和非生产性资本之间的类似区别：唯一的生产性资本是投资于商品生产的资本，不包括运输、流通和金融方面的资本。[42] 中国的买办被贴上"非生产性"和"寄生性"的标签，有可能因为其一，他们提供的是资本而非劳动力；其二，他们的资本没有直接投资于生产，而仅用于从交易和贷款中榨取利润。茶叶贸易中的任何价值，实际上完全是由茶农和茶号"创造"出来的，却被茶栈所占有。如果说在吴觉农的团队看来，理解茶区贫困的关键是农民和买办商人之间的对立，那么这些具体数字背后便是生产性劳动和流动资本之间更为抽象的、政治经济学意义上的二元对立。

从比较的视角来看，这种比喻让人想起现代世界史上反商业和反金融话语的其他例子。普殊同认为，现代反犹太主义（anti-Semitism）站在了工业资本的对立面，是具体的"自然"的手工劳动与抽象的、"寄生式"金融资本间的对抗。另一个例子来自第六章所述的印度的"流失理论"。其支持者将英国殖民统治描述为一股"吸血鬼式"的力量，将印度农民和工匠的财富"榨干并掠夺"到英国的企业和银行。达达拜伊·瑙罗吉（Dadabhai Naoroji）写道："英国资本家不仅放贷，而且用其资本入侵了这个国家。资本的产出品大多落到了他们自己国民的囊中。"[43]

我也提到，这种认为"一般劳动"（labor in general）构成了经济价值之实质的想法是现代形成的。它对应于一般化薪资劳动

（generalized wage labor）的历史特定条件。这种话语的历史特定性在与18—19世纪中国通商口岸商人的最佳声誉进行对照时，表现得最为明显。这种经济类别的转变与实践的转型有关。在马克思的古典经济思想史中，他认为早期的流动资本形式——包括商人、贸易公司和贷方——在资本积累的初期阶段一直发挥着至关重要的作用。我们只需想想英国东印度公司便可明白，商人将贸易网络扩展至广阔的水域，开辟新的疆域和高地，并通过将土地和劳动力纳入全球市场以压榨其价值。近期，斯文·贝克特将这个时代描述为"战争资本主义"（war capitalism）时期。然而，古典政治经济学的著作指出了一种新的积累模式，该模式将逐步取得支配地位，前提是要在中央工厂系统下雇用大量劳动力并不断升级其生产方式。古典政治经济学的学者认为，这些理所当然的社会模式是从曼彻斯特和格拉斯哥等制造业中心的经验中提炼出来的。随着"大工业"（large-scale industry）的独立性和主导地位在实践中将商人及其活动边缘化，后者也就在理论上变得不那么引人关注了。由于坚信价值来源于劳动的定义，斯密和李嘉图对于商业和金融曾经独立创造价值的可能性感到"陷入了困境"与"进退两难"。商人从早期的重要地位被"下降为"现在仅被视为"工业生产的奴仆"。用马克思的话来说，古典思想家"从资本主义生产方式的角度，并且在资本主义生产方式的界限内"看待世界。[44]同样，来自中国的学者们批评买办制度，是因其打破了"价值等同于劳动"的狭隘等式。这与其他诸多迹象共同强烈地表明，他们与古典经济学家一样，已自然而然地采纳了以资本主义生产方式的角度来看待世界。

马克思的按语展示的更多是概要而非真情实况，这一假说后来在历史学家对早期现代的伊斯兰及地中海世界的探索中得到了充分证实。这一对真实情况的叙述与中国茶叶贸易的发展轨迹相吻合。在 18—19 世纪，商人网络从通商口岸蔓延至内陆，不仅促进了茶叶生产向新家庭的粗放化，也促进了劳动自身的集约化。商人是让茶叶贸易得以走向黄金岁月的关键代理人。同样，丝绸贸易的大资本家不仅在农村大力推广蚕茧、监督家庭主妇生产新型机织物，同时也在上海和无锡投资了现代化的工厂。[45] 这些现象和其他出口掮客一起，在 19 世纪的扩张阶段干预并"改良"了出口生产。这并非巧合，因为在该时期，清朝官员同样高度重视商人的活动。

但是，如果政治经济学家因西欧的工业化而贬低商业资本，那么我们又如何解释民国时期中国所发生的类似转变？在那里，大工业仍微不足道。在此，竞争所起的作用也很关键。从 20 世纪初陆溁的旅行，到 1934 年吴觉农穿越东亚、东南亚和南亚的探索之旅，中国的改革者不断地将中国茶叶贸易与其海外竞争对手进行比较。[46] 徽州和武夷山的劳动集约型茶叶生产实践已被阿萨姆及日本的新型资本集约型茶叶生产所超越，且改革者将贫困的中国茶区的一端与海外竞争带来客观压力的另一端联系了起来。如果资本主义生产的过程在历史上构成了政治经济学价值理论的可能性条件——假设该理论只对生活在以资本主义生产为中心的社会有意义——那么中国的民族主义改革者之所以能够把握住这一点，是因为他们不仅将自己视为中国公民，也积极将自身融入了全球范围的工业化模式之中。

　　在中国茶叶生产的历史中，资本集约型生产的重构始于19世纪90年代的晚清茶叶危机。在陆溁游历锡兰和大吉岭后，改革者开始基于一套新的概念来讨论茶叶，这些概念将劳动置于首要地位。[47] 陆溁将产业活动分为农、工和商三个组成类别；或者说，置于茶叶的语境下，便是种茶、制茶和销茶。谈及殖民地种植园时，他如此写道："印锡茶厂自种茶、制茶以至销茶，皆由一公司直接经营，即海外承销茶商亦均有股份。返观我国，则一盘散沙……层层剥削，绝无团结改良之力。"[48]

　　几十年后，吴觉农沿用了同样的三分方案。当然，这些术语对中国政治思想而言并不陌生：它们（农、工、商）便是儒家思想中的三种非士人职业。不过，他的创新之处在于，以制造为中心将三者整合起来。吴觉农解释了为什么这次经济生活的重组标志着与过去的决裂。在他1935年的一本合著书的开篇，他对中文术语中"茶业"的两种可能解释进行了微妙的区分——可译为"茶叶贸易业"或"茶叶产业"的缩写：

　　　　茶业这一名辞的造成，只是茶在海外输出占有崇高的地位以后的事。国人的意识中，茶业往往被看作限于商行为的营业……［事实上］茶业由栽培而收获，由制造的出品，再进行到贩运，实包括农、工、商的三项企业。[49]

吴觉农对于"商行为的营业"和"企业"的区分，对应了政治经济学中商业资本和工业资本的二元对立。后者作为一个独立的概念是如此新颖，以至于吴觉农借用了来自日本的舶来词"企业"（kigyo）来正确表意。[50] 吴觉农所说的"企业"的内涵，最为清晰地表达于他对"什么不是企业"的定义中。他写道，中国的"生产业者，不明企业的原理，关于生产费用，不为有效的投资"。由于茶栈"不正当"的手段，"弄得生产者无利可图，失却了企业的意义"。[51] 他在最后就真正的资本主义生产的模样发表了以下评论：

> 印度、锡兰、爪哇等红茶生产的地方，为什么这几年来轰轰烈烈地能干出许多事业来呢？日本、台湾等地方所生产的绿茶和乌龙茶，也同样在红茶国竞争之下，为什么仍旧能维持他们原有的地位，而且有继续发展的可能呢？……为的是他们有充实的经费与适切的办法。尤其在近代资本主义的社会中，所谓"有钱能使鬼推磨"，有了充实的经费，才会有适切的办法。[52]

"有钱能使鬼推磨。"这句俗语可追溯至 12 世纪，而吴觉农用它来描述现代企业的本质：积累前期的利润，再投资于增进活劳动

（living labor）的生产力。更广泛来说，有历史学家观察到，吴觉农对"企业"和"商行为的营业"的区分早在晚清时就已出现。在 19世纪 90 年代的政界，如陈锦江（Wellington Chan）所指出的，"作为商业营业的'商业'和作为工业企业的'实业'之间的区别愈发凸显……［这］反映了两类商人之间的社会差异日益凸显。"[53]

这些类别在中国经济思想中的出现，有助于解释为什么改革者用道德和超历史的角度来批评买办商人。商品的生产及其支配原则，开始表现为人类活动永恒且自然的一部分。这种历史的倒转可视为资本主义生产实践内在的一种物象化形式。在茶叶贸易的实际历史中，最初掌管贸易和生产扩张的是商人——洋行、茶栈和内陆客商。然而，这段历史与资本主义生产的逻辑背道而驰。在后者的语境下，财富创造的过程从农民、作坊和其他生产者开始，他们的活动构成了价值的实质。商品生产似乎先于商业之前就出现了：这是人类文明的一个恒定的特征，它遵循"独立于历史的永恒自然规律"。[54]资本主义竞争的压力及其对生产的不懈追求，使这种不合时宜的观点愈发显得自然化。它将成为关于通商口岸买办的超历史的道德话语的基础，这也表明，工业化生产的社会逻辑已深深融入民国早期的中国社会结构之中。

合作社：作为劳动集约型的工业化模式

对于在茶叶贸易中与"帝国主义"问题作斗争的中国及印度

思想家而言，民族解放并非意味着拒绝现代工业资本，而是要接受其运转中有利可图。印度的民族主义者将契约茶叶苦力的解放视为通向资本本土化的桥梁；中国的改革者则试图消灭中国买办，强化农民的存在，以加强民族工业的实力。吴觉农写道，"改良产制与运销"从而"与列强茶业相抗争"之"第一要者，莫若提倡合作事业"。[55]

在国民政府十年的南京时期，农村合作社广为流行。最早的讨论始于五四运动时期，合作社最终在 20 世纪 30 年代为政府所推广。1923—1935 年，合作社数量从 19 个激增至 2.6 万多个，吸引了各种各样的政治人士和汇集了各种意识形态。在国民政府及现代银行看来，这是一种稳健的金融投资，是缓和社会激进主义的有益力量。在著名的保守派人士梁漱溟看来，合作社为传统中国乡村提供了保护；而在教育家晏阳初看来，合作社也是借助基督教促进社会改良的工具。[56]吴觉农团队推广的方案则从其之于工业企业的定义展开。其成员试图将印度种植园的原则移植到中国农村，但与英属殖民地不同的是，中国种植园并没有稳健的金融市场作为支撑。在财富流动且可利用的资源池里寻求与共享资源，这对于缺乏资本的农民来说，是一种特殊的资本主义企业形式。这是一项异想天开的事业，因此需要一套新的社会伦理以弥补物质资源的缺失。在 1933—1934 年的第一个茶季结束时，祁门合作社报告道：

处此抑压之下，欲冲破层层剥削阵网，必须用"人人为我，我为人人"之合作方式与合作的能力，倡导茶农联合起来，共同竞争……但祁门一般茶农向抱定各自为谋目的，最缺少结合性与团结力，更缺少者，厥为资本。[57]

在技术层面，吴觉农写道："（合作社的）目的在自有生产，自行制造，自为运销。"合作社通过消除中间商、汇集农村资源，将能更有效地运作，使中国茶叶重获全球竞争力。吴觉农认为，产品质量问题不如生产速率问题来得重要。中国茶叶的"品质"仍优于南亚的红茶和日本的绿茶，唯一不同的是，那些竞争对手所调用的"英荷各国的大资本"及"资本主义式的办法"。如果中国的生产商能够成功进行资本改良，那么他们也可提供"价廉物美的茶叶"。[58] 这些都是高瞻远瞩的技术目标，然而改革之初的主要焦点仍是社会组织。

1915 年，陆溁在祁门平里村建立了一座"模范种茶场"，但很快就年久失修废弃。近二十年后，吴觉农在同一地点成立了第一家茶叶生产合作社，即"安徽省立茶业改良场"。第一季他们只生产了少量茶叶，共计 59 箱，但组织者已经感到满意。第一年的报告指出，他们的目标是"树立合作的基础，以刺激合作社的群众运动"。报告的发布方表示，起初农民虽然富有同情心和好奇心，但在加入合作社之前仍"辗转"了好几个月。工作人员随后决定积极地招募新成员。他们的新政策是："对外采用了合作社的名义；对内全由本场同人主持一切。"改良场的主要功能是经营茶厂，加工从附近家庭收购的毛茶。当他们收购茶叶时，同时将卖方名字添加到成员名单中，让他们分享利润，但不向他们收取费用。发起人承认"这种'有亏无利试办合作'，自是一种很有危险性的创举"。组织者缺乏足够的资金以支付农民生产的茶青费用，由此他们自愿放弃了四个月的工资。"后来在祁门红茶的商家经营，普通不利的年头，居然奏了相当的特有成效。"在祁门县，这一路径"风起云涌地响应起来了"。[59]

在接下来的几年里，合作社得到了政府和现代银行机构的支持，组织者随即尝试从根本上改良茶叶生产。1934 年 7 月，全国经济委员会和实业部将合作社更名为"祁门茶业改良场"，执行委员会由国家官员担任。吴觉农出国旅行后，他的门生胡浩川接任总经理的职位（图 7-6）。[60] 次年，胡浩川邀请外部技术人员和工程师前来，帮助改良茶叶生产。

图 7-6　20 世纪 30 年代在祁门茶业改良场的吴觉农（左一）和胡浩川（右二）（吴宁提供）

如果说第一年茶季的目标只是在不改变生产本身的前提下证明经济模式的可行

性，那么在接下来的几年里，胡浩川和他的团队将注意力转向了科学的试验。一位名叫钱梁的工程师回忆起 1935 年受聘至祁门工作的经历。他和同事建立了一个"化验室"，在那里开展实验以确定什么才是质量上乘的好茶。例如，一位工程师试图复制日本玉露茶（Gyokuro）的风味，这种茶需要长时间低温烘焙。那天，全体员工一起围着炉子盯着茶叶驻足了十多个小时，兴奋地"不断搓捻直至完成"。"在祁门过的那一个茶季，"钱梁回忆道，"是毕生难以忘怀的。"另一位工程师冯绍裘则回忆了合作社是如何开始使用境外制造的机器。1936 年，他们从台湾购入了两台小型茶叶机械，一台用于揉茶，另一台用于通风烘干。1937 年，他们又从德国克虏伯公司（the German Krupp corporation）购买了几台机械，包括一台大型揉茶机、一台筛分机和一台焙茶机，所有这些机械都是为在英属印度制茶而设计的。冯绍裘描述道，依赖工业机器和旧式手工方法的混合出现了若干技术瓶颈，但这些挫折是工业化正常发展的一部分。第一年他们解决了"质量问题"，第二年则打算"着手解决产量问题"。为了解决缺乏萎凋机的问题，他们制造了自己的替代版，"设计一大间加温萎凋室，一端安装一个热气发生炉，发生大量的热气，在另一端用鼓风机把热气抽进萎凋室"。机械制茶能够"淘汰脚踩、日晒的落后方式，质量提高，产量倍增"。[61]

在 20 世纪 30 年代，中国茶业寻求实现阿萨姆同行在 40 年前所追求的工业革命。但正如第四章所述，技术创新的历史既需要关注个别突破，也需要关注普遍性的应用。在后一个问题上，改革者感受到了来自买办资本的压力。冯绍裘总结道，虽然合作社解决了改良的技术问题，但仍无法挣脱凝聚于茶栈的"社会制度的腐朽"。合作社成员最初可能通过延迟支付工资或寻找替代性资源以免于同贷款人交涉，但在接下来的几年内，由于合作社的成功激发了政府对其进行扩张意愿，资本的问题变得无法回避。[62]全国经济委员会在 1934 年介入茶产业后，积极在福建、湖南、湖北、浙江和江西的茶区建立了新的合作社。两年内新增了近 40 家合作社。如吴觉农多年后所写：

> 对外的运销组织没有完成，中介栈商本其过去鱼肉内地茶商的惯例，变本加厉，对合作社所生产的茶叶予以种种阻碍，致多数仍遭亏蚀，投资银行视为畏途，茶叶合作事业，颇有中断的趋势。[63]

吴觉农担心面临困难的农民会放弃茶业试验。他回忆说："主持人往往求胜过切，一遇理想与实际冲突之时，不得不迁就因循，以致顾此失彼，良机坐失。"但他还是强调，不能说是"合作事业本身之过"，只能说当时的大环境及中国的社会经济制度未能"尽吸新思潮"。[64]以生产者为中心的茶业改良合作社与以商人为中心的旧金融体系之间的社会矛盾，最终在 1936 年的上海茶商罢工中显露无遗。

1936 年上海茶栈罢工

　　1936 年 4 月 23 日，总部设于上海的《大陆报》*刊发头条标题："茶行罢工抗议在行动"。不同于典型的工人拒绝提供劳动的罢工，这次罢工是由上海最强大的 14 家茶栈联合发起的，它们拒绝提供资本。除非政府撤回其最新动议，否则它们拒绝兑现分发给安徽和江西茶号及茶农的期票。茶季开始时，茶栈已将其预支贷款价值的一半发放到农村，其余的要在收到茶叶后才会支付。与此同时，在信贷匮乏的农村经济中，茶栈预支的期票已作为有价值的货币流通，甚至能为棉花贸易添砖加瓦。正如当地一位商会所指出的，"数百万茶农、收购商和商人的生计依托于贷款汇票的流通"。上海的商人宣布，仅在该市，就有 40 多家企业依靠茶栈开展业务，茶栈直接雇佣了来自安徽的 1 200 名搬运工。此外，对安徽官员的采访表明，卷入这项贸易的约有 200 多家茶厂、每家皆有数十名茶工——更不用提依靠种植和销售毛茶过活的无数家家庭农场了。城市商人的罢工还因此使农村地区陷入"迫在眉睫的金融混乱"。[65]

　　商人抗议的是，国民政府近期计划将茶叶贸易整合至一个中央机构，即"皖赣红茶运销委员会"（下简称"委员会"）。这场抗议甚至牵扯南京政府中一些地位显赫的官员，如全国经济委员会

---

* 《大陆报》（China Press）于清宣统三年六月二十六日（1911 年 8 月 20 日）试刊，九天后正式出版，日报。中美双方各拥有一半股本。该报言论代表在沪美侨的利益。

主席宋子文和财政部部长孔祥熙。

然而在 5 月初，仅仅过了 10 天，罢工便结束了。政府声称原计划是个"误会"，并宣布"折中办法"，让茶栈继续扮演其经纪人和债权人的角色。曾经占据着上海这个中国首屈一指的商业和金融中心的头条大新闻突然从视野中消失了。那么这一切究竟有什么值得大惊小怪的呢？

一个月后，一位匿名作者在左翼经济学杂志《中国农村》中发表评论称，茶栈罢工的利害关系不是"仅仅根据报纸上的浮面的叙述"就能看出的。[66] 相反，"我们必须根据具体的事实"，并透过表面看茶叶政策之"本质"。作者称赞最初的政策是重振中国出口贸易所必需的更广泛的"经济统制"计划的一部分。政府的计划是向内陆茶号提供由现代银行支持的贷款，贷款利率仅为 2%，而非茶栈通常被索取的 15%。茶栈将被迫降低利率，否则面临倒闭的风险。原定的目标是将构筑起中国"封建社会结构"的高利贷茶栈转变为现代机构。据委员会的说法，这将使茶号和茶农得以获得他们的"真正利益"，积累一定储蓄，"以达到整个复兴茶业的计划"。正如孔祥熙对记者所言，我们希望"改良品质，使产茶在国际市场不致因品劣被摒，故宗旨完全与江浙两省统制蚕丝事业相同"。[67]

但有茶栈商人向媒体抱怨说，2% 的贷款会让他们损失自己的"血汗资本"，且政府的计划违反了自由和合法的商业原则。最重要的是，他们辩称，多家机构在冬天对他们撒了谎，当时他们否认正在制定任何经济统制计划。到了 4 月初，即清明节过后，商人早已开始向农村分发预付款，此时政府便逮了他们个措手不及。[68] 从政府的角度来看，这一时机选择本就是战略性的，它压制了茶栈的议价能力：它们别无选择，只能合作以收回本金。然而让政府没想到的是，据这位匿名者所写，茶栈竟敢于采取等同于"自取灭亡"的自杀式"反攻的策略"，即在几天内紧急决定撤销所有已发行信贷的价值。如果政府不退让，它们就让整个茶叶贸易破产。

对于这位匿名者而言，这场"誓死的抗争"表明，茶栈明白它们的生存危在旦夕。他解释道，茶栈不可能提供 2% 的贷款，因为它们以比这更高的利率从洋行及城市银行借款。尽管政府的计划看似是为了调停，但实际上它的目的在于彻底消灭茶栈。结果"茶栈从此便会成为有'栈'而无'茶'了！"

在合同数字条款之外，尽管"在浮面上看来，似乎是皖省政府有意和茶栈为难"，但还可看到一场更为本质的"幕后的斗争"——不同的经济哲学之间的决战。鉴于茶栈只是"封建残余的茶栈"，委员会的提案诚挚地致力于对生产、流通和金融各环节进行合理整合，其共同目标是提高茶叶贸易的竞争力，并改善茶工的生计。在消灭中间商方面，原提案带有"反帝反封建的意义"。

不幸的是，这里又出现了一个阻碍，这个情节反转将罢工从英雄剧变成了一场"令人啼笑皆非的悲喜剧"。政府原本的计划是逐步淘汰茶栈，因为它的力量太弱，不足以在一夜之间替代所有茶栈，这也解释了为什么后来茶栈胆敢罢工。国家的资金来源于上海的银行，进而也依赖于现代金融资本的利益。结果，"一受重大的打击，便迅速地让步了"。南京政府的妥协是将茶栈纳入新的委员会，让这些企业充当国家机构的"交番"和"跑楼"，与上海的银行瓜分利益，因而最终什么也没能改变。[69]同时，在这场混乱的罢工中，茶农已将许多茶叶以贱价甩卖，这让他们的境况比以前更糟。于是，村里的茶农开始暴动，袭击、"捣毁"祁门的茶厂。在经济统制的政策下，有作者写道："贫困的茶农因之而被统置于死地。"

几十年后人们才知道，这则化名发表的批判性评论的作者正是吴觉农。20 世纪 30 年代中期，在掌管祁门茶叶合作社，并游历亚洲和欧洲后，吴觉农回到国内，帮助全国经济委员会实行针对茶叶的"经济统制"计划，预期是作为他的合作社试验的延伸。他所独有的信息来源使他能够详细谈论在其调查工作中发现的不同银行利率的重要性，以及在左翼经济学家、保守派官僚和银行代表之间的跨部门拉锯战。在他看来，整个事件彰显了中国经济中不同要素之间的界限。茶栈和上海的银行，作为非生产性的流动资本及金融资本皆站在同一战线。如果说商人早已被冠以寄生式附着物的恶名，那么城市的银行同样"尽力向农村开拓营利之途，用较低的利息来直接吮吸农民的血"。在其对立面，则是改革者通过积累和投资而发展劳动生产力的愿景，这一愿景已融入委员会的制度建设中，其标志便是中国的茶农。这一愿景仍未完成。他总结道，如果说经济统制政策最初是一场"反帝反封建的戏剧”，那么这场戏方才演到一半，“反帝反封建的主角——茶农——被压在舞台之下，因此演不到半幕便匆匆地收场了”。

　　我们能从上海茶栈的罢工中吸取什么教训？就其直接语境而言，罢工和一长串中国历史学上的案例一起，证明了国民党领导下的诸多农村动议的恶性影响。凯特·默克尔－赫斯（Kate Merkel-Hess）曾展现，20 世纪 20 年代以来民间自发的乡村建设运动如何在 1932 年之后因国家介入而削弱。整个 20 世纪 30 年代，如陈意新指出的，国民党领导的合作社运动一直饱受地方精英的斡旋及拉拢行为的困扰。曾玛莉曾研究了全国经济委员会在长江三角洲组织棉花生产的类似问题。这些故事凸显了共同的主题：南京自上而下的治理削弱了地方领导力；农村的目标受制于城市工业及金融的利益；蒋介石的军国主义和反共主义计划牺牲了经济发展；国民党对地主和乡绅的依赖限制了农民的能动性。最显著的案例可见于国民党在浙江、江苏和江西农村的改革尝试，这些发展方向同样适用于吴觉农提议的安徽茶叶运销委员会。吴觉农后来指责了“国民党反动派的黑暗统治”。[70]

　　综合来看，这些例子似乎支撑着一个陈词滥调的结论，即 20 世纪初的中国仍受传统帝制时代的社会结构的阻碍，这些社会结构建立在利己精英专断的权力之上。只有中国的共产主义革命和中国台湾的土地改革，才最终实现了农村的工业发展。但上海茶栈罢工亦揭示了一些新的细节，使得这一模式进一步复杂化。首

先，与其说罢工展示了传统的、前资本主义的社会因素的持续存
在，不如说它揭示了资本积累的不同历史形式之间的张力：从 19
世纪的商人到 20 世纪的银行，再到国有工业的未来前景。其次，
理解这些不同形式之间的关系，需要更开阔的历史观。与英属印
度的非自由劳动力一样，中国的买办资本曾在 19 世纪后期一度得
到广泛的接受（甚至是欢迎），随后却被持续谴责为不合时宜且
与现代世界格格不入。这般反转，与其说是源于茶商与生俱来的
保守主义——他们曾为推动中国贸易与世界接轨发挥了关键性的
积极作用——不如归结于他们所处的全球经济环境变化的速度和
强度。更具体地说，即年轻的中国改革者如何步入国际发展的洪
流，并将其转译至本国的社会情境。必须强调的是，这种经济思
想的巨变记录的不仅仅是经济生活的真实历史变迁，还是对未来
几十年真实事件的某种预演。新的政治经济学概念与中国社会新
的物质紧张局势相对应，这在 1936 年的茶栈罢工中显而易见。这
14 家上海茶栈为观察者展现了它们与国民政府自身一样强大，并
威胁要摧毁数百万元的价值，不惜以牺牲数以万计的工农阶层的
生计为代价，以遏制任何可能发生的变化。在印度，民族主义者
对政治经济思想的接受导向了劳动契约制的废除，这亦可视为他
们发展民族资本的动议之一。而随着买办资本的废除，中国改革
者也试图这样做，且他们将在未来的许多年内持续追求这些目标。
最终，买办性的上海茶栈扬言要誓死抗争，他们比其他任何人都
更了解这一项目的重大历史意义。

尾　声

　　第二次世界大战期间，茶业改革的梦想出乎意料地重获生机。1937 年夏秋，日军进入长江三角洲，占领上海，并一路追击国民党政府直至西部的重庆。幸运的是，内陆茶区并未受到太大影响。国民党官员将茶叶出口贸易视为支持战争的重要资金来源。他们与苏联方协调出售茶叶以换取金钱，有时甚至直接用来交换武器。具有讽刺意味的是，战争期间的茶叶贸易实际上优于此前的几十年。正因为上海的茶栈因战事而搁置，官员们得以将茶叶运销转向香港——即原广州体系的下游——以填补真空。改革者成功实行了经济统制政策，将地方农民合作社与国家机构进行了整合。茶叶销量和价格上涨了 30% 以上，在某些情况下还创造了新的纪录。虽然贸易最终在 1942 年日军封锁香港后被迫暂停，但为期四年的试验还是让吴觉农再次对其进步的可行性感到乐观。在战争的余下时间，他在各个茶区传授新技术，包括在武夷山的两年，并在日据时期上海的复旦大学组织高等教育课程，在那里，他邀请年长的陆溁回来讲学。"不久的将来，"吴觉农写道，"日本鬼子一定会被我们赶出中国……我们茶农一定要有这样的眼光，要多给茶农作宣传，更新和培育茶树，为将来的发展作好准备。" [71]

　　这段时间，吴觉农非中共地下党员的身份得到澄清。据说，他还是保护了许多为左翼杂志《中国农村》撰稿并帮助成立了中华人民共和国的党内好友，包括钱俊瑞、孙冶方、薛暮桥等。但吴觉农本人从未加入共产党；他与共产党人之间的联结是基于共同的经济理想。[72]

1935 年扎根延安之后，毛泽东和中国共产党开始着手建设小型社会主义社会，以为新国家树立样本。他们的理论被称为"新民主主义"，于 1940 年首次提出，并于 1949 年内战结束、国民党撤退到台湾后再次强调。它包含了两阶段的革命愿景。第一阶段是新民主主义革命。之所以如此命名，是因为它沿袭了欧美资产阶级民主的道路，但用人民的领导取代了富有阶级的领导。其最关键的任务是通过经济发展抵御帝国主义，这对于走向真正的社会主义是至关重要的。尽管在长期目标上存在分歧，但新民主主义的短期策略与包括吴觉农在内的许多左翼国民党思想家所共认的农村发展计划是相似的。[73] 不是着手彻底分割民间财产，而是党首先建立了工人、农民和"民族资产阶级"的统一战线，以将中国从全球帝国主义中解放出来。毛泽东在 1949 年写道：

> 民族资产阶级在现阶段上，有其很大的重要性。我们还有帝国主义站在旁边，这个敌人是很凶恶的……中国必须利用一切于国计民生有利而不是有害的城乡资本主义因素，团结民族资产阶级，共同奋斗。我们现在的方针是节制资本主义，而不是消灭资本主义。[74]

新民主主义与许多国民党官员的理论就民族资本与帝国主义

或买办资本之间的区别具有共识。两者都强调，新中国需要促进以农民为民族资本的社会基础，都赞成以合作社的形式推进社会化农业。这种思想的连续性，无论多么不稳固，都有助于解释为什么吴觉农在 1949 年被任命为中华人民共和国农业部副部长。他在北京的具体任务是掌管新成立的"中国茶叶公司"，这是当时第一家国有进出口公司，直至今天也是最大的茶叶公司之一。中国茶叶公司将市场营销活动都整合到一家机构内，最终消除了买办和茶栈体系。在接下来的几年里，它与 20 世纪 30 年代成立的合作社进行整合营销，并从南亚和欧洲进口茶叶机械。1950 年，吴觉农对从事茶业复兴计划的职工和其他同志说道："现在我们已经把封建势力铲除，官僚资本打倒，帝国主义已不存在于我们的土地上。"[75] 对于吴觉农以及在战争中幸存下来的左翼经济思想家同仁而言，这是一个极其乐观的时刻。这也是过去几十年旷日持久的斗争的终点——在那段时期，真正的革命同时在政治经济学概念和政治领域发生，即便在实践中尚未推行。

注　释

1. Ichiko, "Institutional Reform," 382–89.
2. 陆溁，《一四年调查》，第 52—56 页。
3. Karl, *Staging the World*, ch. 6.
4. Bright and Geyer, "Global Condition," 296–97；陆溁，《一四年调查》，第 133—134 页；陆溁，《我的自述》，第 133 页；陆溁，《我国茶叶》，第 868 页；查阅吴觉农，《中国茶业研究改进史》(1943)，WJX，第 262 页。

5. 吴觉农，范和钧，《茶业问题》，第 167 页。

6. 吴觉农，《战时茶业统制政策之检讨》（1945），WJX，第 306—308 页；吴觉农，《中国茶业研究改进史》，WJX，第 261 页。

7. E.g., Ghosh, *Big Bourgeoisie*; Sheriff, *Spices & Ivory*; Vitalis, "Theory and Practice," 291, 309; Astourian, "Testing World-System Theory," 479. 谢谢欧文·米勒（Owen Miller）和马里·韦贝尔（Mari Webel）给出的建议；相似的理论可见于卡尔的"买办"，第 237—238 页；更值得一提的是，中国著名的经济学家马寅初在 1923 年将中国的"买办"与日本的"Banto"及印度的"Banian"做比较，见马寅初，《买办制》，第 129 页。

8. 吴觉农，范和钧，《茶业问题》，第 237—238 页；中国人起初将这种负责"采购与管理业务"的雇员称为"买办之人"，后来就简称为"买办"。这个词可以追溯至明朝。Bell, *One Industry*, 50−54.

9. Dyce, *Personal Reminiscences*, 233; Rowe, *Saving the World*, 248−49; Hao, *Comprador*, 110−34; Yeh, *Shanghai Splendor*, 9−29.

10. 聂宝璋，《中国买办资产阶级的发生》，第 136—137 页；Li, *Silk Trade*, 155−62. 糖和鸦片贸易中也存在类似的栈（warehouses）（聂宝璋，《中国买办资产阶级的发生》，第 59 页）。"栈"一词首次有文献记载的用法可以追溯至 19 世纪 50 年代的福州贸易当时出现了内陆贸易。到 19 世纪 60 年代，怡和洋行的记录中开始使用术语"茶馆"，这是对术语"栈"的另一种表述，而我认为在英文里用"godown"或"warehouse"来表述更贴切。（Hao, *Commercial Revolution*, 140−53）；例如，在通商口岸九江，1861 年没有茶叶仓库，但到第二年，就大约有了 16 家，到 19 世纪 80 年代又出现了 300 多家（聂宝璋，《中国买办资产阶级的发生》，第 137 页）。

　　民国时期的评论认为，尽管茶叶栈早在光绪时代开始之前就已存在，但这种现代上海商业模式要至 1884 年才出现。（"上海茶栈之起源"，浙江农业，1939，［7/8］，21）。在 1889 年，上海报纸《申报》记录了一段汉口买办的故事，这位买办离开了他的雇主开启了自己的茶栈，对外具有了碾压性的竞争力（聂宝璋，《中国买办资产阶级的发生》，第 120 页）。在 1895 年前台湾的记录表明在 19 世纪 80 年代期间也就是美国与英国在那里进行茶叶出口贸易时，就开始依赖于广东及福建公司也就是所谓的"茶栈"了（陈慈玉，《台北县茶叶发展史》，第 16—21 页）。茶栈是一个流动性很高的机构，每年都有许多公司开了又倒闭。1931 年，当第一次系统性调查启动时，上海市场已被 18 家茶栈主导，没有一家的历史在 1901 年以前，大多在 1911 年辛亥革命后创立的（上海，《茶？》，第 102—104 页）。

11. 吴觉农，范和钧，《茶业问题》，第 237—238 页；吴觉农，《抗战与茶业改造》
（1939），WJX，第 218 页；吴觉农，胡浩川，《中国茶业复兴》，第 62 页；聂宝
璋，《中国买办资产阶级的发生》，第 87 页；徐润，《徐愚斋》，第 26—27 页。

12. 沙为楷，《中国买办制》，第 27—39 页；Hao, *Comprador*, 102; Mao, *Midnight*;
吴山，《怪买办》，《民众文学》，8: 4 (1924), 1-12; Mao, "Classes in Chinese
Society," 13-14。

13. Bergère, "Golden Age," 49; cf. Coble, *Shanghai Capitalists*, 266.

14. Tsai, "Comprador Ideologists," 192; Hao, *Comprador*, 10-11; Zanasi, *Saving the
Nation*, 230, 51, 4. 日本方面，可见 Tsuchiya, *Baiben Seido*；美国方面，可见 George
Sokolsky, "How Business is Conducted," 18 March 1920, *Manufacturers' News*,
pp. 11-12, and "Passing of the Compradore Order in Shanghai," 1 March 1930, *China
Weekly Review*, p. 4。

15. 陆溁，《我国茶业》，第 868—870、874 页；庄晚芳，《中国茶史散论》，第 13
章；陆溁，《我的自述》，第 133—134 页；对祁门红茶独特起源故事的进一步
历史探究，可参见 Liu, *Two Tea Countries*, appendix。

16. 吴觉农，《我在上海商检局搞茶业工作的回忆》（1983），WJX，第 434 页；王旭
烽，《茶者圣》，第 15 页；吴觉农，《中国的农民问题》，第 20 页。

17. Fitzgerald, *Awakening China*, 3-4; Liu, "Woman Question"；王旭烽，《茶者圣》，
第 33—34 页。

18. 吴觉农，《我在上海商检局搞茶业工作的回忆》（1983），WJX，第 440 页；吴
觉农，《中国茶业研究改进史》，WJX，第 257—259 页。

19. Zanasi, Saving the Nation, 98-99, 104-5；吴觉农，《我在上海商检局搞茶业工作
的回忆》，WJX，第 437、440 页；关于"经济管制"的历史，见郑会欣，《战
前"统制经济"学说的讨论及其实践》，第 93—98 页。

20. 吴觉农，胡浩川，《中国茶业复兴计划》，第 142 页。

21. Chiang, Social Engineering, 201-10.

22. 吴觉农，胡浩川，《中国茶业复兴计划》，第 29—37 页；吴觉农，《中国茶业的
发展与合作运动》（1944），WJX，第 271 页；孙文郁，刘润涛，王福畴，《祁
门红茶之生产制造及运销》，第 22 页。

23. 吴觉农，胡浩川，《中国茶业复兴计划》，第 49—51 页；关于具体的数字，见
孙文郁，刘润涛，王福畴，《祁门红茶之生产制造及运销》，第 27—35 页；孙
文郁，刘润涛，王福畴，《屯溪绿茶之生产制造及运销》，第 7—14 页；傅宏

镇，《皖浙新安江流域之茶业》，第 123 页；吴觉农，《祁红统制的现阶段》
（1937），WJX，第 201 页。

24. 吴觉农，胡浩川，《中国茶业复兴计划》，第 53 页；吴觉农，《祁红统制的现阶
段》（1937），WJX，第 202 页；孙文郁，刘润涛，王福畴，《祁门红茶之生产
制造及运销》，第 55 页；蒋学楷，《祁门红茶》，第 99 页；上海，《茶？》，第
60—61 页。

25. 吴觉农，胡浩川，《中国茶业复兴计划》，第 32 页；吴觉农，胡浩川，《祁红茶
业复兴计划》，第 43 页；查阅上海，《茶？》，第 47 页；吴觉农，范和钧，《中
国茶业问题》。第 204 页。

26. 吴觉农，《祁红统制的现阶段》，WJX，第 203 页；孙文郁，刘润涛，王福畴，
《屯溪绿茶之生产制造及运销》，第 38 页。

27. 上海，《茶？》，第 59 页。

28. 上海，《茶？》，第 48—49、59—60 页；吴觉农，范和钧，《中国茶业问题》，第
239—240、211—212 页。

29. 吴觉农，胡浩川，《中国茶业复兴计划》，第 61—65 页；傅宏镇，《皖浙新安江
流域之茶业》，第 117 页。

30. 吴觉农，胡浩川，《中国茶业复兴计划》，第 187 页；上海，《茶？》，第 60 页；
范和钧，《屯溪茶业调查》，第 115 页。

31. Jaynes, *Branches without Roots*, 33-53. Cf. Marx, *Capital*, 1: 278; 傅宏镇，《皖浙
新安江流域之茶业》，第 146 页。

32. 孙文郁，刘润涛，王福畴，《屯溪绿茶之生产制造及运销》，第 32、37 页。

33. 吴觉农，《祁红统制的现阶段》，WJX，第 201 页。

34. Banaji, "Capitalist Domination"; Walker, *Chinese Modernity*, ch. 8; 吴觉农，《我在
上海商检局搞茶业工作的回忆》，WJX，第 439 页。

35. 吴觉农，胡浩川，《中国茶业复兴计划》，第 65—66 页。

36. Chiang, *Social Engineering*, 202-3; 吴觉农，范和钧，《中国茶业问题》，第 187
页；吴觉农，胡浩川，《中国茶业复兴计划》，第 61—62 页。

37. 吴觉农，胡浩川，《中国茶业复兴计划》，第 65、169 页；Tsuchiya, *Baiben
Seido*, 4. He later refers to the "theory of the comprador's uselessness" (*baiben
muyōron*), 88。

38. 吴觉农，《中国茶业改造》，WJX，第 226 页。

39. 小求，《回忆和感触》，《茶声半月刊》，1939 年第三期，第 9—10 页。

40. 沙为楷，《中国买办制》，第 41—42、55 页；张维，《关于平里合作社》，第 23 页。

41. Boss, *Surplus and Transfer*, 2–3, 78, 原文强调；关于亚当·斯密最初的定义，见 Smith, *Wealth of Nations*, 360–81; 贸易委员会安徽办事处调查统计股，《皖南茶工调查报告》，《茶声半月刊》，1939 年第十二期，第 127 页。

42. Rubin, *Theory of Value*, 267–68. N.b., 马克思批评"生产资本"概念因为这神秘化劳动的作用。Marx, *Capital*, 1: 1052–58.

43. Postone, "Anti-Semitism," 110; Goswami, *Producing India*, 225–26.

44. Beckert, *Empire of Cotton*, xv–xvi; Marx, *Capital*, 3: 441–54.

45. Braudel, *Wheels of Commerce*, 25–26; Banaji, "Islam, the Mediterranean"; Banaji, "Merchant Capitalism"; Bell, *One Industry*, 46–64.

46. 王旭烽，《茶者圣》，第 77—79 页；见结语中吴觉农海外旅行的讨论。

47. "从印度和锡兰回来后，我在那里积累了多年的经验，我才明白改革不必局限于现有的工具，如旧的烤篮，但可以传授新的方法，诸如使用机器进行滚动、筛拣和切割树叶。"陆溁，《国内茶务》，第 34 页。

48. 陆溁，《我国茶业》，第 868 页。

49. 吴觉农，胡浩川，《中国茶业复兴计划》，第 5 页。

50. 相较之下，早些时候，当陈炽和陆溁首次描述茶的产供销垂直整合时，使用了像"一气呵成"或"一以贯之"的表述。活在晚清时代，陈炽和陆溁为了表述像产供销垂直整合的现代现象，会使用旧有的措辞。相比之下，吴觉农，身为"五四"一代，精通欧洲及日本外来语汇，会使用例如像在上海及东京流传的"企业"。

51. 吴觉农，胡浩川，《中国茶业复兴计划》，第 143—147 页。

52. 同上书，第 179 页。

53. Chan, *Modern Enterprise*, 33–34, 吴觉农提到的"鬼魂"是一个恰当的比喻，因为马克思经常将资本集约型的改进描述为前先的"死劳动力"的应用，但面对的仍是活劳动力。Marx, *Capital*, 1: 342, 548.

54. Marx, *Grundrisse*, 87.

55. 吴觉农，范和钧，《中国茶业问题》，第 244—245 页。

56. Chen, "Cooperatives as Panacea," 71–73; Liu, "Woman Question," 42–43.

57. 张维，《关于平里合作社》，第 23 页。

58. 吴觉农，胡浩川，《中国复兴计划》，第 169、2—3、130 页。

59. 《祁门茶业改良场历史概况》，安徽研究所，《七十周年所庆纪念》，第 44—45 页；安徽改良场，《平里茶叶》，第 1—2 页。

60. 《祁门茶业改良场历史概况》，安徽省农业科学院祁门茶业研究所，《七十周年所庆纪念》，第 45 页。

61.《祁门茶业改良场：我国茶业科技人员的摇篮》，安徽研究所，《七十周年所庆纪念》，第 39—40 页；冯绍裘，《祁红的粗制和精制茶叶》，安徽研究所，《七十周年所庆纪念》，第 35—36 页。

62. 安徽改良场，《平里茶叶》，第 1 页。

63. 吴觉农，《中国茶业研究改进史》，WJX，第 261 页。

64. 吴觉农，范和钧，《中国茶业问题》，第 245 页。

65. "Shanghai Tea Hongs Strike in Protest Move," 24 April 1936; and "Tea Districts in Furor over Credit Refusal," 26 April 1936, *China Press* (Shanghai);《佯装茶栈十四家作停兑后分点清员》，1936 年 4 月 24 日；"皖赣红茶运销登记二百数十家贷款百六十万元"，《申报》1936 年 4 月 28 日。

66. 以下引文出自吴觉农关于中国农村的论文，《反帝反封建的半幕剧》（1936），WJX，第 176—182 页。

67. H. H. Kung 引自 "佯装茶栈停兑后茶叶交易变台"，《申报》1936 年 4 月 25 日。

68. 上海商会引自《市商会点清撤销齐查统制》，《申报》1936 年 4 月 11 日。

69. 作者用老式的口吻"交番"（外国公司的内部翻译）和"保罗"（接受外国订单的运营者）来描述仓库，而不是标准的术语"买办"。其意图强调在快速变化的全球经济中，中国出口贸易中不合时宜的因素。

70. Merkel-Hess, *Rural Modern*, ch. 4; Chen, "Cooperative Movement," 134-40, 184-92; Zanasi, *Saving the Nation*, chs. 4-5; 吴觉农，《目前茶叶产销趋势和我们的任务》（1950），WJX，第 319 页。

71. 王旭烽，《茶者圣》，第 132 页。

72. 王旭烽，《茶者圣》，第 119、154、157—159 页。

73. Zanasi, *Saving the Nation*, conclusion; Merkel-Hess, *Rural Modern*, 9-10.

74. Mao, "Democratic Dictatorship," 421.

75. 王旭烽，《茶者圣》，第十五章；吴觉农，《目前茶叶产销趋势和我们的任务》（1950），WJX，第 320 页。

结

论

中国与印度常被一起视为东方主义幻想的对象，无论是正面还是负面的，它们都是欧美文明的对立面。这段茶叶的故事终将帮我们理解在中国和印度'内生'的现代经济观念的历史形成过程，同时也能够理解一些将现代亚洲与世界其他地区联系起来的关键思想。

年轻的吴觉农在日本留学（1918—1921）的闲暇时光经常收集有关中国和亚洲其他地区的茶业资料。他后来利用这项研究，挑战了英国和日本茶业所称的宣传口径——阿萨姆，而非中国，才是茶树真正的原产地。与此同时，吴觉农对遥远的布拉马普特拉河谷以及读到过的世外桃源般的茶园产生了浓厚的好奇心。1934年底，他终于有机会得以第一次亲自探访阿萨姆。受到祁门茶叶合作社第一季乐观情绪的鼓舞，吴觉农代表全国经济委员会，着手研究日本、中国台湾地区、荷属东印度群岛、锡兰和印度的茶叶生产。在其日记和公开发表的报告中，吴觉农除了记录下个人对加尔各答和阿萨姆的印象外，还详细补充了关于印度茶业的历史：罗伯特·布鲁斯是如何在1823年偶然发现野生茶树的，总督本廷克是如何在1834年组建茶叶委员会的，英国商人又是如何从"吾国"茶叶工人那里"仿吾国土法"，最后，作为"印度茶业史上之重大记录"的残酷招工制度如何引发了"斗争及流血之惨剧"，后来又如何成为"印度民族革命"所追逐的政治事业。在旅途中，吴觉农仔细研究了关于茶产业的英文资料，主要是印度茶叶协会分发的宣传手册以及罗伯特·福琼在19世纪40年代游历中国的详细记录。几十年后，吴觉农向家人回忆说："福琼的游记写得非常生动，读他的游记，不仅能帮助我学习英语、了解历史，最重要的是，还能通过外国人的视角，了解中国和中国茶。"[1]

　　本书的一个主要目标是，展现全球竞争如何将中国与殖民地印度茶业联系在一起，透过其竞争对手和工业化世界其他地区的眼光，迫使亚洲和欧洲的参与者来观察自己的周遭环境。除了吴觉农，我们看到英国殖民地的官员也将阿萨姆与中国及西欧进行类比，印度的民族主义者则将苦力茶工的命运与美洲大陆的非洲黑奴的命运相提并论。每一方都意识到，如果不同时将自己置于茶叶及殖民地商品的全球循环中，就不可能理解自己所在地发生的事件。没有比这更近乎完美的对称了：最初，来自印度的殖民地官员前往中国，研究中国茶叶的制作方法；在近乎一个世纪后，中国的改革者造访了印度茶区，并做了同样的事情。

　　这些广泛的联系共同说明了什么问题？现代茶业的历史并不是一个全球同质化的故事，亦不是思想一成不变地从西方传播到其他国家的故事。相反，世界范围内的竞争导致了一系列共同的、互构的压力，以及不均衡的利润率和积累水平。由此，市场又加剧了区域间的张力，并通过特殊的劳动实践和意识形态形式表现出来。毕竟，正是中国茶叶和印度茶叶的不同命运，以及双方随之而来的互相追赶的欲望，促使贸易公司和官员详细审视了竞争对手的历史和行为模式。在这种全球互联的分析框架之下，我在此通过将中印茶业战争的各种故事合为一组关于历史和史学的观察来作总结。

首先，这本书为资本主义史的再概念化提供了实质内容，它比过去的历史书写更加灵活、更为全球导向。与中国茶叶和印度茶叶贸易相关的社会变革，与从单一国家自发产生的工业革命的经典形象并不相符。这两个国家既无机械化生产，也无自由的无产阶级劳动力，至少最初如此。取而代之的是，中国茶叶和印度的茶叶依赖着被称为阿卡第、萨达和包头的本地经纪人，阿萨姆严苛的刑事劳动合同以及中国的神秘技术和老规矩，以及强化了性别和血统划分的劳动集约型制度。这种安排是临时性的，是外来财富和当地习俗的结合——如马克思所言，是从更早的时期"继承来的"。本书并未提问中国是否有资本主义，或阿萨姆是否是资本主义——或者可否从中辨识出特定技术的出现或阶级的划分，而是试图了解这些地区以何种方式参与到跨国的生产和流通的循环中并被之形塑的，还探寻其伴随的集约型积累背后的社会逻辑。这种概念化方式，更有助于捕捉过去几个世纪经济史中的不平衡，同时也为探索相距遥远的地区之间的联系和共性提供了共同基础。

其次，这种来自亚洲农村两个非政治地缘中心的视角，也阐明了关于现代经济崛起的新结论。特别是，有证据支持了这样一种假设：那些看似落后和边缘的社会形态，有时却比大都会社会更具工业化生产的动力。例如，西敏司对糖的研究表明，加勒比地区的种植园甚至比欧洲大陆更早发展了工业化生产。糖料作物需要种植和精制相结合，因而殖民政权需要更严苛地约束契约劳工及奴隶，而消费与生产的结构性分离亦鼓励了大规模的专业分工。在本书所述的阿萨姆茶园中，可以找到许多类似特征。同样，在中国，著名社会史学家傅衣凌几十年前就提出，工业化商品的生产最早就出现在边远山区，而非商业化的"沿河"城市。那些徽州和武夷山区在内的边远地区，往往充斥着贫穷的少数群体，如著名的"棚民"（shed people），他们依靠专业化生产为生，由外来商人承保，专职于采摘烟草、糖、靛蓝和茶叶等初级商品。这些例子共同佐证了一个不断壮大的学术思潮：用斯坦菲尔德的话来说，即对于现代世界的传统描述实际上让事实发生了"倒退"。那些在 20 世纪大规模生产时代被视为不合时宜的、传统的实践和情境，实际上可能在现代经济生活的兴起过程中发挥了关键作用。[2]

　　第三，除了挑战那些有关经济落后和传统的东方主义分类，本书还试图通过政治经济思想的批判性历史来解释它们的兴起。在中国和殖民地印度，这个关键时期跨越了 19、20 世纪，当时茶叶贸易的观察者及参与者开始通过比较自然优势和固有文明特征的话语来谈论每个地区。这些想法在对茶树原产地的争议中得到了体现——当时的帝国主义喉舌通过建立茶叶种植与阿萨姆之间与生俱来的天然关联，来将印度茶叶的崛起合理化。1935 年秋，当吴觉农漫步在阿萨姆茶园的田野，他提出了一个看似相反的解释。他写道，印度茶的成功并非源于其悠久的渊源，而是其产业的创新，这体现于其多产的幼龄茶树。事实上，中国的贸易过去一直被压得喘不过气，已被开垦耗尽的贫瘠农场上尽是已被采摘了数个世纪的老茶树。但是，吴觉农并未听天由命，而是提议在中国种植新的茶树，并采取新的科学技术。这样做将可能改变"我华茶命运"。[3] 换言之，茶叶不仅是大自然的馈赠，也是人类艰苦劳动的产物。当然，吴觉农的阐释植根于政治经济学的原则，它呼应了早先其他的贸易参与者（从 19 世纪 50 年代的阿萨姆茶叶公司种植园主到 19 世纪 90 年代茶叶危机中的清朝改革者）对人类劳动价值的观察。

但是，政治经济学也经常围绕着价值的概念，构建其自己的一套自然化的经济学理论。中国和印度作家在不同层面都挪用了政治经济学，并用一套恒定的、宇宙论式的言语来表达。维迪亚拉特纳谴责刑事合同是不道德的、奴隶式的，违反了供需和自由劳动的"一般供求规律"。陈炽宣扬"生财之道"，称其为"天之心"。就连吴觉农也忍不住宣称，中国茶在几千年来一直保持其传统不变。从这个角度来看，关于茶树原产地的理论尽管只是一套营销宣传，但也同样可被视为一个荒诞的、逻辑极端的政治经济学，及其对竞争和不均衡发展的不顾史实的自然美化。这种的不均衡性字面上也可以被具象化为中国的土壤与气候方面的物理属性，甚至是它的文明与文化。

相比之下，本书试图通过具体的经济生活史来阐释抽象的经济学思维。我在前文已指出，中国和印度的思想家接受了政治经济学的恒定不变的思想，部分原因是，这一思想与他们周遭环境的动态社会变化是一致的，尤其是在中国和孟加拉的农村地区发生的商品化工作种类的扩展。在这些亚洲腹地，新的意识形态形式和经济现实正彼此叠合，密切交织，不可分割。因此，"茶业战争"的一个自相矛盾的结论，就是关于"落后性"的现代史：所谓的非生产性买办资本和不自由的刑事劳动合同，对于中国和印度茶业的早期扩张或许均是必不可少的，但在20世纪，它们却被谴责为不适合现代的工业化世界。从生产性劳动和自由劳动的类别来看，中国和英属印度社会诸多方面在几代观察者和史学家看来，皆是偏狭且不变的。然而我认为，这些现象是资本主义正在进行的社会、经济和知识革命的历史产物。因此，它们的可信性向我们表明，这些学者业已浸润在横跨亚洲大陆的一种全球性、动态性的资本主义*社会模式之中。

最后，本书推测性地指向另一个重大问题，即跨国竞争与民族意识形态之间的历史关联，这一点在本书的最后两章中显而易见。我们要如何阐明竞争与民族主义之间的关系？一个假设来自社会学家尼尔·戴维森（Neil Davidson），他认为，竞争在功能主义层面上需要民族主义，以便用"一种比边际利润增加更高的抱负"来为自己正名。[4] 他的假设肯定会引起共鸣，例如，英国人试图利用爱国情绪，在英格兰推广并不受欢迎的印度茶。然而，就中国和印度的民族主义者而言，我们发现历史上不少的改革者都是在更早便形成了一种民族团结的意识，并摸索了各种策略——

---

* 此处有必要阐明，在作者及其赞同的更多史学家的观点中，"资本主义"（capitalism）泛指一种社会动态，而非发生于英格兰及西欧的狭隘资本主义。

如军事现代化或宗教——最后才将民族资本建设作为对外国统治的抵抗。因此，资本积累的经济目标和民族主义的政治情感之间，并没有必然的先后关系。然而，不论二者精确的运作方式究竟如何，到了 20 世纪，其联系变得不可忽视。这些国有化的积累形式也为我们了解 19 世纪后半叶全球茶叶贸易的后续发展提供了有用的桥梁。到那时，竞争的战场不再是自由贸易下的自由主义体制或帝国，而是战后的国际大家庭。

*

第二次世界大战期间，印度巩固了其作为世界最大茶叶生产国和出口国的地位。战后，随着苏联、拉丁美洲和东非（尤其是肯尼亚）的出口茶叶生产开始兴起，亚洲各地的生产商被迫面临新的竞争。茶叶，曾经在欧洲作为奢侈品消费的、具有异国情调的亚洲魔药，现今已成为一种大众商品，其生产和消费跨越了世界各大洲。[5]

在印度，主要的转变是茶叶生产和消费的本土化。一段时间以来，茶行业内出现了由孟加拉文员、律师和经纪人构成的中间阶层，他们对于增加社会流动性有更大的需求。等到印度独立时，他们从民族解放的立场出发，推动茶叶资本的本土化，新政府也相应地促进了印度人的所有权。在许多方面，印度精英继承了之前的英国殖民资本家的排他性策略。各类立法限制了外国资本进出这个新国家的流动性，企业被要求申请许可证、提供最低限度之上的社会福利，并保留最低水平以上的印度人股份。结果，从1958—1977年，外资茶园的份额从46.5%下降至32.5%，外资产量也从52.9%下降至38.4%。政府还将矛头指向了管理经纪行。并不意外的是，有人观察到，印度茶经历了茶叶"向东非的转向——那里的成本更低、产量更高、利润更加丰厚"。[6]

从20世纪50年代至20世纪60年代，茶叶在世界的供应量几乎翻番，印度茶叶在全球市场的占比份额从一半下降至三分之一。正是在这个时期，印度消费者中有饮茶习惯的人数却有了很大提升。在殖民时期，茶叶与帝国主义的紧密捆绑使得印度茶叶营销受阻。到了20世纪70年代，随着红碎茶工艺（cut-tear-curl，简称"CTC"，指"压碎-撕裂-揉卷"三道工艺）的发展——锯齿状的钢辊将叶子切碎为更小的颗粒以增强口感，印度国内的茶叶消费开始起飞。红碎茶加工机械的运作代表了一项新的技术进步，如菲利普·卢根多夫（Philip Lutgendorf）所证明的，其产品"将'耐泡杯数'翻了一番"，每公斤干茶可泡杯数从大约300杯上升至600杯。更便宜、更浓厚的红碎茶催生了充满活力的"香茶"*（chai）饮文化，印度茶在国内消费市场的份额也从1947年的30%、20世纪70年代的50%，到20世纪末攀升至70%。[7]

---

* "chai"即为中文"茶"（cha）的印地语发音，原意指茶。因印度当代茶饮流行在红碎茶中加入牛奶和各式香料混煮，形成一种具有印度特色的茶叶文化，"chai"在全球语境下也逐步演变为这种特殊的印度"香茶"的代名词。

二战后的中国茶叶史则更为曲折。20世纪50年代，吴觉农仍站在新中国茶业改良工作的最前线，但在那十年的后期，他在"反右"运动中因其个人的世界观而成为被边缘化的官员之一。他在位的最后记忆是"大跃进"时期，那时他只能无奈旁观干部和工人摧毁中国中部的茶田。作为自发性集体主义运动的一部分，这些干部邀请"城里修鞋的、剃头的、洗澡堂子的、卖水果的，统统上山采茶"。[8] 村民甚至将老茶树连根拔起，为土法炼铁炼钢提供燃料。理所当然，这种炼钢铁的土炉被视为对当时经济误判的象征，地方政府在匆忙建设新中国的过程中，牺牲了古代中国长久以来最具价值的经济作物。

接下来又发生了什么？根据官方说法，中国茶业直至20世纪80年代的市场化改革时期方才恢复。然而，在20世纪70年代至20世纪90年代开展的深入经济研究揭示了另一条时间线：20世纪80年代的茶业增长，实际上是20世纪60年代至20世纪70年代政策的成果。在"大跃进"之后，中央政府重新掌控了农业。而从1965年到1977年，茶叶的种植面积增加了两倍；在茶叶产量最高的年份，土地的收成相当于肯尼亚或斯里兰卡的生产总量。中央机构提供了数百万的贷款、数千吨的化肥和数千吨用于建造设备的钢材。不过，讽刺的在于——吴觉农所倡导的以新茶株更新茶田的建议，在"大跃进"期间并没有如其所愿，却在20世纪七八十年代得到了意外收获。这些细节，与近期新出现的关于那段时期的认知的学术研究相吻合，也表明在那个时期，"红色中国"成功推行了自己的"绿色革命"。如果属实,这场绿色革命或可算作吴觉农及其同仁在 20 世纪 30 年代理论化的茶业革命所实现的成就。[9]

今天,与 19、20 世纪之交的茶业战争一样,世界排名前两位的茶叶生产国仍是中国(2014 年数据为 190 万吨)与印度(120 万吨)。不过,在此期间发生了很多变化,两国的茶业自 20 世纪 30 年代以来经历了诸多历史性转折。茶叶消费的最新前沿不再是欧美,而是中国、印度和其他所谓"发展中市场"的中产阶层,他们现在可以负担消费得起在生态可持续条件、社会公平的劳作和贸易实践,以及手工精细化技术下种植的更昂贵的精品茶叶。印度的茶行业出人意料地改变了对中式制法居高临下的态度,局部采用了中国式的分段供应链生产,即个体农场采摘茶青后就卖给独立的"购叶厂"。人类学家萨拉·贝斯基(Sarah Besky)提出,这种模式的主要优势在于劳动力标准的极端灵活,为竞争激烈的行业提供了一个更为便宜、质量较低的替代方案。事实上,印度茶业界的一位发言人最近在许多方面表达了对中国茶的钦佩:"中国人在农业实践、机械、加工单元和产品方面都比我们要好得多",这位大吉岭茶园的所有者评论道,"印度在很多地方值得向中国学习,而中国没有需要向我们学习之处"。[10]

这样的历史讽刺进而强化了本书的主张:19、20 世纪之交的高水平工业发展时期的政治经济原则尽管以自然的乃至形而上学的语言表现出来,但实际上,它们已体现为一套专属于某个特定的、重要的历史时期的意识形态。对于历史研究者而言，通过20世纪中叶的聚焦镜头来解释资本主义史的长期时空视野并无太大益处，可谓是不合时宜地将其假设投射到不同的地点和时代。相反，我们需要一种在时间和空间上更为灵活的现代积累概念。当然，我并不是说要将20世纪工业的理想形态视为虚无。这种意识形态之所以能引起广泛共鸣和传播是有充分理由的，与当时真实可触的社会压力相对应。了解它们的历史形成过程，有助于我们理解它们在过去和未来的建构和演变。

为了完成这项任务，我试图借助对中国和印度特定地区的研究，但我并非暗示，这两个国家在某种程度上可代表世界的其他地区。在其他的后殖民场所，如美洲、中亚和东南亚、非洲及中欧，就资本主义史提出类似的问题同样具有价值。中国和印度殖民地的茶产区只是一段全球史的两个组成部分。但是，由于这两个地区常被一起视为东方主义幻想的对象——无论是正面的还是负面的，它们都是欧美文明的对立面——我相信，它们依然可作为一场持续进程的有效切入点，即对近几个世纪以来在全球范围展开的资本和经济生活的复杂历史进行再理论化。无论我们如何深入这项艰巨的任务，可以肯定的是，一旦依赖于对个体行为、进化阶段或民族文化差异的反历史推测，那么任何分析都会是受限的。或许，全球视野的历史分析的最佳状态，就是从对特定时间、人物、地点和思想的比较研究和综合分析出发，以便逐步提升高度。

注 释

1. 全国，《印度锡兰》，第1—3、56、58页；与吴宁的个人信件往来。

2. Mintz, *Sweetness and Power*, 46-55; Fu, "Chinese Agriculture," 312-14.

3. 全国，《印度锡兰》，第58、59页。

4. Davidson, "Multiple Nation-States," 237.

5. Rappaport, *Thirst for Empire*, 342-45.

6. Chatterjee, *Time for Tea*, 104-7; Banerjee, *Tea Plantation Industry*, chs. 6-8; Wickizer in Banerjee, 180.

7. Rappaport, *Thirst for Empire*, 345-47; Lutgendorf, "Making Tea," 17-24.

8. 王旭烽，《茶者圣》，第180页。

9. Forster, "Strange Tale"; Eisenman, *Green Revolution*; Schmalzer, *Red Revolution*.

10. FAO, "Current Market"; Besky, "Tea as Hero Crop"; Pramod Giri, "Indian Tea Industry Has a Lot to Learn from Its Chinese Counterpart, Say Traders and Growers," 22 April 2017, *Hindustan Times*.

章后注释缩写说明

ACA	伦敦大都会档案馆阿萨姆茶叶公司档案。
CCJ	《陈炽集》，赵树贵、曾丽雅编著，北京：中华书局，1997 年。
FHA	北京第一历史档案馆。
INR	印度报纸报道。完整的报道藏于伦敦大英图书馆，印度办公室记录，编号 IOR/L/R/5/1 至 208。
IOR	伦敦大英图书馆，印度办事处记录。
ITA Report	印度茶叶协会，总务委员会详细报告。完整的年度报告，藏于伦敦大英图书馆，印度办公室记录，编号 Eur F174/584 至 670。
JFA	格拉斯哥大学詹姆斯与芬利联合公司档案馆。
JMA	剑桥大学怡和洋行档案。
JSA	剑桥大学渣甸与斯金纳联合公司档案。
NAI	新德里印度国家档案馆。
RALEC	阿萨姆邦劳工调查委员会报告，1906 年。加尔各答：政府印刷总监办公室，1906 年。
WBSA	加尔各答西孟加拉邦档案馆。
ZCWJ	《中国茶文化经典》，陈彬藩主编，余悦、关博文副主编。北京：光明日报出版社，1999 年。

参考文献

中文参考文献

安徽省农业科学院祁门茶叶研究所，编.1985.七十周年所庆纪念.祁门：安徽省农业科学院祁门茶叶研究所。

安徽省立茶叶改良场.1934.平里茶叶运销信用合作报告.祁门：大文印刷所。

卞宝第.1900.卞制军奏议。

茶声半月刊.1939.屯溪：茶声半月刊出版社。

陈彬藩，余悦，关博文，编.1999.中国茶文化经典.北京：光明日报出版社。

陈炽.1997.陈炽集.赵树贵，曾丽雅编.北京：中华书局。

陈椽.1984.安徽茶经.合肥：安徽科学技术出版社。

陈慈玉.1982.近代中国茶业的发展与世界市场.南港："中央"研究院经济研究所。

———.1994.台北县茶业发展史.台北县板桥市：台北县立文化中心。

陈祖椝，朱自振，编著.1981.中国茶叶历史资料选辑.北京：农业出版社。

定光平.2004."羊楼洞茶区近代乡村工业化与地方社会经济变迁."武汉：华中师范大学。

范和钧.1937."屯溪茶业调查."国际贸易导报9卷（4号）：113-35。

傅宏镇.1934."皖浙新安江流域之茶业."国际贸易导报6卷（7号）：113-80。

胡寄窗.1998.中国经济思想史.上海：上海财经大学出版社。

胡武林.2003.徽州茶经.北京：当代中国出版社。

蒋学楷.1937."祁门红茶."农村合作2卷（3期）：93-101。

李伯重.1996."从'夫妇并作'到男耕女织——明清江南农家妇女劳动问题探

讨之一．"中国经济研究，第 3 期：99-107。

李江珉，李自茂．1998."论陈炽的生产观．"江西教育院学报（社会科学）19
　　卷（5 期）：38-40。

林馥泉．1943.武夷茶业之生产制造及运销．永安：福建省农林处农业经济研
　　究室。

凌大珽．1986.中国茶税简史．北京：中国财政经济出版社。

陆澄溪．1986."我的自述（1951）．"江苏文史资料选辑，18 辑：124-51．南
　　京：江苏人民出版社。

陆溁．1910.调查国内茶务报告书。

———．1994."陆溁就我国茶业衰败情形致实业部呈（1931）．"中华民国史档
　　案资料汇编，中国第二历史档案馆，867-74．第五辑第一编财政经济（八）.
　　南京：江苏古籍出版社。

———．2009.乙巳年调查印锡茶务日记（1909）．69 卷．唐宋元明清藏事史料
　　汇编．第九辑．涉藏典籍辑要；第 69 册 9.北京：学苑出版社。

马建忠．1982."富民说．"中国近代经济思想资料选辑，赵靖，易梦虹，编．2
　　卷．北京：中华书局。

马寅初．1923."中国之买办制．"东方杂志 20 卷（6 号）：129-32。

聂宝璋．1979.中国买办资产阶级的发生．北京：中国社会科学出版社。

彭南生．2007.半工业化：近代中国乡村手工业的发展与社会变迁．北京：中华
　　书局。

彭泽益，编．1957.中国近代手工业史资料（1840—1949）．4 卷．北京：三联
　　书店。

全国经济委员会农业处，编．1936.印度锡兰之茶业．南京：全国经济委员会。

沙为楷．1927.中国买办制．上海：商务印书馆。

上海商业储蓄银行调查部，编．1931.茶？上海：上海商业储蓄银行信托部。

重田德．1975.清代社会经济史研究．东京：岩波书店。

水海刚．2006."近代闽江流域经济与社会（1861—1937）．"厦门：厦门大学。

孙文郁，刘润涛，王福畴，编．1936a.祁门红茶之生产制造及运销．豫鄂皖赣
　　四省农村经济调查报告．南京：金陵大学农业经济系印行。

———，编．1936b.屯溪绿茶之生产制造及运销．豫鄂皖赣四省农村经济调查
　　报告．南京：金陵大学农业经济系印行。

唐永基，魏德端 . 1941. 福建之茶 . 永安：福建省政府统计处。

王廷元，张海鹏 . 1995. 徽商研究 . 新版 . 北京：人民出版社。

王旭烽 . 2003. 茶者圣：吴觉农传 . 杭州：浙江人民出版社。

王振忠 . 2002. 徽州社会文化史探微 . 上海：上海科学文献出版社。

吴觉农 . 1922. "中国的农民问题 ." 东方杂志 19 卷（16 号）：2-20。

———. 1987. 吴觉农选集 . 中国茶叶学会编 . 上海：上海科学技术出版社。

吴觉农，范和钧 1937. 中国茶业问题 . 上海：商务印书馆。

吴觉农，胡浩川 . 1933. "祁红茶业复兴计划 ." 国际贸易导报 5 卷（11 号）：
　　37-54。

———. 1935. 中国茶业复兴计划 . 上海：商务印书馆。

吴山 . 1924. "怪买办 ." 民众文学 8 卷（4 期）：1-12。

杨联陞 . 1987. 中国文化中 "报"、"保"、"包" 之意义 . 香港：香港中文大学出
　　版社。

叶耀元 . 1972. "万国货殖论 ." 皇朝经世文新编 (1898)，麦仲华编，2：515-
　　25. 台北县：文海出版社。

张登德 . 2005. 寻求近代富国之道的思想先驱——陈炽研究 . 济南：齐鲁书社。

———. 2009. 求富与近代经济学中国解读的最初视角：《富国策》的译刊与传
　　播 . 合肥：黄山书社。

张维 . 1934. "关于平里合作社 ." 平里茶叶运销信用合作报告，安徽省立茶叶
　　改良场编，23-26. 祁门：大文印刷所。

赵靖，石世奇，编 . 2004. 中国经济思想通史续集：中国近代经济思想史 . 北
　　京：北京大学出版社。

赵靖，易梦虹，编 . 1982. 中国近代经济思想资料选辑 . 北京：中华书局。

郑观应 . 1994. 盛世危言（1894—1900）. 陈志良编 . 沈阳：辽宁人民出版社。

郑会欣 . 2006. "战前'统制经济'学说的讨论及其实践 ." 南京大学学报，第
　　一期：86-100。

郑世璜 . 2009. 乙巳年考察印锡茶土日记（1909）. 69 卷 . 唐宋元明清藏事史料
　　汇编 . 第九辑，涉藏典籍辑要；第 69 册 9. 北京：学苑出版社。

庄晚芳 . 1988. 中国茶史散论 . 北京：科学出版社出版。

邹怡 . 2012. 明清以来的徽州茶业与地方社会（1368—1949）. 上海：复旦大学
　　出版社。

外文参考文献书目

Allen, Robert C. *The British Industrial Revolution in Global Perspective.* Cambridge: Cambridge University Press, 2009.

Ambirajan, S. *Classical Political Economy and British Policy in India.* Cambridge: Cambridge University Press, 1978.

Amin, Shahid, and Marcel van der Linden, eds. "Introduction." In *"Peripheral" Labour?: Studies in the History of Partial Proletarianization,* 1–8. Cambridge: Cambridge University Press, 1997.

Antrobus, H. A. *A History of the Assam Company, 1839–1953.* Edinburgh: T. and A. Constable, 1957.

———. *A History of the Jorehaut Tea Company Ltd., 1859–1946.* London: Tea and Rubber Mail, 1948.

Arrighi, Giovanni. *Adam Smith in Beijing: Lineages of the Twenty-First Century.* London: Verso, 2007.

———. *The Long Twentieth Century: Money, Power, and the Origins of Our Times.* London: Verso, 1994.

Assam Labour Enquiry Committee. *Proceedings of the Assam Labour Enquiry Committee in the Recruiting and Labour Districts.* Kolkata: Office of the Superintendent of Government Printing, 1906.

———. *Report of the Assam Labour Enquiry Committee, 1906.* Kolkata: Office of the Superintendent of Government Printing, 1906.

———. *Report of the Assam Labour Enquiry Committee, 1921–1922.* Shillong: Government Press, 1922.

Astourian, Stephen. "Testing World-System Theory, Cilicia, 1830s–1890s: Armenian-Turkish Polarization and the Ideology of Modern Ottoman Historiography." PhD diss.: University of California, Los Angeles, 1996.

Atiyah, P. S. *The Rise and Fall of Freedom of Contract.* Oxford: Clarendon Press, 1985.

Bagal, Jogesh Chandra. *History of the Indian Association, 1876–1951* (1953). 3rd ed. Kolkata: Indian Association, 2002.

Bagchi, Amiya Kumar. *Private Investment in India, 1900–1939.* Cambridge: Cambridge University Press, 1972.

Baildon, Samuel. *Tea in Assam: A Pamphlet on the Origin, Culture, and Manufacture of Tea in Assam.* Kolkata: W. Newman, 1877.

———. *The Tea Industry in India: A Review of Finance and Labour, and a Guide for Capitalists and Assistants.* London: W. H. Allen, 1882.

Ball, Samuel. *An Account of the Cultivation and Manufacture of Tea in China.* London: Longman, Brown, Green, and Longmans, 1848.

Banaji, Jairus. "Capitalist Domination and the Small Peasantry: The Deccan Districts in the Late Nineteenth Century." In *Theory as History:*

Essays on Modes of Production and Exploitation, 277–332. Chicago: Haymarket Books, 2011.

———. "The Fictions of Free Labour: Contract, Coercion, and So-Called Unfree Labour." In *Theory as History: Essays on Modes of Production and Exploitation,* 131–54. Chicago: Haymarket Books, 2011.

———. "Islam, the Mediterranean and the Rise of Capitalism." In *Theory as History: Essays on Modes of Production and Exploitation,* 251–76. Chicago: Haymarket Books, 2011.

———. "Merchant Capitalism, Peasant Households and Industrial Accumulation: Integration of a Model." *Journal of Agrarian Change* 16, no. 3 (2016): 410–31.

———. "Modes of Production in a Materialist Conception of History." In *Theory as History: Essays on Modes of Production and Exploitation,* 45–102. Chicago: Haymarket Books, 2011.

———. "Modes of Production: A Synthesis." In *Theory as History: Essays on Modes of Production and Exploitation,* 349–360. Chicago: Haymarket Books, 2011.

———. "Seasons of Self-Delusion: Opium, Capitalism and the Financial Markets." *Historical Materialism* 21, no. 2 (2013): 3–19.

Banerjee, Gangadhar. *Tea Plantation Industry, between 1850 and 1992: Structural Changes.* Gauhati: Lawyer's Book Stall, 1996.

Banerjee, Prathama. *The Politics of Time: "Primitives" and the Writing of History in Colonial Bengal.* New Delhi: Oxford University Press, 1998.

Baptist, Edward E. *The Half Has Never Been Told: Slavery and the Making of American Capitalism.* New York: Basic Books, 2014.

Barker, George M. *A Tea Planter's Life in Assam.* Kolkata: Thacker, Spink, 1884.

Barpujari, H. K. *Assam in the Days of the Company, 1826–1858.* 2nd ed. Gauhati: Spectrum Publications, 1980.

———. *Political History of Assam: 1920–1939.* Gauhati: Government of Assam, 1978.

Bayly, C. A., and Sanjay Subrahmanyam. "Portfolio Capitalists and the Political Economy of Early Modern India." *Indian Economic & Social History Review* 25, no. 4 (1988): 401–24.

Beckert, Sven. *Empire of Cotton: A Global History.* New York: Knopf, 2014.

———. "History of American Capitalism." In *American History Now,* edited by Eric Foner and Lisa McGirr, 314–35. Philadelphia: Temple University Press, 2011.

Bedini, Silvio A. "The Scent of Time: A Study of the Use of Fire and Incense for Time Measurement in Oriental Countries." *Transactions of the American Philosophical Society* 53, no. 5 (1963): 1–51.

———. *The Trail of Time: Time Measurement with Incense in East Asia.*

Cambridge: Cambridge University Press, 1994.

Behal, Rana Partap. *One Hundred Years of Servitude: Political Economy of Tea Plantations in Colonial Assam.* New Delhi: Tulika Books, 2014.

Behal, Rana, and Prabhu Mohapatra. "'Tea and Money versus Human Life': The Rise and Fall of the Indenture System in the Assam Tea Plantations, 1840–1908." *Journal of Peasant Studies* 19, no. 3 (1992): 142–72.

Bell, Lynda S. *One Industry, Two Chinas: Silk Filatures and Peasant-Family Production in Wuxi County, 1865–1937.* Stanford: Stanford University Press, 1999.

Benn, James A. *Tea in China: A Religious and Cultural History.* Honolulu: University of Hawai'i Press, 2015.

Berg, Maxine. "Factories, Workshops and Industrial Organisation." In *The Economic History of Britain since 1700: 1700–1860*, edited by Roderick Floud and Deirdre N. McCloskey, 123–50. Cambridge: Cambridge University Press, 1994.

———. *The Machinery Question and the Making of Political Economy, 1815–1848.* Cambridge: Cambridge University Press, 1982.

Bergère, Marie-Claire. *The Golden Age of the Chinese Bourgeoisie, 1911–1937.* Translated by Janet Lloyd. Cambridge: Cambridge University Press, 1989.

Bernstein, Henry, and Tom Brass. "Introduction: Proletarianisation and Deproletarianisation on the Colonial Plantation." *Journal of Peasant Studies* 19, no. 3–4 (1992): 1–40.

Besky, Sarah. "Tea as Hero Crop? Embodied Algorithms and Industrial Reform in India." *Science as Culture* 26, no. 1 (2017): 11–31.

Bhatia, Nandi. *Acts of Authority, Acts of Resistance: Theater and Politics in Colonial and Postcolonial India.* Ann Arbor: University of Michigan Press, 2004.

Bhattacharya, Sabyasachi. "Laissez Faire in India." *Indian Economic & Social History Review* 2, no. 1 (1965): 1–22.

Bhattacharya, Sabyasachi, and B. Chaudhuri. "Eastern India." In *The Cambridge Economic History of India*, vol. 2, edited by Dharma Kumar and Meghnad Desai, 270–331. Cambridge: Cambridge University Press, 1983.

Bhattacharya, Subhas. "Indigo Planters, Ram Mohan Roy and the 1833 Charter Act." *Social Scientist* 4, no. 3 (1975): 56–65.

Birla, Ritu. *Stages of Capital: Law, Culture, and Market Governance in Late Colonial India.* Durham: Duke University Press, 2009.

Biswās, Pratibhā, ed. *Hujur Darpan: Kam Ālocita Nātake Ūnis Satker Bānglā.* Kolkata: Pharma K.L.M. Private, 1983.

Bose, Sugata. *Agrarian Bengal: Economy, Social Structure, and Politics,*

1919–1947. Cambridge: Cambridge University Press, 1986.

Boss, Helen. *Theories of Surplus and Transfer: Parasites and Producers in Economic Thought*. Boston: Unwin Hyman, 1990.

Bowen, H. V. *The Business of Empire: The East India Company and Imperial Britain, 1756–1833*. Cambridge: Cambridge University Press, 2005.

———. "Tea, Tribute and the East India Company, c. 1750–c. 1775." In *Hanoverian Britain and Empire: Essays in Memory of Philip Lawson*, edited by Stephen Taylor, Richard Connors, and Clyve Jones, 158–76. Rochester: Boydell Press, 1998.

Braudel, Fernand. *The Wheels of Commerce*. Translated by Siân Reynolds. New York: Harper & Row, 1982.

Braverman, Harry. *Labor and Monopoly Capital: The Degradation of Work in the Twentieth Century*. 25th anniv. ed. New York: Monthly Review Press, 1998.

Bray, Francesca. *Technology and Gender: Fabrics of Power in Late Imperial China*. Berkeley: University of California Press, 1997.

Breman, Jan. *Footloose Labour: Working in India's Informal Economy*. Cambridge: Cambridge University Press, 1996.

Breman, Jan, and E. Valentine Daniel. "Conclusion: The Making of a Coolie." *Journal of Peasant Studies* 19, no. 3–4 (1992): 268–95.

Brenner, Robert. "The Origins of Capitalist Development: A Critique of Neo-Smithian Marxism." *New Left Review* I, no. 104 (1977): 25–92.

Brenner, Robert, and Christopher Isett. "England's Divergence from China's Yangzi Delta: Property Relations, Microeconomics, and Patterns of Development." *Journal of Asian Studies* 61, no. 2 (2002): 609–62.

Bright, Charles, and Michael Geyer. "Benchmarks of Globalization: The Global Condition, 1850–2010." In *A Companion to World History*, edited by Douglas Northrop, 285–300. Chichester: Wiley-Blackwell, 2012.

Bruce, C. A. *An Account of the Manufacture of the Black Tea, as Now Practised at Suddeya in Upper Assam*. Kolkata: G. H. Huttman, Bengal Military Orphan Press, 1838.

———. *Report on the Manufacture of Tea, and on the Extent and Produce of the Tea Plantations in Assam*. Kolkata: Bishop's College Press, 1839.

Buckingham, Sir James. *A Few Facts about Indian Tea*. London: Indian Tea Association, 1910.

Burawoy, Michael. *The Politics of Production: Factory Regimes under Capitalism and Socialism*. London: Verso, 1985.

Cain, P. J., and A. G. Hopkins. *British Imperialism, 1688–2015*. 3rd ed. London: Routledge, 2016.

Cannadine, David. "The Present and the Past in the English Industrial Revolution, 1880–1980." *Past & Present*, no. 103 (1984): 131–72.

Carter, Marina. *Servants, Sirdars and Settlers: Indians in Mauritius, 1834–1874*. New Delhi: Oxford University Press, 1995.

Chan, Wellington K. K. *Merchants, Mandarins, and Modern Enterprise in Late Ch'ing China*. Cambridge: East Asian Research Center, Harvard University Press, 1977.

Chandra, Bipan. *The Rise and Growth of Economic Nationalism in India: Economic Policies of Indian National Leadership, 1880–1905*. New Delhi: People's Publishing House, 1966.

Chao, Kang. *The Development of Cotton Textile Production in China*. Cambridge: East Asian Research Center, Harvard University, 1977.

Chapman, S. D. "The Agency Houses: British Mercantile Enterprise in the Far East, c.1780–1920." *Textile History* 19, no. 2 (1988): 239–54.

Chatterjee, Partha. *The Nation and Its Fragments: Colonial and Postcolonial Histories*. Princeton: Princeton University Press, 1993.

Chatterjee, Piya. *A Time for Tea: Women, Labor and Post-Colonial Politics on an India Plantation*. Durham: Duke University Press, 2001.

Chattopādhyāy, Dakshinācharan. *Chā-Kar Darpan Nātak* (1874). In *Bānglā Nātya Sankalan*, edited by Ajitkumār Ghosh, Bishnu Basu, and Nripendra Sāhā, 1:229–53. Kolkata: Paschimbanga Nātya Ākādemi, 2001.

Chattopādhyāy, Jogendranāth. *Chā-Kulīr Ātmakāhinī*. Kolkata: Hindu Dharma Press, 1901.

Chattopādhyāy, Kānāilāl, ed. *Āsāme Chā-Kuli Āndolan O Rāmkumār Vidyāratna*. Kolkata: Papyrus, 1989.

———. "Introduction." In *Slavery in British Dominion*, edited by Sris Kumar Kunda and K. L Chattopadhyay. Kolkata: Jijnasa, 1972.

Chaudhuri, B. "Agrarian Relations: Eastern India." In *The Cambridge Economic History of India*, vol. 2, edited by Dharma Kumar and Meghnad Desai, 86–177. Cambridge: Cambridge University Press, 1983.

Chen, Han-Seng. "Cooperatives as a Panacea for China's Ills." *Far Eastern Survey* 6, no. 7 (1937): 71–77.

Chen, Yixin. "The Guomindang's Approach to Rural Socioeconomic Problems: China's Rural Cooperative Movement, 1918–1949." PhD diss.: Washington University, 1995.

Chiang, Yung-chen. *Social Engineering and the Social Sciences in China, 1919–1949*. Cambridge: Cambridge University Press, 2001.

Chung, Tan. "The Britain-China-India Trade Triangle, 1771–1840." *Indian Economic & Social History Review* 11, no. 4 (1974): 411–31.

Coble, Parks M. *The Shanghai Capitalists and the Nationalist Government, 1927–1937*. Cambridge: Council on East Asian Studies, Harvard University Press, 1980.

Cohen, Paul A. *Between Tradition and Modernity: Wang T'ao and Reform in Late Ch'ing China*. Cambridge: Harvard University Press, 1974.

Cohn, Bernard S. *Colonialism and Its Forms of Knowledge*. Princeton:

Princeton University Press, 1996.

Crole, David. *Tea: A Text Book of Tea Planting and Manufacture*. London: Crosby Lockwood, 1897.

Das, Rajani Kanta. *Plantation Labour in India*. Kolkata: R. Chatterjee, 1931.

Dasgupta, Ajit K. *A History of Indian Economic Thought*. London: Routledge, 1993.

Davidson, Neil. "The Necessity of Multiple Nation-States for Capital." In *Nation-States: Consciousness and Competition*, 187–246. Chicago: Haymarket Books, 2016.

de Vries, Jan. *The Industrious Revolution: Consumer Behavior and the Household Economy, 1650 to the Present*. Cambridge: Cambridge University Press, 2008.

Devine, T. M. "Scotland." In *The Cambridge Economic History of Modern Britain*, vol. 1, edited by Roderick Floud and Paul Johnson, 388–416. Cambridge: Cambridge University Press, 2004.

Dirlik, Arif. "Chinese Historians and the Marxist Concept of Capitalism: A Critical Examination." *Modern China* 8, no. 1 (1982): 105–32.

Dowding, Charles. *Tea-Garden Coolies in Assam*. Kolkata: Thacker, Spink, 1894.

Du Bois, W. E. B. *Black Reconstruction in America: 1860–1880* (1935). New York: Free Press, 1998.

Dunstan, Helen. *State or Merchant?: Political Economy and Political Process in 1740s China*. Cambridge: Harvard University Asia Center, 2006.

Dutt, Romesh. *The Economic History of India: In the Victorian Age*, vol. 2. London: Kegan Paul, Trench, Trubner, 1904.

Dyce, Charles M. *Personal Reminiscences of Thirty Years' Residence in the Model Settlement Shanghai, 1870–1900*. London: Chapman & Hall, 1906.

Edgar, J. W. "Report on Tea Cultivation." In *East India (Products). Part I. Reports on the Tea and Tobacco Industries in India*, 9–27. London: George Edward Eyre and William Spottiswoode, 1874.

Edgerton, David. "Innovation, Technology, or History: What Is the Historiography of Technology About?" *Technology and Culture* 51, no. 3 (2010): 680–97.

———. *The Shock of the Old: Technology and Global History since 1900*. New York: Oxford University Press, 2007.

Eisenman, Joshua. *Red China's Green Revolution: Technological Innovation, Institutional Change, and Economic Development under the Commune*. New York: Columbia University Press, 2018.

Eley, Geoff. "Historicizing the Global, Politicizing Capital: Giving the Present a Name." *History Workshop Journal* 63, no. 1 (2007): 154–88.

Elman, Benjamin A. "Naval Warfare and the Refraction of China's Self-Strengthening Reforms into Scientific and Technological Failure, 1865–1895." *Modern Asian Studies* 38, no. 2 (2004): 283–326.

Elson, Diane. "The Value Theory of Labour." In *Value: The Representation of Labour in Capitalism*, 115–80. Reprint. London: Verso Books, 2015.

Elvin, Mark. *The Pattern of the Chinese Past*. Stanford: Stanford University Press, 1973.

Ermiş, Fatih. *A History of Ottoman Economic Thought*. London: Routledge, 2014.

Eyles, Douglas. "The Abolition of the East India Company's Monopoly, 1833." PhD diss.: University of Edinburgh, 1956.

FAO (Food and Agriculture Organization of the United Nations). "Current Market Situation and Medium-Term Outlook, CCP:TE 18/CRS1," 17 May 2018. www.fao.org/3/BU642en/bu642en.pdf.

Farooqui, Amar. "Bombay and the Trade in Malwa Opium." In *Opium City: The Making of Early Victorian Bombay*, 17-49. Gurgaon: Three Essays Collective, 2006.

Feuerwerker, Albert. *China's Early Industrialization: Sheng Hsuan-Huai (1844–1916) and Mandarin Enterprise*. New York: Atheneum, 1970.

Fields, Barbara Jeanne. "Slavery, Race and Ideology in the United States of America." *New Left Review* I, no. 181 (1990): 95–118.

Fitzgerald, John. *Awakening China: Politics, Culture, and Class in the Nationalist Revolution*. Stanford: Stanford University Press, 1998.

Flynn, Dennis O., and Arturo Giráldez. "Born with a 'Silver Spoon': The Origin of World Trade in 1571." *Journal of World History* 6, no. 2 (1995): 201–21.

———. "Path Dependence, Time Lags and the Birth of Globalisation: A Critique of O'Rourke and Williamson." *European Review of Economic History* 8, no. 1 (2004): 81–108.

Forster, Keith. "The Strange Tale of China's Tea Industry during the Cultural Revolution." *China Heritage Quarterly*, no. 29 (2012). http://www.chinaheritagequarterly.org/features.php?searchterm=029_forster.inc&issue=029.

Fortune, Robert. *A Journey to the Tea Countries of China: Including Sung-Lo and the Bohea Hills*. London: John Murray, 1852.

———. *Three Years' Wanderings in the Northern Provinces of China*. London: John Murray, 1847.

Frank, André Gunder. *ReOrient: Global Economy in the Asian Age*. Berkeley: University of California Press, 1998.

Fraser, Nancy. *Fortunes of Feminism: From State-Managed Capitalism to Neoliberal Crisis*. London: Verso, 2013.

Fu Yiling. "Capitalism in Chinese Agriculture: On the Laws Governing Its Development." *Modern China* 6, no. 3 (1980): 311–16.

Ganguli, Dwarkanath. *Slavery in British Dominion.* Edited by K. L. Chattopadhyay and Sris Kumar Kunda. Kolkata: Jijnasa, 1972.

Gardella, Robert. *Harvesting Mountains: Fujian and the China Tea Trade, 1757–1937.* Berkeley: University of California Press, 1994.

Ghosh, Arunabh. "Before 1962: The Case for 1950s China-India History." *Journal of Asian Studies* 76, no. 3 (2017): 697-727.

Ghosh, Durgānāth. "Paribrājakācārya Swāmī Rāmānanda" (1927). In *Āsāme Chā-Kuli Āndolan O Rāmkumār Vidyāratna*, edited by Kānāilāl Chattopādhyāy, 109–238. Kolkata: Papyrus, 1989.

Ghosh, Kaushik. "A Market for Aboriginality: Primitivism and Race Classification in the Indentured Labour Market of Colonial India." In *Subaltern Studies X: Writings on South Asian History and Society*, edited by Susie Tharu, Gautam Bhadra, and Gyan Prakash, 8–48. New Delhi: Oxford University Press, 1999.

Ghosh, Suniti Kumar. *The Indian Big Bourgeoisie: Its Genesis, Growth and Character.* Kolkata: Subarnarekha, 1985.

Goswami, Manu. *Producing India: From Colonial Economy to National Space.* Chicago: University of Chicago Press, 2004.

Greenberg, Michael. *British Trade and the Opening of China, 1800–1842.* Reprint. New York: Monthly Review Press, 1979.

Griffiths, Sir Percival Joseph. *The History of the Indian Tea Industry.* London: Weidenfeld & Nicolson, 1967.

Guha, Amalendu. "A Big Push without a Take-off: A Case Study of Assam, 1871–1901." *Indian Economic & Social History Review* 5, no. 3 (1968): 199–221.

———. "Colonisation of Assam: Second Phase 1840–1859." *Indian Economic & Social History Review* 4, no. 4 (1967): 289–317.

———. *Medieval and Early Colonial Assam: Society, Polity, Economy.* Kolkata: Published for Centre for Studies in Social Sciences, Calcutta, by K. P. Bagchi, 1991.

———. *Planter Raj to Swaraj: Freedom Struggle and Electoral Politics in Assam, 1826–1947.* Rev. ed. New Delhi: Tulika Books, 2006.

Guha, Ranajit. *A Rule of Property for Bengal: An Essay on the Idea of Permanent Settlement.* Reprint. Durham: Duke University Press, 1996.

Guo, Qitao. *Ritual Opera and Mercantile Lineage: The Confucian Transformation of Popular Culture in Late Imperial Huizhou.* Stanford: Stanford University Press, 2005.

Hamilton, Gary G., and Kao Cheng-shu. *Making Money: How Taiwanese Industrialists Embraced the Global Economy.* Stanford: Stanford University Press, 2017.

Hao, Yen-p'ing. *The Commercial Revolution in Nineteenth-Century China:*

The Rise of Sino-Western Mercantile Capitalism. Berkeley: University of California Press, 1986.

———. *The Comprador in Nineteenth Century China: Bridge between East and West.* Cambridge: Harvard University Press, 1970.

Harootunian, Harry. *Marx after Marx: History and Time in the Expansion of Capitalism.* New York: Columbia University Press, 2015.

Hartwell, Robert. "Demographic, Political, and Social Transformations of China, 750–1550." *Harvard Journal of Asiatic Studies* 42, no. 2 (1982): 365–442.

Harvey, David. *The Condition of Postmodernity: An Enquiry into the Origins of Cultural Change.* Cambridge: Blackwell, 1990.

Hay, Douglas, and Paul Craven. "Introduction." In *Masters, Servants, and Magistrates in Britain and the Empire, 1562–1955,* edited by Douglas Hay and Paul Craven, 1–58. Chapel Hill: University of North Carolina Press, 2005.

Hegel, G. W. F. *The Encyclopaedia Logic* (1830). Translated by T. F. Geraets, W. A. Suchting, and H. S. Harris. Indianapolis: Hackett Publishing Company, 1991.

Hellyer, Robert. "1874: Tea and Japan's New Trading Regime." In *Asia Inside Out: Changing Times,* edited by Eric Tagliacozzo, Helen F. Siu, and Peter C. Perdue, 186–206. Cambridge: Harvard University Press, 2015.

Ho, Engseng. "Inter-Asian Concepts for Mobile Societies." *Journal of Asian Studies* 76, no. 4 (2017): 907–28.

Hoh, Erling, and Victor H. Mair. *The True History of Tea.* New York: Thames & Hudson, 2009.

Holt, Thomas C. *The Problem of Freedom: Race, Labor, and Politics in Jamaica and Britain, 1832–1938.* Baltimore: Johns Hopkins University Press, 1992.

Hommel, Rudolf P. *China at Work: An Illustrated Record of the Primitive Industries of China's Masses, Whose Life Is Toil, and Thus an Account of Chinese Civilization.* New York: John Day, 1937.

Hsiao Liang-lin. *China's Foreign Trade Statistics, 1864–1949.* Cambridge: East Asian Research Center, Harvard University Press, 1974.

Hsiung, Ping-Chun. *Living Rooms as Factories: Class, Gender, and the Satellite Factory System in Taiwan.* Philadelphia: Temple University Press, 1996.

Hu Shih. "The People of Hui-Chou" (1959). *Chinese Studies in History* 14, no. 4 (1981): 4–7.

Huang, H. T. *Fermentations and Food Science,* vol. 6, part 5 of *Science and Civilisation in China.* Edited by Joseph Needham. Cambridge: Cambridge University Press, 2000.

Huang, Philip C. C. *The Peasant Economy and Social Change in North China*. Stanford: Stanford University Press, 1985.

———. *The Peasant Family and Rural Development in the Yangzi Delta, 1350–1988*. Stanford: Stanford University Press, 1990.

Ichiko Chūzō. "Political and Institutional Reform 1901–11." In *Cambridge History of China*, vol. 11, edited by John K. Fairbank and Kwang-Ching Liu, 375–415. Cambridge: Cambridge University Press, 1980.

Imperial Maritime Customs (IMC). *Decennial Reports on the Trade, Industries, Etc. of the Ports Open to Foreign Commerce, and on Conditions and Development of the Treaty Port Provinces, 1882–1891*. Shanghai: Statistical Department of the Inspectorate General of Customs, 1893.

———. *Tea, 1888*. China. Shanghai: Statistical Department of the Inspectorate General of Customs, 1889.

James Finlay & Company Limited: Manufacturers and East India Merchants, 1750–1950. Glasgow: Jackson Son, 1951.

Jaynes, Gerald David. *Branches without Roots: Genesis of the Black Working Class in the American South, 1862–1882*. New York: Oxford University Press, 1986.

Jeffery, Roger. "Merchant Capital and the End of Empire: James Finlay, Merchant Adventurers." *Economic and Political Weekly* 17, no. 7 (1982): 241–48.

Jenkins, Francis. *Report on the North-East Frontier of India: A Documentary Study*. Edited by H. K. Barpujari. Gauhati: Spectrum Publications, 1995.

Kale, Madhavi. *Fragments of Empire: Capital, Slavery, and Indian Indentured Labor Migration to the British Caribbean*. Philadelphia: University of Pennsylvania Press, 1998.

Kang, Minsoo. *Sublime Dreams of Living Machines: The Automaton in the European Imagination*. Cambridge: Harvard University Press, 2011.

Karl, Rebecca E. "Compradors: The Mediating Middle of Capitalism in Twentieth-Century China and the World." In *East-Asian Marxisms and Their Trajectories*, edited by Joyce C. H. Liu and Viren Murthy, 119–36. London: Routledge, 2017.

———. *The Magic of Concepts: History and the Economic in Twentieth-Century China*. Durham: Duke University Press, 2017.

———. *Staging the World: Chinese Nationalism at the Turn of the Twentieth Century*. Durham: Duke University Press, 2002.

Kling, Blair B. *Partner in Empire: Dwarkanath Tagore and the Age of Enterprise in Eastern India*. Berkeley: University of California Press, 1977.

Kolsky, Elizabeth. *Colonial Justice in British India*. Cambridge: Cambridge University Press, 2010.

Kopf, David. *The Brahmo Samaj and the Shaping of the Modern Indian Mind*. Princeton: Princeton University Press, 1979.

Landes, David S. *Revolution in Time: Clocks and the Making of the Modern World*. Cambridge: Belknap Press of Harvard University Press, 1983.

Lee, Ching Kwan. *Gender and the South China Miracle: Two Worlds of Factory Women*. Berkeley: University of California Press, 1998.

Lees, William Nassau. *The Land and Labour of India: A Review*. London: Williams and Norgate, 1867.

————. *A Memorandum Written after a Tour through the Tea Districts of Eastern Bengal in 1864–65*. Kolkata: Bengal Secretariat Press, 1866.

————, ed. *The Resolutions, Regulations, Despatches and Laws Relating to the Sale of Waste Lands and the Immigration of Labor in India*. Kolkata: Military Orphan Press, 1863.

————. *Tea Cultivation, Cotton and Other Agricultural Experiments in India: A Review*. London: W. H. Allen, 1863.

Leung, Hon-Chu. "Local Lives and Global Commodity Chains: Timing, Networking and the Hong Kong-Based Garment Industry, 1953–1993." PhD diss.: Duke University, 1997.

Levy, Jonathan. "Capital as Process and the History of Capitalism." *Business History Review* 91, no. 3 (2017): 483–510.

Li Bozhong. *Agricultural Development in Jiangnan, 1620–1850*. New York: St. Martin's Press, 1998.

Li, Lillian M. *China's Silk Trade: Traditional Industry in the Modern World, 1842–1937*. Cambridge: Council on East Asian Studies, Harvard University Press, 1981.

Lin Man-houng. *China Upside Down: Currency, Society, and Ideologies, 1808–1856*. Cambridge: Harvard University Asia Center, 2006.

Liu, Andrew B. "The Birth of a Noble Tea Country: On the Geography of Colonial Capital and the Origins of Indian Tea." *Journal of Historical Sociology* 23, no. 1 (2010): 73–100.

————. "Production, Circulation, and Accumulation: The Historiographies of Capitalism in China and South Asia." *Journal of Asian Studies*. Forthcoming.

————. "The Two Tea Countries: Competition, Labor, and Economic Thought in Coastal China and Eastern India, 1834–1942." PhD diss.: Columbia University, 2014.

————. "The Woman Question and the Agrarian Question: The Feminist and Political-Economic Writings of Wu Juenong, 1921–1927." *Twentieth-Century China* 43, no. 1 (2018): 24–44.

Liu Yong. *The Dutch East India Company's Tea Trade with China, 1757–1781*. Leiden: Brill, 2007.

Lu, Weijing. "Beyond the Paradigm: Tea-Picking Women in Imperial China." *Journal of Women's History* 15, no. 4 (2004): 19–46.

Lufrano, Richard John. *Honorable Merchants: Commerce and Self-*

Cultivation in Late Imperial China. Honolulu: University of Hawai'i Press, 1997.

Lukács, György. "Reification and the Consciousness of the Proletariat" (1923). In *History and Class Consciousness: Studies in Marxist Dialectics*, translated by Rodney Livingstone. Cambridge: MIT Press, 1971.

Lutgendorf, Philip. "Making Tea in India: Chai, Capitalism, Culture." *Thesis Eleven* 113, no. 1 (2012): 11–31.

Lyons, Thomas P. *China Maritime Customs and China's Trade Statistics, 1859–1948*. Trumansburg: Willow Creek, 2003.

MacGregor, John. *Commercial Statistics: A Digest of the Productive Resources, Commercial Legislation, Customs Tariffs . . . of All Nations*, vol. 5. London: Whittaker, 1850.

Mantena, Karuna. *Alibis of Empire: Henry Maine and the Ends of Liberal Imperialism*. Princeton: Princeton University Press, 2010.

Mao Tun. *Midnight* (1933). Translated by Hsu Meng-hsiung. 2nd ed. Beijing: Foreign Languages Press, 1979.

Mao Zedong. "Analysis of the Classes in Chinese Society" (1926). In *Selected Works of Mao Tse-Tung*, vol. 1, 13–21. Oxford: Pergamon Press, 1965.

———. "On the People's Democratic Dictatorship" (1949). In *Selected Works of Mao Tse-Tung*, vol. 4, 411–24. Oxford: Pergamon Press, 1961.

Marshall, P. J. *East Indian Fortunes: The British in Bengal in the Eighteenth Century*. Oxford: Clarendon Press, 1976.

Marx, Karl. *Capital: A Critique of Political Economy*, vol. 1 (1867). Translated by Ben Fowkes. Reprint. New York: Penguin Classics, 1990.

———. *Capital: A Critique of Political Economy*, vol. 3 (1894). Translated by David Fernbach. Reprint. New York: Penguin Classics, 1991.

———. *Grundrisse: Foundations of the Critique of Political Economy* (1859). Translated by Martin Nicolaus. Reprint. New York: Penguin Books, 1993.

Marx, Karl, and Friedrich Engels. *Collected Works*. Vol. 34. New York: International Publishers, 1994.

———. "Manifesto of the Communist Party" (1848). In *The Marx-Engels Reader*, edited by Robert Tucker, 469–501. 2nd ed. New York: W. W. Norton, 1978.

McCants, Anne E. C. "Poor Consumers as Global Consumers: The Diffusion of Tea and Coffee Drinking in the Eighteenth Century." *Economic History Review* 61, no. 1 (2008): 172–200.

McGuire, John. *The Making of a Colonial Mind: A Quantitative Study of the Bhadralok in Calcutta, 1857–1885*. Canberra: Australian National University, 1983.

McKeown, Adam. "How the Box Became Black: Brokers and the Creation

of the Free Migrant." *Pacific Affairs* 85, no. 1 (2012): 21–45.
———. *Melancholy Order: Asian Migration and the Globalization of Borders.* New York: Columbia University Press, 2011.
Meek, Ronald L. *The Economics of Physiocracy: Essays and Translations.* Reprint. London: Routledge, 2003.
———. *Studies in the Labour Theory of Value.* 2nd ed. New York: Monthly Review Press, 1975.
Merkel-Hess, Kate. *The Rural Modern: Reconstructing the Self and State in Republican China.* Chicago: University of Chicago Press, 2016.
Metcalf, Thomas R. *Ideologies of the Raj.* Cambridge: Cambridge University Press, 1995.
Mintz, Sidney W. *Sweetness and Power: The Place of Sugar in Modern History.* New York: Viking, 1985.
Money, Edward. *The Cultivation & Manufacture of Tea.* 4th ed. London: W. B. Whittingham, 1883.
Morris-Suzuki, Tessa. *A History of Japanese Economic Thought.* London: Routledge, 1989.
Mui, Hoh-cheung, and Lorna H. Mui. *The Management of Monopoly: A Study of the English East India Company's Conduct of Its Tea Trade, 1784–1833.* Vancouver: University of British Columbia Press, 1984.
———. "'Trends in Eighteenth-Century Smuggling' Reconsidered." *Economic History Review* 28, no. 1 (1975): 28–43.
Muller, Jerry Z. *Adam Smith in His Time and Ours: Designing the Decent Society.* New York: Free Press, 1993.
Needham, Joseph. *Science in Traditional China: A Comparative Perspective.* Cambridge: Harvard University Press, 1981.
O'Brien, Patrick K. "Deconstructing the British Industrial Revolution as a Conjuncture and Paradigm for Global Economic History." In *Reconceptualizing the Industrial Revolution*, edited by Jeff Horn, Leonard N. Rosenband, and Merritt Roe Smith, 21–46. Cambridge: MIT Press, 2010.
Ogle, Vanessa. "Whose Time Is It? The Pluralization of Time and the Global Condition, 1870s–1940s." *American Historical Review* 118, no. 5 (2013): 1376–1402.
O'Rourke, Kevin H., and Jeffrey Williamson. "Once More: When Did Globalisation Begin?" *European Review of Economic History* 8, no. 1 (2004): 109–17.
———. "When Did Globalisation Begin?" *European Review of Economic History* 6, no. 1 (2002): 23–50.
Pal, Bipin Chandra. *Memories of My Life and Times* (1932). New Delhi: UBSPD, 2004.
Pan Ming-te. "Rural Credit in Ming-Qing Jiangnan and the Concept of Peasant Petty Commodity Production." *Journal of Asian Studies* 55,

no. 1 (1996): 94–117.

Parthasarathi, Prasannan. *Why Europe Grew Rich and Asia Did Not: Global Economic Divergence, 1600–1850.* Cambridge: Cambridge University Press, 2011.

Peebles, Patrick. *The Plantation Tamils of Ceylon.* London: Leicester University Press, 2001.

Perdue, Peter C. *China Marches West: The Qing Conquest of Central Eurasia.* Cambridge: Belknap Press of Harvard University Press, 2005.

———. *Exhausting the Earth: State and Peasant in Hunan, 1500–1850.* Cambridge: Council on East Asian Studies, Harvard University Press, 1987.

Perelman, Michael. "The Curious Case of Adam Smith's Pin Factory: Another Look at Smith's Famous Pin Factory," lecture, 2014. https://michaelperelman.files.wordpress.com/2014/06/smith.docx.

———. *The Invention of Capitalism: Classical Political Economy and the Secret History of Primitive Accumulation.* Durham: Duke University Press, 2000.

Perlin, Frank. "Proto-Industrialization and Pre-Colonial South Asia." *Past & Present*, no. 98 (1983): 30–95.

Pincus, Steve. "Neither Machiavellian Moment nor Possessive Individualism: Commercial Society and the Defenders of the English Commonwealth." *American Historical Review* 103, no. 3 (1998): 705–36.

Polanyi, Karl. *The Great Transformation: The Political and Economic Origins of Our Time.* Reprint. Boston: Beacon Press, 1957.

Pomeranz, Kenneth. "Beyond the East-West Binary: Resituating Development Paths in the Eighteenth-Century World." *Journal of Asian Studies* 61, no. 2 (2002): 539–90.

———. *The Great Divergence: China, Europe, and the Making of the Modern World Economy.* Princeton: Princeton University Press, 2000.

———. "Labour-Intensive Industrialization in the Rural Yangzi Delta: Late Imperial Patterns and Their Modern Fates." In *Labour-Intensive Industrialization in Global History,* edited by Gareth Austin and Kaoru Sugihara, 122–43. London: Routledge, 2013.

———. *The Making of a Hinterland: State, Society, and Economy in Inland North China, 1853–1937.* Berkeley: University of California Press, 1993.

Pomeranz, Kenneth, and Steven Topik. *The World That Trade Created: Society, Culture, and the World Economy, 1400 to Present.* 2nd ed. Armonk, N.Y.: M. E. Sharpe, 2006.

Pong, David. "The Vocabulary of Change: Reformist Ideas of the 1860s and 1870s." In *Ideal and Reality: Social and Political Change in Modern China, 1860–1949,* edited by David Pong and Edmund S. K. Fung,

25–62. Lanham, Md.: University Press of America, 1985.

Post, Charles. "Capitalism, Laws of Motion and Social Relations of Production." *Historical Materialism* 21, no. 4 (2013): 71–91.

Postone, Moishe. "Anti-Semitism and National Socialism: Notes on the German Reaction to 'Holocaust.'" *New German Critique*, no. 19 (1980): 97–115.

———. *Time, Labor, and Social Domination: A Reinterpretation of Marx's Critical Theory*. Cambridge: Cambridge University Press, 1993.

Pritchard, Earl Hampton. *Anglo-Chinese Relations during the Seventeenth and Eighteenth Centuries*. Reprint. New York: Octagon Books, 1970.

Quesnay, François. "Despotism in China" (1767). In *China, a Model for Europe*, edited and translated by Lewis A. Maverick, 139–304. San Antonio, Tex.: Paul Anderson, 1946.

Rappaport, Erika. *A Thirst for Empire: How Tea Shaped the Modern World*. Princeton: Princeton University Press, 2017.

Report of the Seventeenth Indian National Congress Held at Calcutta, on the 26th, 27th & 28th December, 1901. Kolkata: W. C. Nundi at the Wellington Printing Works, 1902.

Richards, John F. "The Indian Empire and Peasant Production of Opium in the Nineteenth Century." *Modern Asian Studies* 15, no. 1 (1981): 59–82.

———. "The Opium Industry in British India." *Indian Economic & Social History Review* 39, no. 2–3 (2002): 149–80.

Robins, Nick. *The Corporation That Changed the World: How the East India Company Shaped the Modern Multinational*. London: Pluto Press, 2006.

Rothschild, Emma. "Political Economy." In *The Cambridge History of Nineteenth-Century Political Thought*, edited by Gareth Stedman Jones and Gregory Claeys, 748–79. Cambridge: Cambridge University Press, 2011.

Rowe, William T. *Hankow: Commerce and Society in a Chinese City, 1796–1889*. Stanford: Stanford University Press, 1984.

———. *Saving the World: Chen Hongmou and Elite Consciousness in Eighteenth-Century China*. Stanford: Stanford University Press, 2001.

Roy, Tirthankar. *India in the World Economy: From Antiquity to the Present*. Cambridge: Cambridge University Press, 2012.

Royal Commission on Labour in India. *Report of the Royal Commission on Labour in India*. London: His Majesty's Stationery Office, 1931.

Rubin, Isaak Illich. *Essays on Marx's Theory of Value* (1928). Translated by Miloš Samardžija and Fredy Perlman. Reprint. Montreal: Black Rose Books, 1976.

Rungta, Shyam. *The Rise of Business Corporations in India, 1851–1900*. London: Cambridge University Press, 1970.

Sahlins, Marshall David. "Cosmologies of Capitalism: The Trans-Pacific Sector of 'The World System.'" In *Culture in Practice: Selected Essays*, 415–70. New York: Zone Books, 2000.

Saito, Osamu. "Proto-Industrialization and Labour-Intensive Industrialization: Reflections on Smithian Growth and the Role of Skill Intensity." In *Labour-Intensive Industrialization in Global History*, edited by Gareth Austin and Kaoru Sugihara, 85–106. London: Routledge, 2013.

Sarkar, Sumit. *Modern India, 1885–1947*. New Delhi: Macmillan, 1983.

———. *The Swadeshi Movement in Bengal, 1903–1908*. New Delhi: People's Publishing House, 1973.

Sarkar, Tanika. *Hindu Wife, Hindu Nation: Community, Religion, and Cultural Nationalism*. New Delhi: Permanent Black, 2001.

Sartori, Andrew. *Bengal in Global Concept History: Culturalism in the Age of Capital*. Chicago: University of Chicago Press, 2008.

———. "Global Intellectual History and the History of Political Economy." In *Global Intellectual History*, edited by Samuel Moyn and Andrew Sartori. New York: Columbia University Press, 2013.

———. *Liberalism in Empire: An Alternative History*. Berkeley: University of California Press, 2014.

Schivelbusch, Wolfgang. *Tastes of Paradise: A Social History of Spices, Stimulants, and Intoxicants*. Translated by David Jacobson. New York: Vintage Books, 1993.

Schmalzer, Sigrid. *Red Revolution, Green Revolution: Scientific Farming in Socialist China*. Chicago: University of Chicago Press, 2016.

Schumpeter, Joseph A. *History of Economic Analysis*. Edited by Elizabeth Boody Schumpeter. New York: Oxford University Press, 1954.

Scott, James C. *The Art of Not Being Governed: An Anarchist History of Upland Southeast Asia*. New Haven: Yale University Press, 2009.

Seal, Anil. *The Emergence of Indian Nationalism: Competition and Collaboration in the Later Nineteenth Century*. London: Cambridge University Press, 1968.

Sell, Zachary. *Capital through Slavery: U.S. Settler Slavery and the British Imperial World*. Chapel Hill: University of North Carolina Press. Forthcoming.

Sen, Samita. "Commercial Recruiting and Informal Intermediation: Debate over the Sardari System in Assam Tea Plantations, 1860–1900." *Modern Asian Studies* 44, no. 1 (2010): 3–28.

———. "Gender and Class: Women in Indian Industry, 1890–1990." *Modern Asian Studies* 42, no. 1 (2008): 75–116.

———. "Questions of Consent: Women's Recruitment for Assam Tea Gardens, 1859–1900." *Studies in History* 18, no. 2 (2002): 231–60.

———. *Women and Labour in Late Colonial India: The Bengal Jute Industry*. Cambridge: Cambridge University Press, 1999.

Sen, Sudipta. *Empire of Free Trade: The East India Company and the Making of the Colonial Marketplace*. Philadelphia: University of Pennsylvania Press, 1998.

Sewell, William H. "The Temporalities of Capitalism." *Socio-Economic Review* 6, no. 3 (2008): 517–37.

Sha Weikai. *Zhongguo Maiban Zhi*. Shanghai: Shangwu Yinshuguan, 1927.

Shaikh, Anwar. *Capitalism: Competition, Conflict, Crises*. New York: Oxford University Press, 2016.

Sharma, Jayeeta. *Empire's Garden: Assam and the Making of India*. Durham: Duke University Press, 2011.

Sheriff, Abdul. *Slaves, Spices, & Ivory in Zanzibar: Integration of an East African Commercial Empire into the World Economy, 1770–1873*. Athens: Ohio University Press, 1987.

Shigeta Atsushi. *Shindai Shakai Keizaishi Kenkyū*. Tokyo: Iwanami Shoten, 1975.

Smith, Adam. *An Inquiry into the Nature and Causes of the Wealth of Nations* (1776). Edited by Edwin Cannan. New York: Modern Library, 1994.

———. *Lectures on Jurisprudence* (1762–1766). Edited by R. L. Meek, D. D. Raphael, and P. G. Stein. Oxford: Clarendon Press, 1978.

Smith, Neil. *Uneven Development: Nature, Capital, and the Production of Space*. 3rd ed. Athens: University of Georgia Press, 2010.

Smith, Woodruff D. *Consumption and the Making of Respectability, 1600–1800*. New York: Routledge, 2002.

Steinberg, Marc W. "Marx, Formal Subsumption and the Law." *Theory and Society* 39, no. 2 (2010): 173–202.

Steinfeld, Robert. *Coercion, Contract, and Free Labor in the Nineteenth Century*. Cambridge: Cambridge University Press, 2001.

Stokes, Eric. *The English Utilitarians and India*. Oxford: Clarendon Press, 1959.

Stone, Irving. *The Global Export of Capital from Great Britain, 1865–1914: A Statistical Survey*. New York: St. Martin's Press, 1999.

Subrahmanyam, Sanjay. "Connected Histories: Notes towards a Reconfiguration of Early Modern Eurasia." *Modern Asian Studies* 31, no. 3 (1997): 735–62.

Sugihara, Kaoru. "The Resurgence of Intra-Asian Trade, 1800–1850." In *How India Clothed the World: The World of South Asian Textiles, 1500–1850*, edited by Giorgio Riello and Tirthankar Roy, 139–69. Leiden: Brill, 2009.

———. "The Second Noel Butlin Lecture: Labour-Intensive Industrialisation in Global History." *Australian Economic History Review* 47, no. 2 (2007): 121–54.

Thompson, E. P. "Time, Work-Discipline, and Industrial Capitalism." *Past & Present*, no. 38 (1967): 56–97.

Tōa Dōbunkai. *Shina Shōbetsu Zenshi*. 18 vols. Tokyo: Tōa Dōbunkai, 1917–1922.

Trocki, Carl A. *Opium and Empire: Chinese Society in Colonial Singapore, 1800–1910*. Ithaca: Cornell University Press, 1990.

Tsai, Jung-fang. "The Predicament of the Comprador Ideologists." *Modern China* 7, no. 2 (1981): 191–225.

Tsuchiya Keizō. *Baiben Seido*. Tokyo: Shina Keizai Kenkyūjo, 1940.

Ukers, William H. *All about Tea*, vol. 1. New York: Tea and Coffee Trade Journal Company, 1935.

van der Meer, Arnout. "From a Colonial to a Patriotic Drink: Tea and National Identity in Late Colonial Indonesia." Paper presented at the conference "Tea High and Low: Elixir, Exploitation and Ecology," Cornell University, 2018.

Van Schendel, Willem. *A History of Bangladesh*. Cambridge: Cambridge University Press, 2009.

Vidyāratna, Rāmkumār. *Kuli Kāhinī* (1888). *Sketches of Coolie Life*. Kolkata: Yogamāyā Prakāsanī, 1982.

———. "Udāsīn Satyasrabār Āsām Bhraman" (1881). In *Āsāme Chā-Kuli Āndolan O Rāmkumār Vidyāratna*, edited by Kānāilāl Chattopādhyāy, 3–106. Kolkata: Papyrus, 1989.

Vitalis, Robert. "On the Theory and Practice of Compradors: The Role of Abbud Pasha in the Egyptian Political Economy." *International Journal of Middle East Studies* 22, no. 3 (1990): 291–315.

Wakefield, Edward Gibbon. "England and America: A Comparison of the Social and Political State of Both Nations" (1833). In *The Collected Works of Edward Gibbon Wakefield*, edited by M. F. Lloyd Prichard, 311–636. London: Collins, 1968.

Wakeman, Fredric, Jr. "The Canton Trade and the Opium War." In *The Cambridge History of China*, vol. 10, edited by John K. Fairbank, 163–212. Cambridge: Cambridge University Press, 1978.

Walker, Kathy Le Mons. *Chinese Modernity and the Peasant Path: Semicolonialism in the Northern Yangzi Delta*. Stanford: Stanford University Press, 1999.

Wallerstein, Immanuel. *The Modern World-System III: The Second Era of Great Expansion of the Capitalist World-Economy, 1730s–1840s*. Reprint. Berkeley: University of California Press, 2011.

Ward, J. R. "The Industrial Revolution and British Imperialism, 1750–1850." *Economic History Review* 47, no. 1 (1994): 44–65.

Weber, Max. "The Protestant Ethic and the 'Spirit' of Capitalism (1905)." In *The Protestant Ethic and the "Spirit" of Capitalism and Other Writings*, translated by Peter Baehr and Gordon C. Wells, 1–202. New York:

Penguin Books, 2002.

Wenzlhuemer, Roland. *From Coffee to Tea Cultivation in Ceylon, 1880–1900: An Economic and Social History*. Leiden: Brill, 2008.

White, J. Berry. "The Indian Tea Industry: Its Rise, Progress during Fifty Years, and Prospects Considered from a Commercial Point of View." *Journal of the Society of Arts* (10 June 1887): 734–51.

Wong, R. Bin. *China Transformed: Historical Change and the Limits of European Experience*. Ithaca: Cornell University Press, 1997.

Wright, Mary Clabaugh. *The Last Stand of Chinese Conservatism: The T'ung-Chih Restoration, 1862–1874*. 2nd ed. Stanford: Stanford University Press, 1962.

Yang, Lien-sheng. "Schedules of Work and Rest in Imperial China." *Harvard Journal of Asiatic Studies* 18, no. 3/4 (1955): 301–25.

———. See Yang Liansheng.

Yeh, Wen-hsin. *Shanghai Splendor: Economic Sentiments and the Making of Modern China, 1843–1949*. Berkeley: University of California Press, 2007.

Zanasi, Margherita. *Saving the Nation: Economic Modernity in Republican China*. Chicago: University of Chicago Press, 2006.

关键名词索引

（按照汉语拼音顺序排列）

中文人名索引

胡适　68，323
黄宗智　244

外文人名索引

名词索引

译后记
从中国茶到全球史

作为一名建筑学者，有幸成为《茶业战争》这本历史学专著的译者，实有千丝万缕的线索与巧合。我的博士论文（后出版为《茶村生计》一书）采用了民族志方法对福建武夷山的一座茶村进行研究，在梳理史料的过程中，我被福建红茶与英属印度的种植园红茶之间的紧密联系深深吸引；后远赴印度调查，偶然结识在大吉岭做田野研究的美国人类学家萨拉·贝斯基，并翻译了她的茶种植园研究力作《大吉岭的盛名》。由此，茶叶成了我在建筑人类学领域探索空间与社会互动的重要媒介，常被误认为是半个"茶叶学者"。

2020 年，刘仁威博士的这本专著在耶鲁大学出版社一经出版，便有朋友推荐给我。我看后激动不已，不仅因书中调查的武夷山、徽州、大吉岭等田野点我都比较熟悉，更重要的是，本书切入的视角即茶业所推动的工业现代化进程及伴随的社会空间重构，与我研究茶叶的初衷不谋而合。2021 年 6 月，我受邀在清华大学历史系举办了一场针对本书的圆桌讨论，邀请历史学者章可、延雨，经济史学者梁捷、华腾达，人类学者肖坤冰等，围绕"联系中印腹地的商品、技术与资本主义”主题，让本书的跨学科意义得以显现。于是，当东方出版中心的编辑找到我来翻译本书，我欣然接受，并邀请更熟悉资本主义史的华腾达博士合译。如上所述，这段翻译之缘实属意料之外、情理之中。

研究茶叶之全球史的国内外著作早已汗牛充栋，如陈慈玉的《生津解渴：中国茶叶的全球化》、仲伟民的《茶叶与鸦片：十九世纪经济全球化中的中国》、艾伦·麦克法兰与艾丽斯·麦克法兰的《绿色黄金：茶叶帝国》、萨拉·罗斯的《茶叶大盗：改变世界史的中国茶》、周重林与太俊林的《茶叶战争：茶运与国运》等。他们皆为茶叶对近现代全球化进程之推动作用所吸引，致力于揭示茶叶贸易对西方主导的资本主义兴起及现代化进程的关键影响。而本书的与众不同之处在于，看似是茶叶史，实则更大的野心在于撰写一部资本主义的全球史。如作者所言，中国和印度常被视为“东方主义幻想的对象”，是欧美文明的对立面；而他却想用这两个“边缘”的田野点来切入当下“主流”的全球性议题，“对全球范围展开的资本和经济生活的复杂历史进行再理论化”。作者试图抛却以西方为中心的叙述视角，站在茶叶原产国的视角重构中国和印度乡村的工业化和资本化过程，亦大胆颠覆了资本主义史乃至世界史的某些既定论述。身处西方历史学的中心，作者的批判勇气无疑是让人敬佩的。这在笔者看来构成了本书的核心价值。

阅读和翻译本书的过程是艰辛而愉悦的。艰辛之处在于，作者异常宽广的史料视野、旁征博引的理论功底，使它作为历史学著作的同时也是一本理论著作，对于非专业的读者将带来一定理解上的难度。愉悦之处在于，跟随作者信步游走于中国和印度城乡之间，任由细致真实的史料在眼前徐徐铺展一幅波澜壮阔的图景，看近代改良思想如何深入到两个传统深厚的文明古国，看陈炽、吴觉农等改革者如何艰难推动清末民国的中国转型进入现代社会——透过这一历程，本书所能引发的联想和思索已远超茶叶史范畴，而涉及中国和印度的近代国别史、思想史、社会经济史的若干议题：时而彰显出英雄史诗般的波澜壮阔，时而透露着小人物传记般的生动心酸。

　　实际上，本书所展现的全球技术流动的故事仍在继续。如书末所引用的一位当代印度茶园主说道："印度（茶业）在很多地方值得向中国学习，而中国没有需要向我们学习之处。"这让20世纪初陆溁等人的印锡茶业考察故事再次倒转了方向。我2016年赴大吉岭调研时，也看到当地茶叶种植园开始在传统红茶制作之外，效仿中国工艺以生产更昂贵的乌龙茶、白茶等。这不啻为一个有趣的历史循环，或也是资本主义史的当代续篇。置于本书所凝聚的方兴未艾的全球史视角下，这一长时段故事亦为中国学界留下无限遐想：中国与世界、世界与中国的史学二分性如何破解？究竟是近代中国社会出现所谓的资本主义萌芽，还是说中国传统智慧中蕴含着殊途同归的解决方案？如何让中国故事在世界历史中的意义得到更公正的揭示？在本书带领我们从中国茶走向全球史的同时，或不可忘却这些反思。

　　最后，感谢原书作者对译稿的专业校对，感谢合译者华腾达的默契合作，感谢出版社黄驰编辑的细心工作，感谢过程中给予宝贵意见和建议的学者和朋友。书中涉及不少中国古籍史料、印度语音译、学科专业术语等，难免谬误，望读者不吝指出。

黄华青

2023 年 4 月于上海寓所